ɔk of
ioms
and
sions

A Handbook of English-German Idioms and Useful Expressions

HENRY R. STERN
Duke University

RICHEY NOVAK
Duke University

HARCOURT
BRACE
JOVANOVICH, INC.

New York Chicago San Francisco Atlanta

ISBN: 0-15-530865-3

Library of Congress Catalog Card Number: 72-91844

Printed in the United States of America

Preface

This handbook has been compiled to provide students with the basic idioms and fixed expressions current in modern German. In our experience as instructors we have frequently felt the need for a handy, inexpensive reference work designed specifically for American students. In recent years several works dealing with idiomatic German have been published, but none are entirely satisfactory for American students of German. These books are in general excellent works, but are meant for British speakers; American students frequently find the idiomatic English in the text nearly as foreign to them as the German. In this handbook we have attempted to avoid that shortcoming by approaching the subject from the point of view of the American student searching for German equivalents to his own idiom.

Particular attention has been given to various aspects of modern life, such as travel, the theater and film, and the university. To further enhance the usefulness of the book, a number of short expressions and lexical items usually not found in pocket dictionaries have been added. Usefulness was the criterion in determining which levels of speech to treat. Slang expressions have for the most part been excluded; instead, the speech levels in which educated people express themselves most of the time—namely, formal and colloquial—are the main concern of this book. We have with some reluctance decided against using usage labels, since modern usage—particularly in American English—tends to be somewhat fluid, and speech levels frequently overlap.

In determining format we have assumed a good command of basic German grammar on the part of the user. This includes a thorough knowledge of the German case system and of the essential make-up of the German verb, and familiarity with German word order. College students in their third semester of German should be able to use this book easily and with profit. Students in German conversation and composition courses, as well as German majors, will find this a handy supplement to their textbooks.

Preface

Although the primary purpose of this handbook is to serve as a reference source for specific idioms and expressions, we hope that it will find broader application. We encourage the student to consult it frequently, noting particularly the longer entries, such as *come*, *go*, *make*, *take*. In comparing the English and German expressions, in seeing how they correspond and how they differ, the student will, we think, develop a feeling for the German language and gain insight into its workings.

We wish to thank our colleagues in the Department of German at Duke University for their generous help in preparing this handbook. A special word of thanks is due to Sigrid Novak, of Mary Baldwin College, who read the manuscript and made numerous suggestions. To our secretary and friend, Miek Stok, we are particularly grateful for her continued help and encouragement.

Henry R. Stern
Richey Novak

Introduction

This handbook has been written with simplicity and convenience in mind. Abbreviations and symbols have been kept to a minimum. The book is to a large extent self-explanatory, but a reading of the following brief notes will enable the student to use it more effectively.

ENTRIES

Entries are made under the main word of the English idiom. Instead of cross-references, double entries are often made; thus the idiom *to add fuel to the fire* can be found under both *fuel* and *fire*. Beneath each main word there are three principles of organization. To save space, short, simple entries are grouped together alphabetically at the head of the passage. Longer, more complex entries are divided into subgroupings according to the part of speech of the main word: nouns, verbs, other parts of speech. Thus *to put one's foot in one's mouth* precedes *to foot the bill.* Within each subgroup, entries are alphabetically arranged. The student will note that corresponding English and German entries parallel each other grammatically. Wherever possible the infinitive form is used for both entries.

SYMBOLS

[ ] Brackets serve two functions. First, they clarify the context in which an idiom can be used. Thus, under *to appeal to someone*, the explanatory notes in brackets indicate that this expression has two possible equivalents in German, depending on whether it means *to make a request* or *to be pleasing*. Brackets also offer grammatical explanations, indicating, for example, the case of a noun or a pronoun or the case governed by a preposition or a verb.

( ) Parentheses show possible variations in expression. Thus the German equivalent for *to calm someone down* reads "jn. beruhigen (besänftigen)," indicating that either "jn. beruhigen" or "jn. besänftigen" is acceptable. Parentheses are also used wherever possible to combine two idioms under one entry, thus: "*to be well-disposed (ill-disposed) toward someone*: jm. wohlgesinnt (übelgesinnt) sein."

~ A tilde replaces the key word of an entry. Under *course*, the entry *a matter of ~* is to be read *a matter of course.*

... Ellipsis dots indicate a continuation of thought. In German this usually involves a clause with dependent word order. Following the preposition "zu," ellipsis dots indicate that an infinitive clause follows, not a prepositional phrase: "*to leave it up to someone to . . .* : es jm. überlassen zu. . . ."

• A centered dot indicates that a verb has a separable prefix: "aus•stehen," "zu•machen." But note that where separable verbs are used in combination with a modal verb or "lassen," the dot is not used. Thus "*to be unable to stand someone*: jn. nicht ausstehen können."

ABBREVIATIONS

m, f, n	*masculine, feminine, neuter*
gen., dat., acc.	*genitive, dative, accusative*
tran., intran.	*transitive verb, intransitive verb*
attrib. adj., pred. adj.	*attributive adjective, predicate adjective*
lit., fig.	*literal, figurative*
jd., js., jm., jn.	jemand, jemandes, jemandem, jemanden
usw. (*etc.*)	und so weiter (*and so forth*)

The gender of most nouns is indicated by the preceding article. Where an article is lacking, the notation *m*, *f*, or *n* follows. Occasionally, in a fixed expression in which the noun is never preceded by a modifier, such as "jm. Rede und Antwort stehen müssen," no indication of gender is given.

Case indicators are supplied only when the syntactical relationship of words is not clear from the context. Direct objects are in the accusative case unless otherwise noted. The case to be used following prepositions such as "an" or "auf" is indicated either by the following article or by a bracketed note.

Expressions are designated literal or figurative only in ambiguous cases; for idioms used exclusively in either a literal or a figurative sense, no notation is made. For example, after the idiom *to have a heart of gold* no indication of usage is necessary, since the meaning is obviously figurative.

a

a

from A *to* Z: von *A* bis *Z*

aback

to be taken aback: bestürzt (überrascht) sein

abc

as easy as ABC: kinderleicht

ability

to have the ability to do something: die Fähigkeit haben, etwas zu tun; fähig sein, etwas zu tun

to the best of one's ability: nach besten Kräften

about

to be about to do something: im Begriff sein, etwas zu tun; gerade dabei sein, etwas zu tun

to be up and about again: wieder auf den Beinen sein

to bring something about: etwas zustande bringen (zuwege bringen)

to not be about to do something [*unwilling*]: gar nicht daran denken, etwas zu tun

what about . . .? wie steht es (steht's) mit . . . ?

above

above all: vor allem; vor allen Dingen

to be above board: [*persons and things*] einwandfrei sein; [*persons*] offen und ehrlich sein

to be above it all: über den Dingen stehen

to be above that sort of thing: über so etwas [*acc.*] erhaben sein

abreast

to keep abreast of the times: mit der Zeit gehen

to keep abreast of things: auf dem laufenden bleiben

abroad

to be abroad: im Ausland sein

to go abroad: ins Ausland reisen

accident

automobile ~: Autounfall *m*; *by* ~: zufällig; durch Zufall; zufälligerweise; *traffic* ~: Verkehrsunfall *m*

to meet with an accident: einen Unfall haben; verunglücken

accord

of one's own accord: freiwillig; unaufgefordert; aus eigenem Antrieb; aus freien Stücken; auf eigene Faust

to be in accord with: überein·stimmen mit

accordance

in accordance with the law: dem Gesetz zufolge (gemäß)

according

according to plan: planmäßig

according to the teacher . . . : dem Lehrer nach . . .

it is all according to how . . . : es kommt ganz darauf an, wie . . .

account

bank ~: Konto *n*; *checking* ~: Scheckkonto *n*; *on* ~ *of*: wegen [*gen. or dat.*]; infolge; *on no* ~: auf keinen Fall; *savings* ~: Sparkonto *n*

according to the latest account: nach (laut) den letzten Berichten

to balance an account: ein Konto aus•gleichen

to be of no account: belanglos sein; von keinem Belang sein

to close an account: ein Konto schließen (löschen)

to credit an amount to an account: einen Betrag einem Konto gut•schreiben

to give a good account of oneself: sich bewähren

to give an account of an event: über ein Ereignis Bericht erstatten

to have a charge account with: Kredit haben bei

to have on account: auf dem Konto haben

to leave out of account: außer Betracht lassen

to open an account: ein Konto eröffnen

to overdraw an account: ein Konto überziehen

to render an account of something: Rechenschaft über etwas [*acc.*] ab•legen

to settle an old account [*fig.*]: eine alte Rechnung begleichen

to take into account: in Betracht ziehen

how do you account for that? wie erklären Sie das?

to have to account to someone: jm. Rede und Antwort stehen müssen

ace

to have an ace in the hole (*up one's sleeve*): noch einen Trumpf in der Hand haben

ache

to be aching to do something: darauf brennen, etwas zu tun

acid

the acid test: die Feuerprobe

acquaint

to acquaint oneself with something: sich mit etwas vertraut machen; sich über etwas [*acc.*] informieren

to become acquainted with someone: jn. kennen•lernen

acquaintance

an old acquaintance: ein alter Bekannter; ein alter Freund

to make someone's acquaintance: jn. kennen•lernen

acquit

to acquit oneself well: sich bewähren

to acquit someone of a charge: jn. von einer Anklage frei•sprechen

across

to come across something: (zufällig) auf etwas [*acc.*] stoßen

to get something across to someone: jm. etwas klar•machen (verständlich machen); jm. etwas erklären

to run across someone: jm. zufällig begegnen; jn. zufällig treffen

act

~ *of God*: höhere Gewalt; *first* ~ [*theater*]: erster Aufzug (Akt *m*)

to be caught in the act: auf (bei) frischer Tat ertappt werden

to be in the act of doing something: im Begriff sein, etwas zu tun; gerade dabei sein, etwas zu tun
to put on an act: Theater spielen
to act according to principle: nach einem Grundsatz handeln
to act (play) a part: eine Rolle spielen
to act as interpreter: als Dolmetscher *m* dienen; dolmetschen
to act on a suggestion: einen Vorschlag befolgen
to act on the nerves: auf die Nerven wirken

action
to be in action [military]: im Gefecht sein
to be killed in action: fallen
to be ready for action: einsatzbereit sein
to go into action [military]: in den Kampf ziehen; ins Gefecht kommen
to put out of action [military and fig.]: außer Gefecht setzen
to set in action: in Gang bringen; in die Tat um•setzen
to take action against someone: gegen jn. Schritte unternehmen (ein•schreiten)

add
added to this is . . . : dazu kommt noch . . .
that does not add up [fig.]: das gibt keinen Sinn; die Rechnung geht nicht auf
to add in: hinzu•rechnen
to add insult to injury: eine Angelegenheit noch verschlimmern; die Sache noch schlimmer machen
to add to the confusion: die Verwirrung noch vergrößern (größer machen)
to add up [figures]: zusammen•zählen

address
to deliver an address: eine Ansprache halten

ad-lib
to ad-lib: frei sprechen; aus dem Stegreif sprechen

admit
the ticket admits one adult: die Karte ist für einen Erwachsenen gültig
to admit of no exceptions: keine Ausnahmen zu•lassen
to admit one's weakness: seine Schwäche zu•geben (gestehen)

admittance
no admittance! Zutritt (Eintritt) verboten!

ado
much ~ about nothing: viel Lärm um nichts; *without further ~*: ohne weitere Umstände

advance
~ sale: Vorverkauf *m*; *in ~*: im voraus; *payment in ~*: Vorausbezahlung *f*
to ask for an advance [in salary]: um Vorschuß *m* bitten
to give someone an advance [in salary]: jm. Geld *n* vor•strecken (vor•schießen)
to receive an advance [in salary]: einen Vorschuß erhalten
to advance a proposal: einen Vorschlag machen
to advance a theory: eine Theorie auf•stellen
to advance someone [professionally]: jn. befördern

advanced

to be advanced in years: in vorgerücktem (vorgeschrittenem) Alter sein

advantage

to be at an advantage: im Vorteil sein

to follow up an advantage: einen Vorteil aus·nutzen

to have an advantage over someone: jm. gegenüber im Vorteil sein

to take advantage of someone: jn. übervorteilen

to take advantage of someone's good nature: js. Gutmütigkeit *f* aus·nutzen

to take advantage of something: Nutzen *m* (Vorteil *m*) aus etwas ziehen

to turn something to one's advantage: sich [*dat.*] etwas zunutze machen

advertise

to advertise something: für etwas Reklame machen; [*indiscreetly make known*] etwas an die große Glocke hängen

advice

on the advice of: auf Rat von

to follow (take) someone's advice: js. Rat *m* befolgen

to seek someone's advice: Rat *m* von jm. holen

affair

an ~ of state: eine Staatsangelegenheit; *a put-up ~*: eine abgekartete Sache; *the state of ~s*: die Sachlage; die Situation

that is not my affair: das geht mich nichts an; das ist nicht meine Sache

to have an affair with someone: ein Verhältnis mit jm. haben

to meddle in an affair: sich in eine Angelegenheit mischen (ein·mischen)

affirmative

to answer a question in the affirmative: eine Frage bejahen

afford

I can hardly afford it: ich kann es mir kaum leisten

to afford someone an opportunity: jm. eine Gelegenheit bieten

afraid

I'm afraid I have to go: ich bedaure, daß ich gehen muß

I'm afraid there are none left: es sind leider keine mehr da; ich bedaure, daß keine mehr da sind; es tut mir leid, daß keine mehr da sind

to be afraid of someone: Angst *f* haben vor jm.; sich fürchten vor jm.

to be afraid that . . .: fürchten, daß . . .

after

~ a fashion: einigermaßen; in mancher Hinsicht; *~ all*: schließlich; immerhin; *~ hours*: [*shops*] nach Ladenschluß *m*; [*bars*] nach Polizeistunde *f*; *the day ~*: am folgenden (anderen) Tage; tags darauf; *the year ~*: im folgenden Jahre; *year ~ year*: Jahr für Jahr

to be after someone [*in pursuit*]: hinter jm. her sein

to be after something: auf etwas [*acc.*] aus sein

to get after someone to do something: jn. drängen (an·halten), etwas zu tun

to look after someone: [*care for*] jn. betreuen; für jn. sorgen; [*temporarily, especially with children*] jn. beaufsichtigen; [*watch*] jm. nach·sehen

again

~ and ~: immer wieder; *as much ~*: noch einmal soviel; *half as much ~*: anderthalbmal soviel; *now and ~*: gelegentlich; ab und zu; hin und wieder; dann und wann; *once ~*: noch einmal

what was that again? wie bitte?

against

against his will: gegen seinen Willen

to be against something: gegen etwas sein

to be up against difficulties: gegen Schwierigkeiten zu kämpfen haben

age

at a ripe old ~: im Greisenalter; *at a tender ~*: in zartem Alter

act your age! sei nicht so kindisch! sei kein Kindskopf!

at the age of fifty: im Alter von fünfzig Jahren; mit fünfzig Jahren

he is my age: er ist so alt wie ich

he looks his age: man sieht ihm sein Alter an

to be of age: mündig (volljährig, großjährig) sein

to come of age: mündig (volljährig, großjährig) werden

to have not seen someone for ages: jn. seit einer Ewigkeit nicht mehr gesehen haben

to have to wait for ages: eine Ewigkeit warten müssen

agenda

to be on the agenda: auf der Tagesordnung stehen; auf dem Programm stehen

ago

a week ~ today: heute vor acht Tagen; *a year ~*: vor einem Jahr; *long ~*: vor langer Zeit; vor langem; *not long ~*: vor kurzer Zeit; vor kurzem

how long ago was that? wie lange ist das her?

agree

~d! abgemacht! *as ~d*: wie vereinbart; wie verabredet

the food and the climate do not agree with him: das Essen und das Klima bekommen ihm nicht

these colors do not agree: diese Farben passen nicht zueinander

to agree on the terms: sich über die Bedingungen einigen

to agree that . . . [concessive]: zu•geben (gestehen), daß . . .

to agree to a proposal: einem Vorschlag zu•stimmen (bei•stimmen)

agreeable

to be agreeable to a suggestion: mit einem Vorschlag einverstanden sein

to have an agreeable manner: eine gefällige (liebenswürdige) Art haben

agreement

by mutual agreement: durch beiderseitiges Einverständnis (Übereinkunft *f*)

to be in agreement with: einverstanden sein mit; überein•stimmen mit

to come to an agreement with someone: sich einigen mit jm.

to enter into an agreement with someone: mit jm. etwas vereinbaren; mit jm. ein Übereinkommen (Abkommen) treffen

aground

to run aground: auf·laufen; fest·fahren; stranden

ahead

~ of time: frühzeitig; vor der angesetzten Zeit; *straight ~*: geradeaus

to be ahead of one's time: seiner Zeit voraus sein

to get ahead [professionally]: beruflich voran·kommen; es zu etwas bringen

to get ahead of oneself: vor·greifen

to get ahead of someone: [*in a vehicle*] jn. überholen; [*in accomplishments*] jn. überflügeln (übertreffen); [*in line*] sich jm. vor·drängen

to go on ahead of someone: jm. voraus·gehen

aid

to come to a person's aid: jm. zu Hilfe kommen

to give someone first aid: jm. erste Hilfe leisten

with the aid of: mit Hilfe [*gen.*]

to aid and abet a crime (a criminal): einem Verbrechen Vorschub (Beistand) leisten

aim

to take aim at something: auf (nach) etwas zielen

to aim at perfection: nach Vollkommenheit streben

to be aimed at someone [a remark]: auf jn. gemünzt sein; jm. gelten

what are you aiming at? worauf wollen Sie hinaus?

air

~ conditioner: Klimaanlage *f*; *~line*: Luftfahrtgesellschaft *f*; Fluggesellschaft *f*; *~liner*: Verkehrsflugzeug *n*; *~port*: Flughafen *m*; *~ raid*: Luftangriff *m*; *~ raid warning*: Fliegeralarm *m*; *by ~*: mit dem (per) Flugzeug; *by ~ mail*: mit (per) Luftpost; *in the open ~*: unter freiem Himmel; im Freien

there is something in the air: es liegt etwas in der Luft

to be off the air: Sendepause *f* haben

to be on the air: senden

to be up in the air [undecided]: in der Schwebe sein; unsicher (unentschieden) sein; in der Luft hängen

to be up in the air about something: über etwas [*acc.*] aufgeregt sein; außer sich sein; aus dem Häuschen sein

to be walking on air: im siebten Himmel sein

to build castles in the air (in Spain): Luftschlösser (spanische Schlösser) bauen

to clear the air: die Luft reinigen

to gasp for air (breath): nach Luft ringen (schnappen)

to get a breath of fresh air: frische Luft schöpfen; an die frische Luft gehen

to go off the air: Sendeschluß *m* machen

to go on the air: die Sendung beginnen; sich melden

to put on airs: vornehm tun; sich auf·spielen

to air one's grievances: seine Beschwerden vor·bringen; sich beklagen

to be air-conditioned: eine Klimaanlage haben; klimatisiert sein

akimbo

with arms akimbo: die Arme in die Seiten (Hüften) gestemmt

alarm

to cause someone alarm: jm. Unruhe *f* bereiten; jm. Angst *f* machen
to raise a false alarm: blinden Alarm schlagen
to signal the alarm: Alarm blasen (läuten, geben)
to become alarmed about something: sich über etwas [*acc.*] beunruhigen

alarmist

to be an alarmist: ein Bangemacher *m* (Schwarzseher *m*) sein

alert

to be on the alert: auf der Hut sein
to sound the alert: Alarm schlagen

alias

under an alias: unter falschem (fremdem) Namen

alibi

to have a good alibi: ein gutes Alibi haben
to prove an alibi: ein Alibi nach•weisen

alive

alive and kicking: gesund und munter
look alive! beeilen Sie sich! sputen Sie sich!
the street is alive with pedestrians: die Straße wimmelt von Fußgängern

all

above ~: vor allem; vor allen Dingen; *after* ~: schließlich; ~ *along*: die ganze Zeit; ~ *day and* ~ *night*: den ganzen Tag und die ganze Nacht; ~ *in* ~: alles in allem; ~ *in vain*: vergebens; alles umsonst; ~ *kinds of*: alle möglichen; jede Art von; allerlei; ~ *my life*: mein ganzes Leben lang; zeitlebens; ~ *of a sudden*: plötzlich; auf einmal; ~ *right*! in Ordnung! schon gut! ~ *the better*: um so besser; desto besser; ~ *told*: insgesamt; im ganzen; ~ *too soon*: allzubald; allzufrüh; *beyond* ~ *doubt*: ganz außer (ohne) Zweifel; über allen Zweifel erhaben; *by* ~ *means*: auf jeden Fall; *not at* ~ [*by no means*]: durchaus (überhaupt) nicht; keineswegs; *nothing at* ~: gar nichts; *on* ~ *fours*: auf allen vieren; *once and for* ~: ein für allemal; *one and* ~: alle miteinander
all's well that ends well: Ende gut, alles gut
did you speak at all? haben Sie überhaupt gesprochen?
for all I know . . .: soviel (soweit) ich weiß . . .
for all one is worth: mit ganzer Kraft
he did it all the same [*anyway*]: er tat es trotzdem (trotz alledem)
if it's all the same to you . . .: wenn es Ihnen nichts ausmacht . . .
it's all over: [*time*] es ist (alles) vorbei; [*time, failure*] es ist (alles) aus; [*place*] es ist überall (weit verbreitet)
it's all the same to me: es ist mir alles eins (einerlei, gleich, egal); es macht mir gar nichts aus
that is all well and good, but . . .: das ist alles gut und schön, aber . . .
to be all in [*tired*]: erschöpft sein; erledigt sein
to be not all there: [*mentally disturbed*] eine Schraube los haben; einen Vogel haben; nicht ganz bei Trost sein; [*distracted*] zerstreut sein

to want to be all things to all people: allen alles sein wollen
when all is said and done: letzten Endes

allay
to allay someone's fear: js. Angst *f* stillen (beschwichtigen, mäßigen)

alley
to be right up someone's alley: ganz js. Fall *m* sein; in js. Fach *n* schlagen

alliance
to form an alliance: ein Bündnis schließen

allow
allow me, please: gestatten Sie mir, bitte
to allow for expenses [*and things calculable*]: die Ausgaben (mit) ein•berechnen (ein•kalkulieren)
to allow for something [*behavior, conditions*]: etwas berücksichtigen; Rücksicht nehmen auf etwas [*acc.*]; etwas in Rechnung stellen

allowance
to receive an allowance: ein Taschengeld bekommen

all right
all right! in Ordnung! schon gut!
everything is all right: es ist alles in Ordnung
to be all right with someone: jm. recht sein

allude
to allude to something: auf etwas [*acc.*] an•spielen

alone
let alone the expense: ganz abgesehen von den Kosten; geschweige denn die Kosten
to leave someone alone: jn. in Ruhe (Frieden) lassen; jn. allein lassen; jn. ungeschoren lassen
to leave well-enough alone: fünf gerade sein lassen; an etwas [*dat.*] nicht rühren

along
all along: die ganze Zeit
to be getting along well: gute Fortschritte machen; gut voran•kommen
to get along well together: sich gut vertragen; sich gut verstehen; miteinander gut aus•kommen
to get along without someone's help: ohne js. Hilfe *f* aus•kommen
to not be getting along well [*with one's work*]: nicht vom Fleck kommen
to take something along: etwas mit•nehmen
to walk along the street: die Straße entlang•gehen

aloof
to keep aloof from: sich fern (abseits) halten von

also-ran
to be an also-ran: unter den ferner liefen sein

alter
that does not alter the fact: das ändert nichts an der Tatsache

alternative
I have no other alternative: mir bleibt nichts anderes übrig; ich habe keine andere Wahl

altogether
to be in the altogether: splitternackt sein

amazed
to be amazed at: erstaunt sein über [*acc.*]

amendment
to propose an amendment: einen Zusatzantrag stellen

amends
to make amends for something: etwas wiedergut·machen

amiss
to take something amiss: etwas übel·nehmen

among
to be among friends: unter Freunden sein
to be among the best: zu den besten gehören

amount
to amount to [*total*]: betragen; sich belaufen auf [*acc.*]
to amount to something [*professionally*]: es zu etwas bringen
to amount to the same thing: auf dasselbe hinaus·laufen; auf eins heraus·kommen

amuck
to run amuck: Amok laufen

anchor
to drop anchor: Anker werfen; vor Anker gehen
to ride at anchor: vor Anker liegen
to weigh anchor: den Anker lichten (hieven)

angle
a new angle: ein neuer Gesichtspunkt
seen from this angle . . . : von diesem Standpunkt aus gesehen . . . ; unter diesem Blickwinkel betrachtet
to know all the angles: alle Kniffe kennen
to stand at a right (*acute, obtuse*) *angle to*: in einem rechten (spitzen, stumpfen) Winkel stehen zu

angry
to become angry: zornig werden; in Zorn geraten

another
one after another: einer nach dem anderen
one good turn deserves another: eine Liebe ist der anderen wert
to help one another: einander helfen
another cup of coffee: [*second cup*] noch eine Tasse Kaffee; [*different cup*] eine andere Tasse Kaffee
to be another Einstein: ein zweiter Einstein sein
to be another thing altogether: etwas ganz anderes sein
to wait another day or two: noch ein paar Tage warten

answer
in answer to: als Antwort auf [*acc.*]
to know all the answers [*fig.*]: ein Besserwisser *m* sein
to answer a letter: einen Brief beantworten
to answer a prayer: ein Gebet erhören

to answer a question: eine Frage beantworten; auf eine Frage antworten; [*affirmative*] eine Frage bejahen; [*negative*] eine Frage verneinen
to answer back [*impertinently*]: frech antworten
to answer the door: die Tür öffnen; zur Tür gehen
to answer the telephone: den Hörer ab•nehmen
to have much to answer for: viel auf dem Kerbholz haben
to have to answer (to someone) for something: (jm.) Rede stehen müssen für etwas
to have to answer to someone: jm. Rede und Antwort stehen müssen

ant
to have ants in one's pants: Hummeln unterm (im) Hintern haben

anxious
to be anxious to do something: begierig sein, etwas zu tun

any
at ~ time: zu jeder Zeit; *if ~*: wenn überhaupt; in ~ *case*: jedenfalls; auf jeden Fall; *not ~ longer*: nicht mehr
do you feel any better? fühlen Sie sich etwas besser?

anybody
everybody who is anybody: alle, die etwas bedeuten (sind)
hardly anybody: kaum jemand; fast niemand
is anybody else there? ist sonst noch jemand da?

anywhere
I'm not getting anywhere with my work: ich komme mit meiner Arbeit nicht voran; meine Arbeit geht nicht voran

apart
apart from that . . .: abgesehen davon . . .
they are worlds apart: es liegen Welten zwischen den beiden
to come apart at the seams [*lit. and fig.*]: ans den Fugen gehen (geraten)
to keep apart: getrennt halten; [*distinguish*] auseinander•halten
to take a bicycle apart: ein Fahrrad auseinander•nehmen
to take an argument apart: ein Argument entkräften (widerlegen)

appeal
to appeal to someone: [*make a request*] sich an jn. wenden; [*be pleasing*] jm. zu•sagen (gefallen)

appearance
for the sake of ~: um den Schein zu wahren; *to all ~s*: allem Anschein nach
to judge by appearances . . .: nach dem Schein zu urteilen . . .
to keep up appearances: den Schein wahren
to put in an appearance at a party: bei einer Party erscheinen (sich zeigen)

apple
to be the apple of someone's eye: js. Augapfel *m* sein
in apple-pie order: in bester Ordnung; in Butter

applecart
to upset someone's applecart: js. Pläne durchkreuzen (zunichte machen)

apply
that applies to you: das gilt Ihnen; das betrifft Sie; das geht Sie an
to apply for a position: sich um eine Stellung bewerben

to apply oneself to a task: sich einer Aufgabe widmen; sich mit einer Aufgabe befassen (beschäftigen)

appointment

to make an appointment with a doctor: sich beim Arzt an·melden

approval

the suggestion received tacit approval: der Vorschlag wurde stillschweigend gebilligt

to have on approval: zur Ansicht haben

to meet with approval: Anklang *m* finden; Beifall *m* finden

to meet with someone's approval: js. Zustimmung *f* finden

april

April fool! April! April!

to play an April fool's joke on someone: jn. in den April schicken

apron

to be tied to one's mother's apron strings: ein Muttersöhnchen sein; am Schürzenzipfel der Mutter hängen

apt

he is apt to do anything: er ist unberechenbar; ihm ist alles zuzutrauen

it was a very apt remark: es war eine sehr treffende Bemerkung

aptitude

to have an aptitude for something: sich eignen für etwas; begabt sein für etwas

argument

to follow an argument: einer Beweisführung (einem Gedankengang) folgen

to settle an argument: [*disagreement*] einen Streit schlichten; [*point in question*] eine Streitfrage entscheiden

to start an argument: einen Streit an·fangen; einen Streit vom Zaun brechen

arm

~ in ~: Arm in Arm; *the ~ of the law*: der Arm des Gerichts; die Macht des Gesetzes; *with ~s akimbo*: die Arme in die Seiten (Hüften) gestemmt

to fold one's arms: die Arme kreuzen

to keep someone at arm's length: sich [*dat.*] jn. vom Leibe halten

to take someone in one's arms: jn. in die Arme schließen; jn. umarmen

to welcome with open arms: mit offenen Armen empfangen

to be armed with something [*lit. and fig.*]: mit etwas ausgerüstet sein

arms

by force of arms: mit Waffengewalt

to bear arms: Waffen tragen (führen)

to be up in arms: empört (wütend) sein

to call to arms: zu den Waffen rufen

to lay down one's arms: die Waffen strecken

to rise up in arms: zu den Waffen griefen; [*fig.*] sich sträuben (auf·lehnen)

to take up arms: zur Waffe greifen

army

to be drafted into the army: zum Militärdienst einberufen (eingezogen) werden

to enlist in the army: in die Armee ein·treten; sich anwerben lassen

to join the army: sich zum Militärdienst melden; Soldat werden
to raise an army: ein Heer auf•stellen

arrangement
to make arrangements for something: Vorbereitungen (Anstalten) treffen für etwas

arrest
to be under arrest: in Haft sein
to place someone under arrest: jn. in Haft nehmen; jn. verhaften

arrival
on my arrival: bei meiner Ankunft

arrive
he has arrived [is successful]: er ist jetzt ein gemachter Mann
to arrive at a conclusion: zu einem Schluß kommen
to arrive in New York: in New York an•kommen

as
as for . . . : was . . . [*acc.*] anbelangt (betrifft, angeht)

ashamed
to be ashamed of one's behavior: sich seines Betragens (Benehmens) schämen
to be ashamed of oneself: sich schämen
you ought to be ashamed of yourself: Sie sollten sich schämen

ashore
to go ashore: an(s) Land gehen (steigen)

aside
all joking aside: Spaß (Scherz) beiseite
to put something aside: etwas beiseite legen (zurück•legen); [*money*] etwas auf die hohe Kante legen

ask
there is no harm in asking: Fragen kostet (schadet) nichts
to be had for the asking: gratis (umsonst, kostenlos) sein
he is asking for it: er fordert es heraus
to ask about something: sich nach etwas erkundigen; nach etwas fragen
to ask for something [request]: um etwas bitten
to ask for trouble: das Unglück heraus•fordern
to ask one's way: nach dem Weg(e) fragen
to ask someone a question: eine Frage an jn. stellen (richten)
to ask someone for permission: jn. um Erlaubnis bitten
to ask someone in: jn. herein•bitten
to ask someone out: jn. ein•laden
to ask the time: nach der Zeit fragen; fragen, wieviel Uhr es ist

askance
to look askance at someone: jn. scheel an•sehen; jn. mit Mißtrauen betrachten

asleep
to be fast asleep: fest eingeschlafen sein
to fall asleep: ein•schlafen

aspersions
to cast aspersions on someone: jn. an•schwärzen

assault
assault and battery: tätliche Beleidigung; tätlicher Angriff, verbunden mit Körperverletzung
to assault someone: jn. an•fallen; [*sexually*] sich an jm. vergehen

assert
to assert oneself: sich durch•setzen; seinen Einfluß geltend machen

assets
assets and liabilities: Aktiva und Passiva

assistance
to come to someone's assistance: jm. zu Hilfe kommen
to lend (render) someone assistance: jm. Hilfe *f* leisten

associate
to associate one idea with another: zwei Gedanken in Verbindung bringen
to associate with someone: mit jm. Umgang *m* haben; mit jm. verkehren

assure
to assure someone that . . . : jm. versichern, daß . . .
to rest assured that . . . : sich darauf verlassen, daß . . .

astonish
to be astonished at: sich wundern über [*acc.*]

astray
to go astray: irre•gehen; [*morally, socially*] auf Abwege geraten
to lead someone astray: jn. vom rechten Wege ab•bringen; jn. irre•führen; jn. verleiten; [*seduce*] jn. verführen

asunder
to tear asunder: in Stücke zerreißen

asylum
to grant someone asylum: jm. Asyl *n* gewähren
to seek asylum: um Asyl bitten

attach
to attach great importance (weight) to an event: einem Ereignis große Bedeutung bei•messen
to be attached to someone: jm. zugetan sein; an jm. hängen

attend
to attend a lecture: eine Vorlesung besuchen
to attend to a matter: sich um eine Angelegenheit kümmern; sich mit einer Angelegenheit befassen; [*to its completion*] eine Angelegenheit erledigen

attendance
to be in attendance at: anwesend (zugegen) sein bei

attention
now pay attention! nun passen Sie auf! hören Sie gut zu!
to attract attention: Aufmerksamkeit *f* erregen
to call someone's attention to something: jn. auf etwas [*acc.*] aufmerksam machen
to come to someone's attention: jm. auf•fallen; jm. zu Ohren kommen
to devote one's attention to something: einer Sache Aufmerksamkeit *f* schenken
to focus attention on something: sich auf etwas konzentrieren; etwas in den Brennpunkt des Interesses rücken

to focus one's attention on a matter: einer Sache besondere Aufmerksamkeit schenken (widmen)
to hold one's attention: js. Aufmerksamkeit *f* fesseln; jn. fesseln
to hold the attention of an audience: die Zuhörer fesseln (in Spannung halten)
to pay close attention: [*listen*] gespannt (aufmerksam) zu•hören; [*follow advice*] Rat *m* befolgen
to stand at attention: stramm•stehen
to turn one's attention to something: seine Aufmerksamkeit auf etwas [*acc.*] lenken

attract
I am attracted to her: sie ist mir sympathisch; sie zieht mich an
to be attracted to something: sich zu etwas hingezogen fühlen

auction
to auction something off: etwas versteigern
to be auctioned off: unter den Hammer kommen

audience
to grant an audience: eine Audienz gewähren

audition
to hold an audition: Probe halten (ab•halten)
to audition for someone: jm. Probe spielen; jm. vor•singen (vor•tanzen, usw.)

auspices
under the auspices of the church: unter der Leitung der Kirche

authority
to assert one's authority: seine Autorität behaupten (geltend machen)
to be an authority on physics: ein Fachmann *m* auf dem Gebiet der Physik sein
to challenge someone's authority: js. Autorität *f* in Frage stellen
to have something on good authority: etwas aus guter Quelle haben
to have the authority to do something: die Vollmacht haben, etwas zu tun

avail
to be of no avail: nutzlos sein
to little avail: mit geringem Erfolg
to avail oneself of something: sich einer Sache bedienen; von etwas Gebrauch machen

available
to be available: zur Verfügung stehen
to make something available: etwas zur Verfügung stellen

average
on the ~: im Durchschnitt; durchschnittlich; *the* ~ *man*: der Durchschnittsmensch

aversion
to have an aversion to something: eine Abneigung gegen etwas haben

avoid
to avoid someone like the plague: jn. wie die Pest meiden (vermeiden)

awake
to become awake to the danger: der Gefahr [*gen.*] gewahr werden
to be wide awake: hellwach sein

award

to award someone a prize: jm. einen Preis zu·erkennen

aware

I am not aware of that: ich bin mir dessen nicht bewußt
to become aware of the fact: sich [*dat.*] der Tatsache bewußt werden

away

~ *with it*! fort damit! weg damit! *right* ~! sofort!
far and away the best: bei weitem das beste
fire away! Losschießen! Schießen Sie los!
to be away: verreist sein
to do away with oneself: sich [*dat.*] das Leben nehmen; sich um·bringen
to do away with something: etwas ab·schaffen
to explain something away: etwas weg·erklären
to get away with something: [*go unpunished*] ungeschoren (unbestraft) davon·kommen; [*abscond*] mit etwas durch·brennen
to give oneself away: sich verraten
to let oneself be carried away: sich fortreißen (hinreißen) lassen
to run away: weg·laufen; sich aus dem Staube machen
to run away (off) with [*abscond, elope*]: durch·brennen mit; durch·gehen mit
to stay away from someone: jm. vom Leibe bleiben

awe

to fill someone with awe: jm. Ehrfurcht *f* ein·flößen
to hold something in awe: Ehrfurcht *f* haben vor etwas [*dat.*]
to stand in awe of: großen Respekt haben vor [*dat.*]

awry

to go awry: schief·gehen

ax

to get the ax: 'raus·fliegen; 'rausgeschmissen werden
to have an ax to grind: eigennützige Interessen (Privatinteressen) verfolgen

aye

the ayes have it: die Mehrheit ist dafür

b

baby

to be the baby of the family: das Nesthäkchen sein; der Benjamin der Familie sein
to baby someone: jn. verwöhnen

baby-sit

to baby-sit: als Babysitter arbeiten; Kinder beaufsichtigen, während die Eltern weg sind

back

~ *and forth*: hin und her; ~ *to* ~: Rücken an Rücken; ~*-to-*~ *victories*: aufeinander folgende Siege (Erfolge)

it's the straw that broke the camel's back: noch einen Tropfen, und das Maß fließt über
they were fighting with their backs to the wall [fig.]: sie kämpften mit dem Rücken zur Wand; sie waren in großer Bedrängnis (hart bedrängt; in die Enge getrieben)
to be on one's back for weeks [in bed]: wochenlang bettlägerig sein; wochenlang auf der Nase liegen
to break someone's back: jm. das Rückgrat brechen; [*overwork*] jn. überlasten (überbürden); [*ruin*] jn. zugrunde richten (jn. ruinieren)
to do something behind someone's back: etwas hinter js. Rücken *m* [*dat.*] tun
to get on someone's back [fig.]: jn. reizen; jn. auf die Palme bringen
to get someone off one's back: sich [*dat.*] jn. vom Halse schaffen
to have someone on one's back: jn. auf dem Hals haben
to turn one's back to someone: jm. den Rücken kehren (zu•wenden)
to back down: klein bei•geben; kneifen
to back out of something [extricate oneself]: sich zurück•ziehen aus etwas
to back up [car]: im Rückwärtsgang fahren; rückwärts fahren
to back up a friend: einem Freund bei•stehen; einen Freund unterstützen
back home in America: bei uns zu Hause in Amerika
to come back to one [be recalled to mind]: jm. wieder ins Gedächtnis kommen
to get back at someone: sich an jm. rächen
to go back on one's word: sein Wort brechen (nicht halten)
to pay someone back for something [revenge]: jm. etwas vergelten (heim•zahlen)
to pay something back [debt]: etwas zurück•zahlen
to slip in by the back door: durch ein Hintertürchen hinein•schlüpfen
to take a back seat [fig.]: in den Hintergrund treten
to talk back: frech antworten

backbone
to have no backbone: kein Rückgrat haben

background
to form the background to: den Hintergrund bilden für
to have a good background: eine vielseitige Bildung genossen haben
to keep oneself in the background: sich im Hintergrund halten; im Hintergrund bleiben

backward
~ *and forward*: hin und her; ~ *persons*: schwerfällige (ungeschickte) Personen

bacon
to bring home the bacon: die Brötchen verdienen; der Brotverdiener sein

bad
to take the bad with the good: die Nachteile (mit) in Kauf nehmen; sich mit allem ab•finden
that is too bad: das ist schade
to be bad for one's health: der Gesundheit unzuträglich (schädlich) sein
to be bad off: schlecht daran sein
to feel bad about something: etwas bedauern

to go bad: schlecht werden; [*food*] verfaulen; [*persons*] auf Abwege geraten; verdorben werden
to go from bad to worse: vom Regen in die Traufe kommen (geraten)
to have bad luck: Pech *n* (Unglück *n*) haben

bag
bag and baggage: mit Sack und Pack; mit Kind und Kegel
to be left holding the bag: der Dumme sein
to be nothing but a bag of bones: nur noch Haut und Knochen sein
to have something in the bag: etwas in der Tasche haben; etwas so gut wie sicher haben
to let the cat out of the bag: die Katze aus dem Sack lassen

bail
to be out on bail: gegen Kaution aus dem Gefängnis entlassen sein
to jump bail: die Kaution fahren•lassen
to release on bail: gegen Bürgschaft (Kaution) frei•lassen (entlassen)
to bail out of a plane: vom Flugzeug ab•springen
to bail someone out: jn. gegen Bürgschaft aus der Haft befreien
to bail someone out of a difficult situation: für jn. die Kastanien aus dem Feuer holen

bait
to take (*swallow*) *the bait*: an•beißen

baker
baker's dozen: 13 Stück

balance
~ *of power*: das politische Gleichgewicht; ~ *of trade*: die Handelsbilanz
to hang in the balance: an einem dünnen Faden hängen; in der Schwebe sein
to keep one's balance: das Gleichgewicht halten
to lose one's balance: das Gleichgewicht verlieren; [*fig.*] aus dem Gleichgewicht geraten
to throw someone off balance: jn. aus dem Gleichgewicht bringen
to turn the balance: den Ausschlag geben
to balance an account: ein Konto aus•gleichen
to balance each other out: sich [*dat.*] die Waage halten
to balance one thing against another: eine Sache gegen eine andere ab•wägen

ball
he won't play ball: er will nicht mit•machen
to be on the ball: auf Draht sein
to get the ball rolling: eine Sache in Gang bringen (setzen)
to go to the ball: auf einen Ball gehen
to have a ball: sich königlich amüsieren
to have a lot on the ball: viel auf dem Kasten haben
to keep the ball rolling: das Gespräch (eine Sache) in Gang halten

balloon
to send up a trial balloon: einen Versuchsballon steigen lassen

ballot
on the first ballot: im ersten Wahlgang
to place someone's name on the ballot: jn. auf die Wahlliste setzen

band

to band together: sich zusammen·schließen (zusammen·tun)

bandwagon

to climb on the bandwagon: sich der aufsteigenden Partei (der Mehrheit) an·schließen

bang

to go off with a bang: laut los·knallen

to bang away on the piano: auf dem Klavier herum·hämmern

banish

to banish someone from: jn. verbannen von

bank

~ *account*: Konto *n*; ~*book*: Bankbuch *n*; *branch* ~: Filiale *f* (Zweigstelle *f*); *savings* ~: Sparkasse *f*

to break the bank: die Bank sprengen

to deposit money in the bank: Geld in die Bank ein·zahlen (deponieren)

to bank on something: auf etwas [*acc.*] bauen; sich auf etwas [*acc.*] verlassen; seine Hoffnungen auf etwas [*acc.*] setzen

bankrupt

to go bankrupt: bankrott (Konkurs) machen; in Konkurs gehen

bankruptcy

to declare (file) bankruptcy: den Konkurs an·melden

baptism

to be baptized by fire: die Feuertaufe erhalten

bar

to be admitted to the bar: als Rechtsanwalt zugelassen werden

to be behind bars: hinter Schloß und Riegel sitzen; hinter schwedischen Gardinen sitzen

to have a drink at the bar: eins (einen) an der Theke trinken

to play a few bars: einige Takte spielen

bare

to bare one's soul to someone: jm. sein Herz aus·schütten (erschließen)

to lay bare: bloß·legen

barefaced

that is a barefaced lie: das ist eine dreiste (unverschämte, schamlose) Lüge

bargain

a good ~: ein guter Kauf; *into the* ~: obendrein; noch dazu

to drive a hard bargain: aufs äußerste feilschen; streng handeln

it was more than I bargained for: das (so etwas) habe ich nicht erwartet

to bargain over something: um etwas feilschen (handeln)

to be in a good bargaining position: vorteilhaft handeln können

barge

to barge in on someone: bei jm. herein·platzen

to barge into a conversation: sich in eine Unterhaltung ein·mischen

bark

his bark is worse than his bite: Hunde, die viel bellen, beißen nicht

to bark out an order: einen Befehl heraus·bellen

to bark up the wrong tree: auf falscher Fährte (auf dem Holzweg) sein; an die falsche Adresse gekommen sein

base

to be based on: sich gründen auf [*acc.*]; beruhen auf [*dat.*]; basieren auf [*dat.*]

basis

on the basis of: auf Grund [*gen.*]; aufgrund [*gen.*]

to form the basis for [*lit. and fig.*]: den Grund legen zu (für); die Grundlage bilden zu; als Grundlage dienen zu

basket

to put all one's eggs in one basket: alles auf eine Karte setzen

bat

to go to bat for someone: für jn. eine Lanze brechen

without batting an eye: ohne mit der Wimper zu zucken

batch

a whole batch of letters: ein ganzer Stoß Briefe

bate

with bated breath: mit verhaltenem Atem

bath

to take a bath: ein Bad nehmen; sich baden

bathe

to be bathed in tears: in Tränen schwimmen

batten

to batten down the hatches: die Luken zu•nageln (vernageln)

battery

the battery is dead: die Batterie ist erschöpft (leer)

to charge a battery: eine Batterie laden

to install a new battery: eine neue Batterie ein•setzen

battle

the ~ for: die Schlacht um; *the ~ of*: die Schlacht bei (von)

to be fighting a losing battle: auf verlorenem Posten kämpfen

to do battle for someone: um jn. kämpfen

to give battle: sich zum Kampf stellen

to join battle with the enemy: dem Feind eine Schlacht liefern

bay

to hold at bay: in Schach halten; hin•halten

be

the be-all and end-all: das ein und alles

be that as it may: wie dem auch sei

however that may be . . . : wie das auch sein mag . . .

if that be so . . . : wenn das der Fall ist . . .

I must be off: ich muß jetzt fort

so be it! so sei es!

to be absent: abwesend sein; [*school*] fehlen

to be against something: gegen etwas sein

to be away: verreist sein

to be for something: für etwas sein

to be on one's own: ganz auf sich [*acc.*] selbst gestellt (angewiesen) sein

to be or not to be: Sein oder Nichtsein
to be present: anwesend (zugegen) sein

bean
to not know beans about something: keinen blassen Schimmer von etwas haben
to spill the beans: die Katze aus dem Sack lassen; etwas aus•plappern

bear
to bear down on something: auf etwas [*acc.*] zu•steuern
to bear fruit [*lit. and fig.*]: Früchte tragen
to bear left (right): sich links (rechts) halten
to bear no relation to: in keiner Beziehung stehen zu
to bear oneself well: sich gut benehmen (betragen)
to bear out a claim: eine Behauptung bestätigen
to bear something in mind: etwas im Auge (Gedächtnis) behalten; etwas bedenken
to bear with someone: mit jm. Nachsicht *f* (Geduld *f*) haben
to bear witness to something: Zeugnis *n* von etwas ab•legen
to be unable to bear someone: jn. nicht ausstehen (leiden) können
to bring something to bear upon something: etwas zur Geltung bringen in bezug auf etwas [*acc.*]; etwas ein•wirken lassen auf etwas [*acc.*]

bearing
to get one's bearings: sich orientieren; [*fig.*] einen Halt finden
to have a bearing upon something else: Bedeutung für etwas anderes haben
to have no bearing on an argument: mit einem Argument nichts zu tun haben
to lose one's bearings: sich verirren; [*fig.*] den Halt verlieren

beat
the policeman is on his beat: der Polizist macht seine Runde
can you beat that! das ist doch die Höhe!
to beat a retreat: zum Rückzug blasen (trommeln); [*fig.*] sich aus dem Staube machen
to beat around the bush: wie die Katze um den heißen Brei gehen; (mit etwas, damit) hinterm Berg halten
to beat eggs: Eier schlagen
to beat off an attack: einen Angriff ab•wehren (zurück•schlagen)
to beat (rack) one's brains: sich [*dat.*] den Kopf zerbrechen
to beat one's breast: sich [*dat.*] an die Brust schlagen
to beat someone at his own game: jn. mit seinen eigenen Waffen schlagen
to beat someone black and blue: jn. grün und blau schlagen
to beat someone up: jn. verprügeln
to beat something into someone's head: jm. etwas ein•hämmern (ein•bleuen)
to beat the air [*fig.*]: offene Türen ein•rennen
to beat time: den Takt schlagen

beaten
the beaten track: das alte Gleis; der ausgetretene Weg
to be off the beaten track: abgelegen liegen; schwer zugänglich sein

beating
to give someone a beating: jm. eine Tracht Prügel verabreichen

beauty
beauty is only skin deep: der Schein trügt
that's the beauty of it: das ist das Schöne daran

beck
to be at someone's beck and call: auf js. Wink und Ruf *m* [*acc.*] warten

beckon
to beckon to someone: jm. zu•winken
to beckon to someone to come: jn. heran•winken

become
to be becoming to someone: jm. geziemen
to ill-become someone: zu jm. nicht passen
what became of him? was ist aus ihm geworden?

bed
to get out of bed: auf•stehen
to get up on the wrong side of the bed: mit dem linken Fuß zuerst auf•stehen
to go to bed: zu Bett gehen; schlafen gehen
to make the bed: das Bett machen
to put to bed: zu Bett bringen

bedridden
to be bedridden: bettlägerig sein

bee
to be as busy as a bee: einen Bienenfleiß entwickeln; (so) emsig wie eine Biene sein
to have a bee in one's bonnet: eine Grille haben; Schrullen (im Kopf) haben
to put a bee in someone's bonnet: jm. Raupen (Flausen) in den Kopf setzen

beeline
to make a beeline for something: schnurstracks auf etwas [*acc.*] los•gehen

before
the question ~ us: die vorliegende Frage; *the week ~ last*: vorvorige Woche
it was not long before . . . : es dauerte nicht lange, bis . . .
why didn't you say that before? warum haben Sie das nicht früher gesagt?

beg
I beg to differ: ich erlaube mir, anderer Meinung zu sein; Sie gestatten wohl, daß ich anderer Ansicht bin
to beg for mercy: um Gnade *f* flehen
to beg the question: der Frage (Hauptfrage) aus•weichen; ausweichend antworten; etwas Umstrittenes als ausgemachte Tatsache hin•stellen; eine petitio principii machen

beggar
beggars can't be choosers: dem geschenkten Gaul schaut (sieht) man nicht ins Maul; in der Not frißt der Teufel Fliegen

begin
to begin at the top (beginning): von vorn(e) an•fangen
to begin with, I must say . . . : erstens (zunächst einmal) muß ich sagen . . .

beginning

in the ~: am Anfang; *from the* ~: von Anfang an; *from the* ~ *to the end*: von Anfang bis (zu) Ende; *from the very* ~: schon am Anfang; *the* ~ *of the end*: der Anfang vom Ende

begrudge

to begrudge someone: jm. etwas mißgönnen; jn. um etwas beneiden

behalf

on behalf of: im Namen von; um . . . [*gen.*] willen

behave

to behave oneself (*well*): sich gut (anständig) benehmen

behavior

to be on one's best behavior: sich gut auf•führen; sehr auf sein Benehmen achten

behind

far behind: weit zurück

to be behind [*payments, work, etc.*]: im Rückstand sein

to be behind all the trouble: für die Unruhe (die Probleme) verantwortlich sein; hinter der Unruhe stecken

to be behind in one's monthly payments: mit den Monatsraten im Rückstand sein

to be behind someone [*fig.*]: jn. unterstützen; jm. bei•stehen

to be behind the times: hinter der Zeit zurück sein; rückständig sein

to come from behind: einen Rückstand auf•holen

to fall behind [*lit. and fig.*]: zurück•bleiben

to fall behind the others [*in performance*]: hinter den anderen zurück•fallen

to get behind: [*financially*] in Schulden geraten; [*in one's work*] zurück•fallen

to get behind the wheel of a car: sich ans Steuer setzen

to go on behind the scenes: sich hinter der Bühne (den Kulissen) ab•spielen

to have one's friends behind one: seine Freunde hinter sich [*dat.*] haben

to leave a message behind: die Nachricht zurück•lassen (hinterlassen)

to leave four children behind: vier Kinder zurück•lassen

to leave the competition behind: die Konkurrenz weit zurück•lassen (übertreffen)

to leave the package behind: das Paket zurück•lassen; [*forget*] das Paket liegen•lassen

being

to call into being: ins Leben rufen

to come into being: entstehen

belief

to be beyond belief: erstaunlich sein; nicht zu glauben sein

bell

as clear as a bell: glockenrein

does that ring a bell with you? fällt Ihnen dabei etwas ein? erinnert Sie das an etwas [*acc.*]?

to be as sound as a bell: kerngesund sein

to ring (*toll*) *a bell*: eine Glocke läuten

to ring the doorbell: klingeln; schellen

below

~ *cost*: unter dem Einkaufspreis; ~ *deck*: unter Deck; ~ *ground*: unter der Erdoberfläche; unterirdisch; ~ *sea level*: unter dem Meeresspiegel; *down* ~: da unten; [*hell*] in der Hölle; *here* ~: auf dieser Erde

such behavior is below me: solches Benehmen ist unter meiner Würde

belt

to hit below the belt: [*boxing*] einen Tiefschlag führen (geben, tun); unter der Gürtellinie treffen; [*fig.*] unfair handeln (kämpfen)

to tighten one's belt [*lit. and fig.*]: den Gürtel enger schnallen

to belt someone: jn. verhauen

bench

to bench a player: einen Spieler auf die Strafbank schicken; einen Spieler aus dem Spiel entfernen

bend

to bend the law: das Recht beugen

to bend the rules: die Spielregeln verdrehen

to be bent on doing something: entschlossen sein, etwas zu tun; darauf erpicht sein, etwas zu tun

to be bent on mischief: Böses im Schilde führen

beneath

~ *all criticism*: unter aller Kritik; ~ *one's dignity*: unter seiner Würde

beneath one's social position: unter seinem Stand

beneficial

to be beneficial to someone: jm. nützlich sein; [*health*] jm. zuträglich sein

benefit

to give a person the benefit of the doubt: im Zweifelsfalle die günstigere Auslegung an•nehmen; in dubio pro reo

to benefit from something: Nutzen *m* ziehen aus etwas; von etwas profitieren

a benefit performance: eine Benefizvorstellung (Wohltätigkeitsaufführung)

bequeath

to bequeath something to someone: jm. etwas vermachen

beside

to be beside oneself with joy: außer sich vor Freude sein

to be beside the point: nicht zur Sache gehören; mit der Sache nichts zu tun haben

besiege

to besiege someone with questions: jn. mit Fragen bestürmen (überschütten)

best

at ~: im besten Falle; bestenfalls; *his Sunday* ~: seine Sonntagskleider; *the very* ~: das Allerbeste

to be at one's best: [*behavior*] sich von der besten Seite zeigen; [*performance*] auf der Höhe seiner Leistungsfähigkeit sein

to be the best of the bunch: der beste von allen sein; das beste Pferd im Stall sein

to come off second best: den kürzeren ziehen

to do one's best: sein Möglichstes tun

to have the best of it: am besten ab•schneiden
to make the best of a bad situation: gute Miene zum bösen Spiel machen
to make the best of it: mit den Umständen vorlieb•nehmen; sich zufrieden geben; tun, was man kann
to the best of my knowledge: soweit ich weiß (informiert bin); nach meinem besten Wissen
to the best of my recollection: soviel ich mich erinnere
to the best of one's ability: nach besten Kräften
to think it best to go: es für das beste halten, zu gehen
to put one's best foot forward: sich von der (seiner) besten Seite zeigen

best seller
the book was a best seller: das Buch war ein Bestseller *m* (Verkaufserfolg)

bet
an even bet: eine Wette mit gleichen Chancen
to make a bet with someone: mit jm. wetten; mit jm. eine Wette ein•gehen
do you want to bet? wetten wir? machen wir eine Wette?
to bet five dollars on something: fünf Dollar auf etwas [*acc.*] wetten
to bet one's bottom dollar on something: sein letztes Geld auf etwas [*acc.*] wetten
to bet two to one that . . . : zwei gegen eins wetten, daß . . .

better
all the ~: um so besser; *my ~ half*: meine bessere Hälfte; meine Frau; *so much the ~*: um so besser; *upon ~ acquaintance*: bei näherer Bekanntschaft
for better or for worse: wohl oder übel; auf Gedeih und Verderb; auf Glück und Unglück
to get the better of someone [*surpass him*]: über jn. die Oberhand gewinnen; jn. übertreffen; jn. schlagen (besiegen)
to know better: es besser wissen
to better oneself: sich bessern; [*professionally*] sich hoch•arbeiten
better late than never: besser spät als niemals
for the better part of an hour: beinahe eine ganze Stunde
for the better part of the day: den größten Teil des Tages; fast den ganzen Tag
to be better off: besser d(a)ran sein
to get better: [*recuperate*] gesund werden; sich erholen; [*improve*] sich bessern (verbessern)
to get better and better: immer besser werden

between
~ you and me: unter uns gesagt; *few and far ~*: dünn gesät
between now and Thursday: von heute auf Donnerstag
between the devil and the deep blue sea: zwischen Scylla und Charybdis
they shared it between them: sie teilten es untereinander

beware
beware of pickpockets: vor Taschendieben wird gewarnt

beyond
~ all expectation: über alles Erwarten; *~ dispute*: außer allem Zweifel; *~ recognition*: bis zur Unkenntlichkeit; *the great ~*: das Jenseits
it is beyond me: es geht über meinen Verstand (Horizont); es ist mir zu hoch

bid

to be the highest bidder: der Meistbietende sein
to bid for a contract: sich um einen Vertrag bewerben
to bid someone farewell: jm. Lebewohl *n* sagen
to bid someone welcome: jn. willkommen heißen

bidding

to do someone's bidding: sich js. Willen *m* [*dat.*] fügen; js. Interessen vertreten

bide

to bide one's time: seine Zeit ab•warten; eine Gelegenheit ruhig ab•warten

big

to be a big wheel: ein großes (hohes) Tier sein; eine große Kanone sein
to be too big for one's boots: eingebildet sein
to go over big: gut ein•schlagen; großen Erfolg haben
to talk big: auf•schneiden; prahlen; sich dicke tun; an•geben; den Mund voll•nehmen
what's the big idea? was soll (denn) das?

bill

~ of fare: Speisekarte *f*; *~ of Rights*: Urkunde *f* der Volksrechte
post no bills: Zettelankleben verboten
the bill carried: der Antrag ging durch
to be sold a bill of goods: angeschmiert werden; sich beschwindeln lassen
to change a dollar bill: einen Dollarschein wechseln
to fill the bill: allen Ansprüchen genügen; gerade das Richtige sein
to foot the bill: die Rechnung (Zeche) bezahlen
to introduce a bill: einen Antrag ein•bringen
to pass a bill: einen Gesetzentwurf an•nehmen
to run up a bill: eine Rechnung anwachsen (auflaufen) lassen; Schulden machen
to table a bill: einen Antrag vertagen
to throw out a bill: einen Gesetzentwurf ab•lehnen
to vote on a bill: über einen Antrag ab•stimmen
to bill and coo: schnäbeln und girren; sich verliebt benehmen
to bill someone: jm. eine Rechnung schicken

bind

to be bound up closely with: eng zusammen•hängen mit; eng verbunden sein mit

bird

a bird in the hand is worth two in the bush: besser ein Spatz in der Hand als eine Taube auf dem Dach
a little bird told me: der kleine Finger hat es mir gesagt
an early bird: ein Frühaufsteher *m*
birds of a feather flock together: gleich und gleich gesellt sich gern
the early bird catches the worm: Morgenstunde hat Gold im Munde
to eat like a bird: wie ein Spatz essen
to kill two birds with one stone: zwei Fliegen mit einer Klappe schlagen

bird's-eye

seen from a bird's-eye view: aus der Vogelperspektive (Vogelschau) gesehen

birth

~ certificate: Geburtsurkunde *f*; *~ control*: Geburtenkontrolle *f*; *~day*: Geburtstag *m*; *~mark*: Muttermal *n*; *~place*: Geburtsort *m*; *~ rate*: Geburtenziffer *f*

an American by birth: ein gebürtiger Amerikaner; ein Amerikaner von Geburt

to give birth to a son: einen Sohn gebären

bit

a ~: ein wenig; ein bißchen; *~ by ~*: [*time*] allmählich; nach und nach; [*quantity*] stückweise; *in ~s and pieces*: stückweise (bruchstückweise)

he is every bit a man: er ist in jeder Beziehung ein Mann

to do one's bit: seinen Teil bei•tragen (tun); sein Scherflein bei•tragen

to take a bit of doing: kein Kinderspiel sein

bite

to bite off more than one can chew: sich [*dat.*] zuviel vor•nehmen (zu•muten); sich überfordern

to bite one's lips: sich [*dat.*] auf die Lippen beißen

to bite one's nails: an den Nägeln kauen

to bite one's tongue [to keep from laughing]: sich [*dat.*] das Lachen verbeißen

to bite the dust: ins Gras beißen

bitter

to take the bitter with the sweet: Angenehmes und Unangenehmes gleicherweise hin•nehmen

to the bitter end: bis zum bitteren Ende

black

to be in the black: schuldenfrei sein

to black out: das Bewußtsein verlieren; in Ohnmacht fallen; ohnmächtig werden

as black as night: kohlrabenschwarz

the black sheep of the family: das schwarze Schaf der Familie

to beat black and blue: grün und blau schlagen

to give a person a black eye: jm. das Auge blau•schlagen; jm. ein blaues Auge schlagen

to have it in black and white: es schwarz auf weiß haben

to paint a thing black: etwas schwarz•malen (schwarz•sehen); etwas in ungünstigem Lichte dar•stellen

blacklist

to be on someone's blacklist: bei jm. auf der schwarzen Liste stehen; bei jm. schlecht angeschrieben sein

blame

to bear the blame: die Schuld tragen

to pin (put) the blame on someone: jm. die Schuld zu•schieben (zu•schreiben)

to shift the blame to someone else: einem anderen die Schuld zu•schieben

to take the blame: die Schuld auf sich [*acc.*] nehmen

to be to blame for something: an etwas [*dat.*] schuld sein *to have only oneself to blame*: nur sich [*dat.*] selbst die Schuld zuzuschreiben (beizumessen) haben

blank

to draw a blank: eine Niete ziehen

to have a blank look on one's face: ein verblüfftes Gesicht machen

to leave three lines blank: drei Zeilen frei (leer, unbeschrieben) lassen

blanket

a wet blanket: ein Spielverderber *m*; ein Miesmacher *m*; ein kalter Wasserstrahl

blast

~off: (Raketen) Abschuß *m*; *full ~*: mit Volldampf

blaze

to blaze a trail: einen Weg bahnen; [*fig.*] Pionierarbeit *f* leisten

bleed

my heart bleeds for you: mir blutet das Herz um Sie

to bleed from the nose: aus der Nase bluten

to bleed someone [*lit.*]: jm. Blut ab·ziehen; jn. zur Ader lassen

to bleed someone (white): jn. blechen lassen

blend

to blend in well with: sich harmonisch verbinden mit; harmonieren mit

bless

God bless you! Gott segne dich! [*response to a sneeze*] Gesundheit!

to be blessed with two children: mit zwei Kindern gesegnet sein

to bless oneself: sich bekreuzigen

blessing

a blessing in disguise: ein Glück im Unglück; eine verkappte Wohltat

to give one's blessing to someone: jm. seinen Segen geben (erteilen)

to give one's blessing to something: seinen Segen zu etwas geben

you have my blessing: meinen Segen haben Sie

blind

a ~ date: eine Verabredung mit einer (einem) Unbekannten; *~ as a bat*: stockblind; *the ~*: die Blinden; *the ~ side*: die unbeschützte (schwache) Seite

among the blind a one-eyed man is king: unter den Blinden ist der Einäugige König

love is blind: Liebe macht blind

to be blind from birth: von Geburt an blind sein

to be blind in one eye: auf einem Auge blind sein

to be blind to something: für (gegen) etwas blind sein

to be blind with rage: vor Wut (Zorn) blind sein

to have blind faith in someone: jm. blind vertrauen

to run down a blind alley: in eine Sackgasse geraten

to turn a blind eye to something: so tun, als ob man etwas nicht sähe

blindfold

I could do it blindfolded: ich könnte es mit verbundenen Augen tun

to blindfold someone: jm. die Augen verbinden

block

to be a chip off the old block: der leibhafte Vater sein; ganz der Vater sein

to write in block letters: in Blockschrift schreiben; mit großen Buchstaben schreiben

blood

~ bank: Blutbank *f*; *~ bath*: Blutbad *n*; *~ donor*: Blutspender *m*; *~mobile*: fahrbare (motorisierte) Blutspendestelle *f*; *~ money*: Blutgeld *n*; *~ poisoning*: Blutvergiftung *f*; *~ pressure*: Blutdruck *m*; *~shot eyes*: blutunterlaufene Augen; *~stained*: blutbefleckt; *~stream*: Blutkreislauf *m*; *~ test*: Blutprobe *f*; *~thirsty*: blutdürstig; *~ transfusion*: Blutübertragung *f*; *~ type*: Blutgruppe *f*; *in cold ~*: kaltblütig; *loss of ~*: Blutverlust *m*

blood is thicker than water: Blutsbande sind die stärksten Bande

his blood boiled: es kochte in ihm; sein Blut geriet in Wallung

one's own flesh and blood: sein eigen Fleisch und Blut

to be a blue-blood: blaues Blut in den Adern haben

to be in someone's blood: jm. im Blut liegen

to bring new blood into a company: einer Firma frisches Blut zu·führen

to cause bad blood: böses Blut machen

to cough up blood: Blut husten (spucken)

to donate blood: Blut spenden

to lose blood: Blut verlieren

to make one's blood boil: js. Blut wallen machen; js. Zorn *m* erregen

to make one's blood run cold: jm. das Blut in den Adern erstarren lassen

to shed blood: Blut vergießen

to sweat blood: Blut schwitzen

bloom

in full bloom: in voller Blüte

blossom

to be in blossom: in Blüte stehen

to blossom into: sich entwickeln zu

blot

to put a blot on someone's reputation: js. Ruf *m* beflecken

blow

in a single blow: mit einem Schlag

to come to blows: handgemein werden

to deal someone a blow: jm. einen Schlag versetzen

to strike a blow against someone: jm. eins aus·wischen

to strike a blow against something: sich etwas [*dat.*] entgegen·stellen

to strike a blow for someone [*fig.*]: für jn. eine Lanze brechen

a fuse blew out: eine Sicherung brannte durch

the clouds blow over: die Wolken verziehen sich

the tire blew out: der Reifen platzte

to blow hot and cold: bald so, bald so sprechen

to blow off steam: [*anger*] seine Wut aus·lassen; [*energy*] sich aus·toben

to blow one's brains out: sich [*dat.*] eine Kugel durch den Kopf jagen

to blow one's nose: sich [*dat.*] die Nase putzen
to blow one's own horn: sein eigenes Lob singen
to blow out a candle: eine Kerze aus•blasen
to blow someone a kiss: jm. eine Kußhand zu•werfen
to blow something up out of proportion: etwas auf•bauschen; aus einer Mücke einen Elefanten machen
to blow up a bridge: eine Brücke in die Luft sprengen

blue
~-eyed: blauäugig; *~-blooded*: adlig; *~grass*: Riedgras *n*; *~ ribbon*: erster Preis; *dark ~*: dunkelblau; *deep ~*: tiefblau; *light ~*: hellblau; *navy ~*: marineblau
like a bolt out of the blue: wie ein Blitz aus heiterem Himmel
to have the blues: in gedrückter Stimmung sein
to sing the blues [*fig.*]: Trübsal blasen
once in a blue moon: alle Jubeljahre (einmal)
out of a clear blue sky: wie ein Blitz aus heiterem Himmel; völlig unvermittelt

bluff
to call someone's bluff: js. Bluff *m* auf die Probe stellen

blunder
to make a blunder: einen Schnitzer machen; einen Bock schießen

blurt
to blurt out an answer: mit einer Antwort heraus•platzen

board
~ing house: Pension *f*; *~ing school*: Pensionat *n*; Internat *n*; *~ of directors*: Aufsichtsrat *m*; *~walk*: Laufsteg *m* (am Strand); *room and ~*: Verpflegung *f* und Unterkunft *f*
to act above board: offen und ehrlich handeln
to be above board [*persons and things*]: einwandfrei sein
to be on the board of directors: im Aufsichtsrat sein
to board a train: in einen Zug ein•steigen
to board with someone: bei jm. in Vollpension wohnen
to go on board a ship: an Bord gehen

boast
to make a boast of: prahlen mit
to boast about a deed: sich einer Tat rühmen
to boast about having done something: sich rühmen, etwas getan zu haben

boat
to be in the same boat: in einem (im selben) Boot sitzen; in der gleichen Lage sein
to miss the boat [*fig.*]: eine Gelegenheit verpassen

body
over my dead body! nur über meine Leiche!
to keep body and soul together: Leib und Seele zusammen•halten

bog
to get bogged down: sich fest•fahren; stecken•bleiben

boil

to bring to a boil: zum Kochen bringen
to boil away: verdampfen
to boil down to this . . . : auf folgendes hinaus·laufen (heraus·kommen) . . .
to boil over [*lit. and fig.*]: über·kochen; über·wallen

boiling point

at the boiling point [*lit.*]: auf dem Siedepunkt
to bring someone to the boiling point: jn. in Wallung bringen

bold

to be bold as brass: frech wie Oskar sein

bolt

like a bolt from the blue: wie ein Blitz aus heiterem Himmel
to bolt down one's food: das Essen hastig herunter·schlingen

bomb

to bomb a city: Bomben auf eine Stadt ab·werfen
bombed out: ausgebombt

bone

a bone of contention: ein Zankapfel *m*
as dry as a bone: knochentrocken
to be chilled to the bone: durchgefroren sein
to be nothing but skin and bones: nur noch Haut und Knochen sein
to break a bone: sich [*dat.*] einen Knochen brechen
to feel something in one's bones: eine Vorahnung von etwas haben
to have a bone to pick with someone: mit jm. ein Hühnchen zu rupfen haben
to make no bones about . . . : keinen Hehl machen aus . . .
to set a bone: einen Knochen ein·renken
to work one's fingers to the bone for someone: sich für jn. ab·schinden
to bone up on one's German: seine Deutschkenntnisse auf·frischen

boo

to boo someone: jn. aus·pfeifen

book

~case: Bücherregal *n*; *~ club*: Buchgemeinschaft *f*; *~ learning*: Buchgelehrsamkeit *f*; *~ of matches*: Streichholzheftchen *n*; *~store*: Buchhandlung *f*
to be an open book: ein offenes Buch sein
to be in someone's black book: bei jm. schlecht angeschrieben sein
to go by the book: laut Vorschriften handeln; vorschriftsmässig handeln
to keep the books: die Bücher führen
to know something like a book: etwas ganz genau wissen; etwas in- und auswendig kennen
to book a flight: einen Flug buchen; eine Flugkarte bestellen
to book passage for: eine Schiffskarte bestellen (lösen) nach

boom

boom [*financial*]: Hochkonjunktur *f*; wirtschaftlicher Aufschwung

boost

to give someone a boost: jn. begünstigen; jm. Vorschub leisten

boot

to boot: obendrein; noch dazu
to die with one's boots on: einen plötzlichen, gewaltsamen Tod finden
to boot someone out: jn. hochkantig hinaus·werfen (hinaus·schmeißen)

border

at the ~: an der Grenze; ~ *line*: Grenzlinie *f*; ~ *line case*: Grenzfall *m*; ~ *town*: Grenzstadt *f*
to cross the border: die Grenze überschreiten (überqueren)
to border on the absurd: ans Absurde grenzen

bore

to be a terrible bore: ein entsetzlich langweiliger Mensch sein
to be bored to death: sich zu Tode langweilen
to bore someone to death: jn. zu Tode langweilen

born

a ~ *poet*: ein geborener Dichter; *first* ~ *son*: der Erstgeborene
I was not born yesterday: ich bin nicht von gestern
to be born with a silver spoon in one's mouth: aus reichem Hause sein; von Kindheit an auf Federn gebettet sein
in all my born days: in meinem ganzen Leben

bosom

in the bosom of the family: im Schoße der Familie
a bosom friend: ein Busenfreund *m*

boss

he is my boss: er ist mein Chef
to be one's own boss: sein eigener Herr sein
to boss someone around: jn. herum·kommandieren

bother

please don't go to any bother: machen Sie sich bitte keine großen Umstände
I can't be bothered with it now: ich kann mich damit jetzt nicht ab·geben
to bother someone: jn. stören
why bother? es hat gar keinen Zweck

bottle

to bottle up one's anger: seinen Zorn in sich selbst hinein·fressen

bottom

at bottom: im Grunde
from the bottom of my heart: aus Herzensgrund; aus tiefstem Herzen
from top to bottom: von oben bis unten; vom Scheitel bis zur Sohle
to be at the bottom of the matter: der Sache zugrunde liegen
to get to the bottom of the matter: der Sache auf den Grund gehen
to hit bottom: auf Grund geraten; [*fig.*] den tiefsten Stand erreichen
to knock the bottom out of something: einer Sache den Boden entziehen
to bet one's bottom dollar on something: sein letztes Geld auf etwas [*acc.*] setzen

bounce

the check bounced: der Scheck war ungedeckt; die Bank verweigerte die Annahme des Schecks
to bounce back from an illness: sich von einer Krankheit schnell erholen

bound

by leaps and ~s: in gewaltigen Sprüngen; sprunghaft; *out of ~s*: [*off limits*] Zutritt verboten; [*sports*] außerhalb des Spielfeldes

to go beyond the bounds of reason: alle Vernunft übersteigen

to grow by leaps and bounds: schnell und sprunghaft wachsen; auf·schießen

to keep something in bounds: etwas in Schranken halten

he is bound to come: er kommt ganz sicher (bestimmt)

he is bound to win: er gewinnt todsicher

to be all bound up in one's children: in seinen Kindern völlig auf·gehen; nur für seine Kinder leben

to be all bound up in one's work: in seiner Arbeit völlig auf·gehen

to be bound to secrecy: zum Schweigen verpflichtet sein

to be bound up with something [*close relationship*]: mit etwas verbunden sein; mit etwas in Zusammenhang stehen

to be homeward bound: auf der Heimreise begriffen sein

bow

to take a bow: eine Verbeugung machen

to bow and scrape: Kratzfüße machen

to bow down to a person: sich jm. beugen (unterwerfen)

to bow one's head: den Kopf neigen

to bow out of a project: sich von einem Unternehmen distanzieren

to bow to one's fate: sich seinem Schicksal unterwerfen

to bow to the inevitable: sich ins Unvermeidliche fügen

bow

to tie a bow: eine Schleife binden

box

to give someone a box on the ears: jm. eine Ohrfeige geben

boxing

~ gloves: Boxhandschuhe; *~ match*: Boxkampf *m*; *~ ring*: Boxring *m*

boy

boys will be boys: Jugend hat keine Tugend

brace

to brace oneself for something: sich auf etwas [*acc.*] gefaßt machen

brain

~child: eigenes Geistesprodukt; *~storm*: Gedankenblitz *m*; Geistesblitz *m*; *~washing*: Gehirnwäsche *f*

to blow one's brains out: sich [*dat.*] eine Kugel durch den Kopf jagen

to rack one's brains over something: sich [*dat.*] den Kopf über etwas [*acc.*] zerbrechen; sich [*dat.*] das Hirn über etwas [*acc.*] zermartern

branch

to destroy something root and branch: etwas mit Stumpf und Stiel aus·rotten

to branch out into other areas: in neue Gebiete aus·zweigen; sich verzweigen

brand

to brand someone a criminal: jn. als einen Verbrecher brandmarken

brand-new: funkelnagelneu

brass

to be as bold as brass: frech wie Oskar sein

to get down to brass tacks: zur Sache (Hauptsache) kommen

brave

to brave someone's wrath: sich js. Zorn *m* [*dat.*] aus•setzen

breach

~ *of confidence*: Vertrauensbruch *m*; ~ *of etiquette*: Verstoß *m* gegen die Etikette; ~ *of peace*: Friedensstörung *f*; ~ *of promise*: Wortbruch *m*

to step into the breach: in die Bresche springen

bread

a loaf of ~: ein Brot *n*; *a slice of* ~: eine Scheibe Brot; ~*basket*: [*lit.*] Brotkorb *m*; [*fig.*] Kornkammer *f*; ~ *crumb*: Brotkrume *f*; ~ *line*: Schlange *f*; *daily* ~: tägliches Brot

a slice of bread and butter: ein Butterbrot *n*

to break bread with someone: mit jm. Brot brechen

to earn one's daily bread: sich [*dat.*] das tägliche Brot verdienen

to know which side one's bread is buttered on: wissen, wo etwas zu holen ist; sich auf seinen eigenen Vorteil verstehen

breadwinner

to be the breadwinner of the family: der Brotverdiener (Ernährer) der Familie sein

break

at the break of day: bei Tagesanbruch

to give someone a break: jm. eine Chance geben

to have a fifteen-minute break: eine Viertelstunde Pause haben

to take a break: eine Pause machen (ein•legen)

his voice breaks: seine Stimme schlägt um; er ist im Stimmbruch

the day breaks: der Tag bricht an

the straw that broke the camel's back: noch einen Tropfen, und das Maß fließt über

to break a leg: sich [*dat.*] ein Bein brechen

to break a promise: ein Versprechen brechen

to break a record: einen Rekord brechen

to break a rule: gegen eine Regel verstoßen

to break camp: das Lager ab•brechen

to break down and admit one's guilt: zusammen•brechen und seine Schuld gestehen

to break even: ohne Gewinn oder Verlust weg•kommen

to break in a horse: ein Pferd ein•reiten

to break in a new car: einen neuen Wagen ein•fahren

to break in a new hand: einen Arbeiter ein•arbeiten

to break in new shoes: neue Schuhe ein•laufen

to break into a house: in ein Haus ein•brechen

to break into pieces: [*intran.*] in Stücke zerfallen; [*tran.*] in Stücke zerreißen

to break into tears: in Tränen aus•brechen

to break new ground [fig.]: neue Wege ein•schlagen; neue Gebiete (ein neues Gebiet) erschließen
to break off an engagement: ein Verlöbnis lösen
to break off negotiations: Verhandlungen ab•brechen
to break one's fast: mit dem Fasten auf•hören
to break one's neck: [*lit.*] sich [*dat.*] das Genick brechen; [*fig.*] sein Bestes (Allerbestes) tun
to break one's word: sein Wort brechen
to break out in a rash: einen Ausschlag bekommen
to break ranks: aus dem Glied treten
to break someone of a habit: jm. etwas ab•gewöhnen
to break someone's heart: jm. das Herz brechen
to break the habit of smoking: sich [*dat.*] das Rauchen ab•gewöhnen
to break the ice: das Eis brechen
to break the news to someone: jm. etwas schonend bei•bringen
to break up [separate]: auseinander•gehen
to break up a crowd: eine Menge auseinander•treiben
to break up a meeting: eine Versammlung auf•lösen

breakdown
the breakdown of assignments: die Aufteilung der Aufgaben
to have a breakdown [automobile]: eine Panne haben
to suffer a nervous breakdown: einen Nervenzusammenbruch erleiden

breakneck
at breakneck speed: mit halsbrecherischer Geschwindigkeit

breakthrough
to make a scientific breakthrough: einen wissenschaftlichen Durchbruch erzielen

breast
to beat one's breast: sich [*dat.*] an die Brust schlagen
to make a clean breast of something: etwas ein•gestehen

breast-feed
to breast-feed a child: ein Baby stillen

breath
in one ~: in einem Atemzug; *out of ~*: außer Atem; *with bated ~*: mit verhaltenem Atem
to draw a deep breath: tief ein•atmen
to draw one's last breath: den letzten Atemzug tun
to gasp for breath (air): nach Luft schnappen (ringen)
to get a breath of fresh air: frische Luft schöpfen; an die frische Luft gehen
to get one's breath back: wieder zu Atem kommen
to hold one's breath: den Atem an•halten
to save one's breath [fig.]: seine Lunge schonen
to take a deep breath: tief ein•atmen
to take one's breath away: jm. den Atem benehmen
to talk under one's breath: im Flüsterton reden
to waste one's breath: in den Wind reden

breathe
to breathe in and out: ein- und aus•atmen

to breathe new life into something: einer Sache neues Leben ein•hauchen
to breathe not a word about something: von etwas kein Sterbenswörtchen sagen
to breathe one's last breathe: den letzten Atemzug tun

breather
to take a breather: eine Ruhepause machen

brew
a storm is brewing: ein Gewitter *n* zieht auf
there is something brewing: es braut sich etwas zusammen

brewery
to smell like a brewery: eine Fahne haben

bribe
to take a bribe: sich bestechen lassen

brick
to fall like a ton of bricks: mit gewaltigem Gepolter (Krach) fallen
to be up against a brick wall: nicht mehr weiter•können; in eine Sackgasse geraten sein

bridge
a lot of water has gone under the bridge: viel Wasser ist den Fluß hinabgeflossen (hinabgelaufen)
to burn one's bridges behind one: alle Brücken hinter sich [*dat.*] ab•brechen
to play bridge [*cards*]: Bridge *n* spielen
to bridge a gap: eine Kluft überbrücken

brief
to hold a brief for someone: js. Standpunkt *m* vertreten; für jn. eingenommen sein
to brief someone: jn. orientieren; jn. in Kenntnis setzen
in brief: kurz; mit kurzen Worten
to be brief: sich kurz fassen

bright
bright and early: in aller Herrgottsfrühe
to be a bright person: ein heller Kopf sein
to look on the bright side of life: das Leben in rosigem Licht betrachten (sehen)

brighten
his face brightened up: sein Gesicht leuchtete auf
to brighten up the house with flowers: das Haus mit Blumen schmücken

brim
to fill to the brim: bis an den Rand füllen
to be brimming over with good ideas: von guten Einfällen über•sprudeln

bring
to bring about: zustande•bringen; zuwege•bringen
to bring a character to life: einem Charakter Leben verleihen
to bring along: mit•bringen
to bring down the house: stürmischen Beifall aus•lösen
to bring oneself to do something: es über sich [*acc.*] bringen, etwas zu tun; sich überwinden, etwas zu tun
to bring someone around [*convince*]: jn. überreden (um•stimmen, herum•kriegen)

to bring someone back to life: jn. vom Tode erwecken
to bring someone's wrath down on oneself: sich [*dat.*] js. Zorn *m* zu•ziehen
to bring someone to justice: jn. vor das Gericht bringen
to bring something home to someone: jm. etwas klar•machen
to bring something into play: etwas zur Wirkung bringen
to bring something to bear upon something: etwas zur Geltung bringen in bezug auf etwas [*acc.*]; etwas ein•wirken lassen auf etwas [*acc.*]
to bring something to light: etwas ans Licht (Tageslicht, an den Tag) bringen
to bring something up for discussion: etwas zur Sprache bringen; etwas vor•bringen; etwas aufs Tapet bringen
to bring up a child: ein Kind auf•ziehen (erziehen)
to bring up the rear: [*lit.*] die Nachhut bilden; [*fig.*] das Schlußlicht machen; der letzte sein
to bring word: Nachricht *f* bringen

brink
to be on the brink of a discovery: unmittelbar vor einer Entdeckung stehen
to be on the brink of death: am Rande des Grabes sein

broach
to broach a subject: ein Thema zur Sprache bringen; ein Thema aufs Tapet bringen

broad
~ jump: Weitsprung *m*; *~ly speaking*: im allgemeinen; *~minded*: aufgeschlossen; tolerant; *in ~ daylight*: bei hellem Tageslicht
in the broadest sense of the word: im weitesten Sinne des Wortes
to give a broad hint: einen Wink mit dem Zaunpfahl geben

broadcast
~er: Rundfunkansager *m*; Sprecher *m*; *~ing station*: Rundfunksender *m*; Sender *m*; Funkstation *f*; *~ time*: Sendezeit *f*; *delayed ~*: verspätete Sendung *f*; *live ~*: Direktübertragung *f*; Live-Sendung *f*
to broadcast: senden

broadside
to fire a broadside: eine Breitseite ab•geben

broke
to be broke: pleite sein
to go broke: pleite gehen
to go for broke: aufs Ganze gehen

broken
~ German: gebrochenes Deutsch; *~ health*: zerrüttete Gesundheit; *~-hearted*: mit gebrochenem Herzen; *~ line*: Strichlinie *f*
he comes from a broken home: seine Eltern sind geschieden

brood
to brood over something: über etwas [*acc.*] nach•grübeln

brother
~-in-law: Schwager *m*; *~s and sisters*: Geschwister; *fraternity ~*: Bundesbruder *m*; *half ~*: Halbbruder *m*; *step~*: Stiefbruder *m*

brow

by the sweat of one's brow: im Schweiße seines Angesichts

to knit one's brow: die Stirn runzeln

browse

to browse through a bookshop: sich in einer Buchhandlung um·sehen

brunt

to bear the brunt of it: den schwersten Stand haben; am meisten darunter leiden

to bear the brunt of something [*fig.*]: am schwersten (meisten) unter etwas [*dat.*] leiden; das Schlimmste ertragen

brush

to brush aside objections: über Einwände hinweg·gehen; Einwendungen unbeachtet lassen (beiseite schieben)

to brush one's teeth: sich [*dat.*] die Zähne putzen

to brush up against someone: [*lit.*] jn. leicht berühren; [*fig.*] sich an jm. reiben

to brush up on one's German: sein Deutsch auf·frischen

brushoff

to give someone the brushoff: jm. eine Abfuhr erteilen

buck

~ passing: Kneifen *n*; *~ private*: Gemeiner *m*

to pass the buck to someone: jm. die Verantwortung (den schwarzen Peter) zu·schieben

bucket

a drop in the bucket: ein Tropfen *m* auf einen (den) heißen Stein

it's coming down in buckets: es gießt in Strömen (wie mit Kannen)

to kick the bucket: ins Gras beißen

buckle

to buckle down [*to work, etc.*]: sich ordentlich ins Zeug legen

bud

to nip in the bud: im Keim ersticken

buff

film ~: Filmliebhaber *m*; *music ~*: Musikliebhaber *m*

bug

to put a bug in someone's ear: jm. einen Floh ins Ohr setzen

build

he has a good build: er ist kräftig (gut) gebaut

she has a good build: sie hat eine gute Figur

to build a bridge: eine Brücke bauen

to build on sand: auf Sand bauen

to build up supplies: Vorräte an·sammeln

well-built: gut gebaut

build-up

a build-up in industrialization: eine Zunahme der Industrialisierung

to give a product a big build-up: eine Werbekampagne führen für ein Produkt; die Werbetrommel rühren für ein Produkt

to give someone a big build-up: jn. über den grünen Klee loben

built-up

a built-up area: ein bewohntes Gebiet; eine bewohnte Gegend

bull
~fight: Stierkampf *m*; *cock-and-~ story*: Ammenmärchen *n*
to be like a bull in a china shop: sich benehmen wie ein Elefant im Porzellanladen
to shoot the bull with someone: mit jm. schwatzen (quatschen)
to take the bull by the horns: den Stier bei den Hörnern fassen (packen)

bull's-eye
to score a bull's-eye [lit. and fig.]: ins Schwarze treffen

bully
to bully someone: jn. ein•schüchtern (tyrannisieren)

bump
to bump one's head: sich [*dat.*] den Kopf stoßen
to bump someone off: jn. ab•murksen

bumper
to harvest a bumper crop: eine reiche Ernte (Rekordernte) ein•bringen

bunch
to be the best of the bunch: der beste von allen sein; das beste Pferd im Stall sein

bundle
to be a bundle of nerves: ein Nervenbündel *n* sein
to bundle up: sich warm an•ziehen

bungle
to bungle something: etwas verpfuschen (verkorksen, vermasseln)

burden
to be a burden to someone: jm. zur Last fallen
to bear a burden: eine Last tragen
to bear the burden of proof: beweispflichtig sein

bureau
~ of internal revenue: Finanzamt *n* (Staatssteuerkasse *f*); *customs ~*: Zollamt *n*; *employment ~*: Arbeitsvermittlung *f*; *information ~*: Auskunftsbüro *n*; *travel ~*: Reisebüro *n*

burn
money burns a hole in his pocket: das Geld brennt ihm in der Tasche
my ears are burning: meine Ohren klingen
the light bulb has burned out: die Glühbirne ist durchgebrannt
to burn one's fingers: sich [*dat.*] die Finger verbrennen
to burn the candle at both ends: mit seiner Gesundheit aasen; seine Kräfte unnütz verschwenden; seine Gesundheit untergraben
to burn the midnight oil: bis tief in die Nacht hinein arbeiten (lesen; usw.)
to have money to burn: Geld wie Heu haben

burst
to be ready to burst: [*after eating*] zum Bersten satt sein; [*overfilled*] zum Bersten voll sein
to burst at the seams: aus den Nähten platzen
to burst into tears: in Tränen aus•brechen
to burst one's sides with laughter: vor Lachen platzen

to burst out laughing: in Lachen aus•brechen
to burst with pride: vor Stolz platzen

bury
to be buried alive: verschüttet werden
to bury one's head in the sand: den Kopf in den Sand stecken; Vogelstraußpolitik betreiben
to bury the hatchet: das Kriegsbeil (die Streitaxt) begraben

bus
~ *driver*: Busfahrer *m*; ~ *stop*: Bushaltestelle *f*; ~ *terminal*: Busbahnhof *m*
to go by bus: mit dem Bus (Omnibus) fahren

bush
to beat around the bush: wie die Katze um den heißen Brei gehen; (mit etwas, damit) hinterm Berg halten
without beating around the bush: ohne Umschweife; klipp und klar

bushel
to hide one's light under a bushel: sein Licht unter den Scheffel stellen

business
~ *card*: Geschäftskarte *f*; ~ *hours*: Geschäftsstunden; ~*man*: Kaufmann *m*; Geschäftsmann *m*; ~ *school*: Handelsschule *f*; ~ *suit*: Straßenanzug *m*; ~ *trip*: Geschäftsreise *f*; *on* ~: geschäftlich
business before pleasure: erst die Arbeit, dann das Vergnügen
to be none of his business: ihn nichts an•gehen
to be sick of the whole business: die ganze Sache satt haben
to combine business with pleasure: das Angenehme mit dem Nützlichen verbinden
to do business: Geschäfte machen
to get down to business: zur Sache kommen
to go about one's business: sich um die eigenen Angelegenheiten kümmern; vor der eigenen Tür kehren
to go into business: Kaufmann werden
to have no business being here: hier nichts zu suchen haben
to have no business doing that: kein Recht haben, das zu tun
to make it one's own business: es sich [*dat.*] angelegen sein lassen
to mean business: es ernst meinen
to mind one's own business: sich um die eigenen Angelegenheiten kümmern; sich nicht ein•mischen; vor der eigenen Tür kehren
to open a business: ein Geschäft eröffnen (gründen)
to run a business: ein Geschäft betreiben (leiten)
to send someone about his business: jm. die Tür weisen

busy
~*body*: Hansdampf in allen Gassen; Gschaftlhuber *m*; ~*work*: Routinearbeit *f*
to busy oneself with something: sich mit etwas beschäftigen (befassen)
please say that I am busy: sagen Sie, bitte, daß ich nicht zu sprechen bin
to be busy [*telephone*]: besetzt sein

to be busy as a bee: (so) emsig wie eine Biene sein; einen Bienenfleiß entwickeln
to be busy at work: eifrig bei der Arbeit sein
to be busy with a matter: mit einer Angelegenheit beschäftigt sein

but
ifs, ands, and buts: das viele Wenn und Aber
no ifs, ands, or buts! keine Ausrede! hier gibt es kein Wenn und Aber!

butt
cigarette butt: Kippe *f* (Zigarettenkippe *f*)
to be the butt of a joke: die Zielscheibe eines Witzes sein
to butt in: sich ein·mischen
to butt into a conversation and give one's opinion [negative]: sich in ein Gespräch ein·mischen und seinen Senf dazu geben

butter
to butter someone up: jm. schmeicheln; jm. Honig um den Mund schmieren

buy
a good ~: ein guter Kauf; *~ing power*: Kaufkraft *f*
to buy a pig in a poke: die Katze im Sack kaufen
to buy a train ticket: eine Fahrkarte lösen
to buy into a business: sich in ein Geschäft ein·kaufen
to buy on easy terms: günstig (zu günstigen Bedingungen) kaufen; unter günstigen Bedingungen kaufen
to buy sight unseen: die Katze im Sack kaufen
to buy someone off: jn. bestechen
to buy someone out: jn. aus·kaufen
to buy something [believe]: (jm.) etwas ab·kaufen (ab·nehmen)
to buy up: auf·kaufen

by
~ air: mit dem Flugzeug; *~ all means!* ja sicher! freilich! *~ and ~*: nach und nach; über kurz oder lang; *~ and large*: im großen und ganzen; im allgemeinen; *~ birth*: von Geburt; *~ boat*: mit dem Schiff; *~ day*: bei Tage; *~ degrees*: allmählich; *~ far*: bei weitem; *~ heart*: auswendig; *~ land*: auf dem Landwege; *~ mail*: mit der Post; *~ name*: mit Namen; namens; *~ nature*: von Natur aus; *~ no means*: keineswegs; auf keinen Fall; *~ then*: bis dahin; *~ the way*: übrigens; nebenbei bemerkt; *~ train*: mit der Bahn (Eisenbahn)
. . . by me: . . . von mir aus; meinetwegen
by one's first marriage: aus erster Ehe
by the end of the year: bis Jahresende
to go by way of Cologne: über Köln fahren

bygones
to let bygones be bygones: die Vergangenheit ruhen lassen

byword
to become a byword: sprichwörtlich werden

C

cab

~ driver: Taxifahrer *m*; *~ fare*: Fahrpreis *m*; *~ stand*: Taxistand *m*; *taxi~*: Taxi *n*

to call a cab: ein Taxi bestellen

to hail a cab: ein Taxi heran•winken

to take a cab: ein Taxi nehmen

Cain

to raise Cain [*make noise*]: Krach *m* (Radau *m*) machen

to raise Cain about [*argue*]: Krach *m* schlagen wegen [*gen.*]

cake

~ of soap: Stück *n* Seife; *layer ~*: Torte *f*; *piece of ~*: Stück *n* Kuchen

that takes the cake! das ist doch die Höhe! nun schlägt's dreizehn! das schlägt dem Faß den Boden aus!

to sell like hot cakes: gehen (ab•gehen) wie warme Semmeln

to want to have one's cake and eat it too: auf zwei Hochzeiten tanzen wollen

call

~ to arms: Einberufung *f* zu den Waffen; *close ~*: knappes Entkommen

to give a person a call: jn. an•rufen (telephonieren)

to be called Hans: Hans heißen

to call a halt to: Halt machen mit

to call a meeting: eine Versammlung (ein Meeting) ein•berufen

to call at a port: einen Hafen an•laufen

to call back: zurück•rufen

to call in sick: sich krank melden

to call in the doctor: den Arzt hinzu•ziehen (kommen lassen)

to call it a day: Feierabend machen

to call on someone: [*business*] bei jm. vor•sprechen; [*social*] jm. einen Besuch machen (ab•statten)

to call on someone to do something: jn. auf•fordern, etwas zu tun

to call someone aside: jn. beiseite nehmen (rufen)

to call someone names: jn. beschimpfen

to call someone to order: jn. zur Ordnung rufen

to call something off: etwas ab•sagen (ab•blasen)

to call the roll: die Namen verlesen

to call the shots: das große Wort führen

to call to mind: ins Gedächtnis zurück•rufen

to call to someone: jm. zu•rufen

to call up the reserves: Reservisten ein•berufen

calm

the calm before the storm: die Stille vor dem Sturm

to calm down: [*persons*] sich beruhigen; [*wind*] sich legen

to calm someone down: jn. beruhigen (besänftigen)

keep calm! nur mit der Ruhe! regen Sie sich nicht auf!

camp

to break camp: das Lager ab•brechen
to pitch camp: das Lager auf•schlagen
to camp out: (im Freien) zelten

campus

to live on campus: (auf dem Universitätsgelände) in einem Studentenwohnheim wohnen

cancel

to cancel a subscription: ein Abonnement kündigen
to cancel each other out: [*mathematics*] einander auf•heben; sich aus•gleichen

candle

to be unable to hold a candle to someone (something): jm. nicht das Wasser reichen können
to burn the candle at both ends: mit seiner Gesundheit aasen; seine Kräfte unnütz verschwenden; seine Gesundheit untergraben

candlelight

by candlelight: bei Kerzenlicht (Kerzenschein)

canoe

to paddle one's own canoe: sich aus eigener Kraft durchs Leben schlagen

capable

to be capable of doing something: imstande (fähig) sein, etwas zu tun

capacity

in his capacity as: in seiner Eigenschaft als
the tank has a twenty-gallon capacity: der Tank enthält zwanzig Gallonen
to use (work) something to capacity: etwas voll aus•lasten

car

by ~: mit dem Auto; ~ *pool*: Mitfahrerzentrale *f*; *compact* ~: Mittelklassewagen *m*; *dining* ~: Speisewagen *m*; *used* ~: Gebrauchtwagen *m*
to get behind the wheel of a car: sich ans Steuer setzen

card

a deck of cards: ein Pack *n* Spielkarten
to cut the cards: die Karten ab•heben
to deal the cards: die Karten aus•teilen (aus•geben)
to draw a card: eine Karte ziehen
to lay one's cards on the table [*fig.*]: mit offenen Karten spielen
to play a card: eine Karte aus•spielen
to play cards: Karten spielen
to shuffle the cards: die Karten mischen
to throw in the cards [*fig.*]: die Flinte ins Korn werfen
to throw out a card: eine Karte ab•werfen

care

in care of . . . [*mail*]: bei . . . ; per Adresse . . . ; *with great* ~: mit großer Sorgfalt; sorgfältig; gewissenhaft
to be free from care: sorgenfrei sein
to be under a doctor's care: in ärztlicher Behandlung sein
to take care of someone: jn. betreuen; für jn. sorgen

to take care of something: für etwas Sorge tragen; acht•geben auf etwas [*acc.*]; [*finish*] etwas erledigen
I couldn't care less: das ist mir doch Wurst (Wurscht, ganz schnuppe)
I don't care: es ist mir gleich (einerlei, egal)
to be well cared for: gut aufgehoben sein
to care for someone [*like*]: jn. mögen; jn. gern haben
to not care for something: [*dislike*]: etwas nicht mögen
what do I care? was kümmert's mich?

career
~ diplomat: Berufsdiplomat *m*; *~ woman*: berufstätige Frau
to enter upon a career: eine Laufbahn beginnen (an•treten)

careful
be careful! Vorsicht! Achtung! Aufpassen!
to be careful: vorsichtig sein

carpet
to call someone on the carpet: jm. aufs Dach steigen

carry
carry on! weiter•machen!
don't carry on so! machen Sie keine Szene!
to be carried away by someone's words: von js. Worten hingerissen sein
to carry a motion: einen Antrag an•nehmen
to carry on [*continue*]: weiter•arbeiten
to carry oneself well: eine gute Haltung haben
to carry out a plan: einen Plan aus•führen (durch•führen)
to carry (win) the day: den Sieg davon•tragen; das Feld behaupten
to carry the joke too far: den Scherz zu weit treiben
to carry weight [*opinion*]: sehr ins Gewicht fallen
to carry weight with someone: schwer wiegen bei jm.
to let oneself be carried away: sich fortreißen (hinreißen) lassen

cart
to put the cart before the horse: das Pferd beim Schwanz auf•zäumen

carte blanche
to give someone carte blanche [*fig.*]: einen Freibrief für jn. aus•stellen; jm. einen Freibrief geben

case
brief~: Aktenmappe *f*; *~ in point*: typisches Beispiel; *~work*: soziale Einzelarbeit; *~worker*: Sachberater *m*; *in any ~*: auf jeden Fall; jedenfalls; *in ~ . . .*: im Falle, daß . . . ; falls . . . ; *in ~ of need*: im Notfall; *in that ~ . . .*: wenn das der Fall ist . . . ; *in this ~*: in diesem Fall; *suit~*: Koffer *m*
a good case can be made for it: es läßt sich manches dafür sagen
as the case may be: je nachdem
to state one's case: seinen Standpunkt vertreten

cash
~ on hand: Kassenbestand *m*; *~ payment*: Barzahlung *f*; *~ register*: Registrierkasse *f*; *ready ~*: Bargeld *n*
to be short on cash: knapp bei Kasse sein

to pay cash: bar bezahlen
to sell for cash: gegen bar verkaufen
to send cash on delivery [*C.O.D.*]: per (unter) Nachnahme schicken
to turn into cash: zu Geld machen
to cash a check: einen Scheck ein·lösen
to cash in on something: aus einer Sache Nutzen *m* ziehen; von einer Sache profitieren

cast
the die is cast: die (der) Würfel sind (ist) gefallen
to be cast in the same mold: aus demselben Holz geschnitzt (geschnitten) sein
to cast about for a thing: umher·suchen; sich nach etwas um·sehen
to cast a shadow over something [*fig.*]: etwas trüben
to cast a shadow upon [*lit. and fig.*]: einen Schatten werfen auf [*acc.*]
to cast a spell on someone: jn. behexen (bezaubern)
to cast a vote: eine Stimme ab·geben
to cast dice: würfeln
to cast doubt on something: etwas in Zweifel stellen
to cast light upon: Licht werfen auf [*acc.*]
to cast lots for: losen um
to cast off from land: vom Lande ab·legen
to cast one's lot in with someone: [*often negative*] mit jm. gemeinsame Sache machen; sich mit jm. auf Gedeih und Verderb verbünden
to cast pearls before the swine: Perlen vor die Säue werfen

castle
to build castles in the air (in Spain): Luftschlösser (spanische Schlösser) bauen

cat
like a cat on a hot tin roof: wie auf glühenden Kohlen
to get along like cats and dogs: wie Hund und Katze leben
to let the cat out of the bag: die Katze aus dem Sack lassen
to play cat and mouse with someone: mit jm. Katze und Maus spielen
to rain cats and dogs: in Strömen gießen; Bindfäden regnen
when the cat's away the mice will play: wenn die Katze aus dem Haus ist, tanzen die Mäuse

catch
there is a catch to it: die Sache hat einen Haken
to catch on [*become popular*]: Anklang *m* finden; Schule machen
to catch on to something: [*comprehension*] etwas begreifen; [*dexterity*] den Dreh heraus·bekommen
to catch sight of someone: jn. erblicken; jn. zu Gesicht bekommen
to catch someone in the act: jn. auf (bei) frischer Tat ertappen
to catch someone's eye: [*tran.*] js. Blick *m* auf·fangen; [*intran.*] jm. ins Auge fallen
to catch up with [*overtake*] *someone*: jn. ein·holen

cause
cause and effect: Ursache *f* und Wirkung *f*
to give cause for something: zu etwas Anlaß *m* geben
to show cause for something: die Gründe für etwas an·geben

to cause a disturbance: Unruhe *f* stiften; den Frieden stören
to cause someone alarm: jm. Unruhe *f* bereiten; jm. Angst *f* machen
to cause someone to do something: jn. veranlassen, etwas zu tun; bewirken, daß jd. etwas tut
to cause someone trouble: jm. Schwierigkeiten (Unannehmlichkeiten) bereiten

caution
to throw caution to the wind: kühn vor•gehen (handeln); es darauf ankommen lassen
to caution someone against doing something: jn. davor warnen, etwas zu tun

cease
to cease fire: das Feuer ein•stellen

cease-fire
to call for a cease-fire: eine Einstellung der Feindseligkeiten verlangen

ceiling
to hit the ceiling: an die Decke gehen; hoch•gehen

cent
to be not worth a red cent: keinen roten Heller wert sein
to put one's two cents' worth in: seinen Senf dazu•geben

center
~ of gravity: Schwerpunkt *m*; *left of ~*: links von der Mitte; *shopping ~*: Geschäftsviertel *n*
to be the center of attention: im Brennpunkt des Interesses stehen; im Rampenlicht stehen
to be centered around: sich konzentrieren (drehen) um

central
to be centrally located: zentral gelegen sein

ceremony
to stand upon ceremony: auf Zeremonie bestehen; auf konventionellen Umgangsformen bestehen; Distanz wahren

certain
a ~ John Jones: ein gewisser John Jones; *under ~ circumstances*: unter gewissen Umständen
it is certain that he will come: es steht fest, daß er kommt; er kommt ganz sicher (bestimmt)
to feel certain about something: sich [*dat.*] einer Sache sicher sein; von etwas fest überzeugt sein
to make certain that . . . : sich vergewissern, daß . . .
to not know for certain: nicht sicher (ganz genau) wissen

chain
~ of command: Befehlshierarchie *f*; *~ of mountains*: Gebirgskette *f*; *~ reaction*: Kettenreaktion *f*; *~ stores*: Filialgeschäfte
to throw off one's chains: seine Ketten ab•schütteln

chair
~ [university]: Lehrstuhl *m*; *~man*: Vorsitzender *m*; *high~*: Kinderstuhl *m*
please take a chair: bitte nehmen Sie Platz
to chair a committee: Vorsitzender eines Ausschusses sein

challenge

to meet the challenge: die Herausforderung an·nehmen; den Anforderungen gerecht werden

to challenge an opinion: eine Meinung in Frage stellen; eine Meinung bestreiten

to challenge someone to a duel: jn. zum Duell heraus·fordern

chance

by chance: durch Zufall; zufällig; von ungefähr

chances are that . . . : man darf wohl annehmen, daß . . .

the chances are against it: die Wahrscheinlichkeit spricht dagegen

to give a person a chance: jm. eine Chance geben; es einmal versuchen mit jm.

to jump at the chance: die Gelegenheit beim Schopf fassen; sich um die Gelegenheit reißen

to leave to chance: dem Zufall überlassen

to not stand a chance of: keine Aussicht haben auf [*acc.*]; keine Chance haben zu

to stand a good chance of succeeding: gute Aussichten auf Erfolg [*acc.*] haben

to take a chance [wager]: sein Glück versuchen

to take no chances: sich auf kein Risiko ein·lassen; auf Nummer Sicher gehen

to take one's chances: es darauf ankommen lassen

to take the chance of breaking it: Gefahr laufen, es zu brechen

change

a change for the better: eine Wendung zum Besseren

a change for the worse: eine Wendung zum Schlimmeren; eine Verschlimmerung

I have no change with me: ich habe kein Kleingeld bei mir

to do something for a change: etwas zur Abwechslung tun

I wouldn't want to change places with him: ich möchte nicht an seiner Stelle sein

she has changed lately: sie hat sich in letzter Zeit verändert

to change a tire: einen Reifen wechseln

to change clothes: sich um·ziehen

to change for the better: sich verbessern

to change for the worse: sich verschlimmern

to change hands: den Besitzer wechseln

to change oil: das Öl wechseln

to change one's mind: sich anders besinnen; es [*acc.*] sich [*dat.*] anders überlegen; seine Ansicht (Meinung) ändern

to change one's name: seinen Namen ändern

to change one's tune [fig.]: andere Saiten auf·ziehen; einen anderen Ton an·schlagen

to change the baby: das Baby trocken·legen

to change the subject: zu einem anderen Thema über·gehen; von etwas anderem reden

to change trains: um·steigen

to change water to wine: Wasser in Wein verwandeln

chapter

to give chapter and verse for something [fig.]: etwas genau belegen

character

to act out of character: im Widerspruch zu seinem Charakter handeln
to be a man of character: ein Mann von Charakter sein
to play a character: eine Rolle spielen (haben)

charge

free of charge: kostenlos; gratis
to acquit someone of a charge: jn. von einer Anklage frei·sprechen
to be in charge of something: etwas beaufsichtigen; die Aufsicht über etwas [*acc.*] haben (führen)
to be in charge of things: für etwas verantwortlich sein; das Regiment führen
to prefer charges against someone: eine Anklage gegen jn. vor·bringen; jn. an·klagen
to take charge: die Leitung (Führung) übernehmen
to take charge of something: die Aufsicht (Verwaltung) über etwas [*acc.*] übernehmen
charge it, please: schreiben Sie es bitte an (auf)!
charge this bottle of wine to me: diese Flasche Wein geht auf meine Rechnung
to charge a battery: eine Batterie laden
to charge someone with a crime: jn. eines Verbrechens beschuldigen (bezichtigen)
to charge something to someone's account: jm. etwas in Rechnung stellen

charity

charity begins at home: jeder ist sich selbst der Nächste

chase

a wild-goose chase: ein vergebliches (fruchtloses) Suchen
to give chase to someone: Jagd auf jn. machen

chat

to have a chat with someone: mit jm. plaudern; sich mit jm. unterhalten

cheap

it was dirt cheap: es war spottbillig

cheat

to cheat someone left and right: jn. von hinten und vorne betrügen

check

the check bounced: der Scheck war ungedeckt; die Bank verweigerte die Annahme des Schecks
to cash a check: einen Scheck ein·lösen
to keep something in check: etwas im Zaume (in Schach) halten
to make a spot check: eine Stichprobe machen
to make out a check in someone's name: einen Scheck auf js. Namen *m* [*acc.*] aus·stellen
I must check up on that: der Sache muß ich nach·gehen
that checks: das stimmt genau
to check a list: eine Liste überprüfen (checken)
to check and recheck: doppelt und dreifach prüfen
to check into a hotel: sich im Hotelregister ein·tragen; sich im Hotel an·melden
to check one's baggage: sein Gepäck auf·geben

to check one thing against another: etwas mit etwas anderem vergleichen
to check out of a hotel: sich im Hotel ab•melden; ein Hotel verlassen

checkup
to have a checkup: sich ärztlich untersuchen lassen

cheek
to say something tongue in cheek: etwas ironisch meinen
to turn the other cheek: die andere Backe dar•bieten

cheer
cheers! prost! auf Ihr Wohl! zum Wohl!
to be of good cheer: guter Dinge (guten Mutes) sein
to give three cheers for a person: ein dreifaches Hoch auf jn. aus•bringen
cheer up! nur Mut! lustig! frischauf!
to cheer someone on to something: jn. zu etwas an•spornen
to cheer someone up: jn. auf•heitern (auf•muntern)

chest
to get something off one's chest: sich [*dat.*] eine Last von der Seele wälzen; seinem Herzen Luft machen
to have a cold in the chest: einen Katarrh haben

chestnuts
to pull the chestnuts out of the fire for someone: für jn. die Kastanien aus dem Feuer holen

chew
to bite off more than one can chew: sich [*dat.*] zuviel vor•nehmen (zu•muten); sich überfordern

chicken
to count one's chickens before they hatch: ungelegte Eier zählen; den Tag vor dem Abend loben; die Rechnung ohne den Wirt machen

child
it was child's play: es war kinderleicht (ein Kinderspiel)
to be a child of the times: ein Kind seiner Zeit sein
to be with child: schwanger sein; guter Hoffnung sein; in anderen Umständen sein

children
to raise children: Kinder auf•ziehen (erziehen)

chill
to take the chill off something: etwas leicht an•wärmen
to be chilled to the bone: durchgefroren sein
to receive a chilly reception: einen frostigen (unfreundlichen) Empfang erhalten

chime
to chime in: sich in ein Gespräch ein•mischen

chimney
to smoke like a chimney: wie ein Schlot rauchen

chin
keep your chin up! Kopf hoch!
to keep one's chin up: den Kopf oben behalten
to take it on the chin [*failure*]: einen Mißerfolg haben

chip

to be a chip off the old block: der leibhafte Vater sein; ganz der Vater sein

to have a chip on one's shoulder: besonders empfindlich sein; die gekränkte Leberwurst spielen

to chip in a dollar for: einen Dollar bei•steuern zu

choice

the choice fell upon: die Wahl fiel auf [*acc.*]

the choice is his: die Entscheidung liegt bei ihm; er hat die Wahl

to have no choice but: nicht anders können als

to have one's choice: die Wahl haben

to make a choice: eine Wahl treffen; entscheiden

to take one's choice of: eine Auswahl treffen unter [*dat.*]

choose

beggars can't be choosers: dem geschenkten Gaul schaut (sieht) man nicht ins Maul; in der Not frißt der Teufel Fliegen

to choose someone to be leader: jn. zum Führer wählen

to do as one chooses: tun, wie einem beliebt

to pick and choose: sorgfältig aus•wählen

to be choosy: sehr wählerisch (anspruchsvoll) sein

church

church is out: die Kirche ist aus

to attend church every Sunday: jeden Sonntag die Kirche besuchen

to go to church: in die Kirche gehen; zur Kirche gehen

circle

a vicious circle: ein Teufelskreis *m*

to argue in circles: einen Zirkelschluß machen

to come around full circle: an den Ausgangspunkt zurück•kommen; einen vollen Kreis beschreiben

to circle an airport: um einen Flughafen um•kreisen; einen Flughafen umkreisen

circulation

to put into circulation: in Umlauf setzen

to take out of circulation: außer Umlauf setzen

circumstance

considering the ~s: wenn man die Umstände in Betracht zieht (betrachtet); *extenuating ~s*: mildernde Umstände; *under no (certain) ~s*: unter keinen (gewissen) Umständen; *under ordinary ~s*: unter gewöhnlichen Umständen; normalerweise; *under the present ~s*: unter den gegenwärtigen (obwaltenden) Umständen

to be a victim of circumstances: ein Opfer *n* der Verhältnisse sein

claim

to enter a claim for something: auf etwas [*acc.*] Anspruch erheben

to place a claim [for damages]: Schadenersatz beanspruchen

to stake out a claim: neues Land ab•stecken

clamp

to clamp down on something: gegen etwas ein•schreiten

clap
to clap one's hands: in die Hände klatschen

clash
the colors clash: die Farben beißen sich

class
~ consciousness: Klassenbewußtsein *n*; *~mate*: Klassenkamerad *m*; *~room*: Klassenzimmer *n*; *~ struggle*: Klassenkampf *m*; *first-~*: erste Klasse; *working ~*: Arbeiterklasse *f*
to be in a class by oneself: in einer Klasse für sich sein; eine Nummer für sich sein
to be in the same class with: gleichwertig sein mit
to have a class: eine Stunde haben
to have class: hohe Klasse sein

clean
to clean one's plate: seinen Teller leer essen
to clean someone out: jn. schröpfen
to clean up the room: das Zimmer auf·räumen
to come clean: alles ein·gestehen

clear
to be in the clear: schuldlos sein
to give the all-clear: den Alarm auf·heben
to clear a hundred dollars: hundert Dollar netto verdienen
to clear land: Land *n* roden
to clear one's throat: sich räuspern
to clear something away: etwas weg·räumen
to clear the air: die Luft reinigen
to clear the table: den Tisch ab·decken
to clear the way: den Weg frei·machen
to clear up [weather]: sich auf·hellen (auf·klären)
to clear up a mystery: ein Geheimnis auf·klären
a clear-cut case: ein eindeutiger Fall
the coast is clear: die Luft ist rein
to be as clear as mud: klar wie dicke Tinte sein
to be clear about something: sich [*dat.*] über etwas [*acc.*] im klaren sein
to be crystal clear: kristallklar sein
to have a clear (bad) conscience: ein reines (schlechtes) Gewissen haben
to keep clear of something: sich von etwas fern·halten; etwas meiden
to speak loud and clear: laut und deutlich sprechen
to stand clear of something: abseits von etwas stehen
to steer clear of someone: jn. meiden
with a clear conscience: mit gutem Gewissen

clench
to clench one's fist: die Faust ballen

climax
to bring to a climax: auf den Höhepunkt bringen
to reach a climax: den Höhepunkt erreichen

clinch

that clinches the matter: damit ist die Sache entschieden

clock

around the clock: den ganzen Tag; ununterbrochen

the clock stopped: die Uhr blieb stehen

to set the clock: eine Uhr stellen

to set the clock ahead: die Uhr vor•stellen

to set the clock back: [*lit.*] die Uhr zurück•stellen; [*fig.*] die Geschichte zurück•schrauben

to wind the clock: eine Uhr auf•ziehen

clockwork

to go (off) like clockwork: wie am Schnürchen gehen

close

at the close of the year: am Jahresschluß

to bring to a close: beendigen; zum Schluß bringen

to draw to a close: sich dem Ende nähern; dem Ende entgegen•gehen

to close an account: ein Konto schließen (löschen)

to close down: schließen

a close call: ein knappes Entkommen

to be closefisted: filzig (knauserig) sein

to be close friends: gute (vertraute, intime) Freunde sein

to be closemouthed: wortkarg sein

to be close to Cologne: dicht bei Köln sein; nahe Köln sein

to pay close attention: [*listen*] gespannt (aufmerksam) zu•hören; [*follow advice*] Rat *m* befolgen

close-up

to take a close-up [*picture*]: eine Nahaufnahme machen

clothes

~ hanger: Kleiderbügel *m*; *~line*: Wäscheleine *f*; *~pin*: Wäscheklammer *f*; *in plain ~*: in Zivilkleidung

to change one's clothes: sich um•ziehen

to put one's clothes on: sich an•ziehen

to take one's clothes off: sich aus•ziehen

cloud

every cloud has a silver lining: auf Regen folgt Sonne (Sonnenschein)

to have one's head in the clouds: in höheren Regionen schweben; in Gedanken vertieft sein

to cloud over [*weather*]: sich bewölken

to cloud the issue: eine Streitfrage verdunkeln

clover

to be in clover: in der Wolle sitzen; wie die Ratte im Speck sitzen

clown

to play the clown: den Clown (Hanswurst) spielen

clue

to give someone a clue: jm. einen Wink (Hinweis) geben

coal

to carry coals to Newcastle: Eulen nach Athen tragen

to heap coals of fire on someone's head: feurige Kohlen auf js. Haupt *n* [*acc.*] sammeln

to rake someone over the coals: jm. die Leviten lesen; jm. die Flötentöne bei·bringen; jm. den Kopf waschen

coast

the coast is clear: die Luft ist rein

to coast through (along): mühelos durch·kommen

coast-to-coast: transkontinental

coax

to coax someone into doing something: jn. überreden (beschwatzen), etwas zu tun

to coax someone out of something: jm. etwas aus·reden

to coax something out of someone: jm. etwas ab·schmeicheln

cock

to be the cock of the walk: der Hahn im Korb sein

to cock one's hat: den Hut schief auf·setzen

a cock-and-bull story: ein Ammenmärchen *n*

coin

the other side of the coin: die Kehrseite der Medaille

to pay someone in his own coin: jm. mit gleicher Münze heim·zahlen; Gleiches mit Gleichem vergelten

to toss (flip) a coin: eine Münze (beim Losen) hoch·werfen

to coin a phrase: eine Redewendung (einen Ausdruck *m*) prägen

to coin money: Geld *n* münzen; [*fig.*] Geld wie Heu haben

coincide

our main interests coincide: unsere Hauptinteressen decken sich

the two events coincided: die zwei Ereignisse fielen zusammen

cold

to be left out in the cold: ignoriert werden

to catch a cold: sich erkälten

to have a cold: eine Erkältung haben; einen Schnupfen haben

to leave someone out in the cold: jn. stiefmütterlich behandeln; jn. vernachlässigen

I feel cold: mich friert; mir ist kalt

in cold blood: kaltblütig

my blood runs cold: das Blut erstarrt mir in den Adern; mich gruselt

to get cold feet [*lit. and fig.*]: kalte Füße bekommen (kriegen); eine Heidenangst bekommen

to give someone the cold shoulder: jm. die kalte Schulter zeigen

to leave someone cold: jn. kalt·lassen

collar

blue-~ worker: ein Arbeiter *m*; *white-~ worker*: [*private sector*] ein Angestellter *m*; [*government*] ein Beamter *m*

collect

to collect oneself: sich zusammen·nehmen

to collect one's thoughts: die Gedanken zusammen·nehmen (sammeln)

to collect taxes: Steuer *n* ein·ziehen (ein·treiben)

color

~blind: farbenblind; *~ scheme*: Farbenzusammenstellung *f*; *~ slide*: Farbdia *n* (Farbdiapositiv *n*); *~ television*: Farbfernsehen *n*; *local ~*: Lokalkolorit *n*

to change colors: die Farbe wechseln; [*leaves*] sich verfärben; [*face*] rot (bleich) werden

to come through with flying colors: sich glänzend bewähren; den Sieg davon•tragen

to show one's true colors: Farbe bekennen; sein wahres Gesicht zeigen

come

come see me sometime: besuchen Sie mich mal!

easy come, easy go: wie gewonnen, so zerronnen

first come, first served: wer zuerst kommt, mahlt zuerst (wird zuerst bedient)

in the years to come: in den kommenden Jahren; in der Zukunft

now it comes back to me: jetzt erinnere ich mich daran

to come about: zustande•kommen; passieren; sich ereignen

to come across someone: jn. zufällig treffen

to come across something: (zufällig) auf etwas [*acc.*] stoßen

to come along: [*accompany*] mit•kommen; entlang•kommen

to come along well [*work*]: gut voran•kommen

to come by: vorbei•kommen

to come by something: zu etwas kommen

to come down in the world: (in der Welt) herunter•kommen

to come down to this . . . : auf das folgende heraus•kommen . . .

to come down with a cold: sich erkälten

to come down with an illness: sich [*dat.*] eine Krankheit zu•ziehen

to come easy to someone: jm. leicht•fallen

to come forward: sich freiwillig melden

to come from Germany: aus Deutschland kommen (stammen)

to come home: nach Hause kommen

to come in handy: nützlich sein; jm. zustatten (gelegen) kommen

to come into force: in Kraft treten

to come into money: zu Geld kommen; [*inherit*] eine Erbschaft an•treten

to come into one's own: seine Talente zur Geltung bringen

to come into sight: in Sicht kommen; sichtbar werden

to come into the world: auf die (zur) Welt kommen

to come of age: mündig (volljährig, großjährig) werden

to come off well in a test: bei einer Prüfung gut ab•schneiden

to come out [*publication*]: erscheinen; heraus•kommen; [*become known*]: bekannt werden

to come out with a new product: ein neues Produkt auf den Markt bringen

to come running: gelaufen kommen

to come to [*consciousness*]: wieder zu sich kommen

to come to an end: zu Ende kommen

to come to a person's aid: jm. zu Hilfe kommen

to come to believe something: dahin•kommen, etwas zu glauben

to come to light: ans Licht (Tageslicht, an den Tag) kommen; bekannt werden

to come to naught [plans]: ins Wasser fallen; zu Wasser werden
to come to pass: sich zu·tragen; geschehen; sich ereignen
to come to rest: zur Ruhe kommen
to come to terms with someone: sich mit jm. einigen; mit jm. ins reine kommen
to come to the point that . . . : soweit (gekommen) sein, daß . . .
to come true: sich erfüllen; sich bewahrheiten; wahr werden; sich verwirklichen
to come up: [*and force a change in plans*] dazwischen·kommen; [*problems, possibilities*] auf·tauchen; vor·kommen; [*questions*] sich auf·werfen
to come up against difficulties: auf Schwierigkeiten [*acc.*] stoßen
to come up to expectations: den Erwartungen entsprechen; an die Erwartungen heran·kommen
to have it coming to one: es verdienen
what has come over him? was ist in ihn gefahren?
where do I come in? wo bleibe ich? wo bleiben meine Interessen?

comeback

to make a comeback: ein Comeback erleben (machen)

comfort

creature comforts: leibliche Genüsse des Lebens
to live in comfort: ein behagliches Leben führen
to take comfort in something: sich trösten mit etwas; Trost *m* finden in etwas [*dat.*]

command

to be at someone's command: jm. zur Verfügung stehen
to have a good command of a language: eine Sprache geläufig sprechen; eine Sprache gut können
to have money at one's command: über viel Geld [*acc.*] verfügen
to put something at someone's command: jm. etwas zur Verfügung stellen
to take command: das Kommando übernehmen
to command respect: Achtung *f* gebieten

comment

to comment on something: etwas kommentieren; Bemerkungen über etwas [*acc.*] machen

commentary

to give a running commentary on: einen laufenden Kommentar geben zu

commission

to be out of commission: außer Dienst sein
to put into commission: in Dienst stellen
to receive one's commission: zum Offizier ernannt werden
to work on commission: auf Provision arbeiten
to commission someone to do something: jn. beauftragen, etwas zu tun

commit

to commit a crime: ein Verbrechen begehen
to commit oneself to do something: sich verpflichten, etwas zu tun
to commit something to memory: etwas auswendig lernen; etwas dem Gedächtnis ein·prägen

to commit suicide: Selbstmord *m* begehen
to have someone committed: jn. in eine Irrenanstalt einliefern lassen

committee
to be on the committee: im Ausschuß sitzen

common
~ denominator: gemeinsamer Nenner; *~ grave*: Massengrab *n*; *~ law*: Gewohnheitsrecht *n*; *~-law marriage*: freie Ehe; *~place*: alltäglich; *the ~ man*: der Durchschnittsmensch
to be common knowledge: allgemein bekannt sein
to have common sense: gesunden Menschenverstand haben
to have something in common with someone: mit jm. etwas gemein haben

communication
to be in communication with someone: in Verbindung (Kontakt) stehen mit jm.
to break off communication with someone: die Verbindung (den Verkehr) mit jm. ab•brechen

communion
to receive (take) communion: zum Abendmahl gehen; [*Roman Catholic*] zur Kommunion gehen

company
present company excepted: Anwesende ausgenommen
to be good company: ein guter Gesellschafter sein
to keep bad company: schlechten Umgang haben
to keep company with someone: mit jm. um•gehen
to keep someone company: jm. Gesellschaft *f* leisten
to part company: sich trennen; auseinander•gehen

compare
as compared with: im Vergleich zu
no one can compare with Hans: keiner kommt (dem) Hans gleich
to compare notes with someone [*fig.*]: Meinungen aus•tauschen

comparison
beyond all ~: unvergleichlich; *by ~*: vergleichsweise; zum Vergleich; *in ~ to*: im Vergleich zu; *in ~ with*: im Vergleich mit; verglichen mit
to draw a comparison between that and that: zwischen dem und dem einen Vergleich an•stellen (ziehen)

compassion
to have compassion for someone: mit jm. Mitleid *n* haben

compatible
to be compatible with one another: [*facts*] miteinander vereinbar sein; [*persons*] sich gut verstehen

compensate
to compensate for the disadvantages: die Nachteile auf•wiegen (aus•gleichen)
to compensate someone for: jn. entschädigen für

complain
to complain about: sich beklagen (beschweren) über [*acc.*]

complement
to complement one another: einander (sich) ergänzen

compliance
in compliance with the law: dem Gesetz gemäß

compliment
to fish for compliments: nach Komplimenten fischen (angeln)
to pay someone a compliment: jm. ein Kompliment machen
to return the compliment: das Kompliment erwidern
with Mr. Schäfer's compliments: mit den besten Empfehlungen (Grüßen) von Herrn Schäfer
to compliment someone on something: jn. zu etwas beglückwünschen

comply
to comply with someone's request: jm. seine Bitte erfüllen; in js. Bitte *f* [*acc.*] ein·willigen
to comply with the rules: sich an die Vorschriften halten; sich den Vorschriften unterwerfen

compose
to be composed of: sich zusammen·setzen aus; bestehen aus

compromise
to make a compromise: einen Kompromiß schließen
to compromise oneself: sich bloß·stellen
to compromise one's reputation: seinen guten Ruf gefährden; seinen guten Ruf aufs Spiel setzen

con
to weigh the pros and cons: das Für und Wider erwägen

concede
to concede a point to someone: jm. einen Punkt zu·gestehen
to concede defeat: sich geschlagen geben
to concede that . . .: zu·geben, daß . . .

conceive
to conceive a child: ein Kind empfangen

concern
as far as I am concerned . . .: soweit es mich betrifft (angeht) . . . ; meinetwegen
that does not concern me: das geht mich nichts an; das betrifft mich nicht
to be concerned about him: um ihn besorgt sein
to concern oneself with something: [*occupy*] sich mit etwas beschäftigen (befassen); [*care*] sich um etwas kümmern; sich [*dat.*] Sorgen machen um etwas

concession
to make concessions to someone: jm. Zugeständnisse (Konzessionen) machen

conclusion
in conclusion: zum Schluß
it was a foregone conclusion that . . .: es stand von vornherein fest, daß . . .
to bring to a conclusion: zum Abschluß bringen
to come to the conclusion that . . .: zu der Überzeugung (Ansicht) kommen, daß . . .
to draw a conclusion from something: aus etwas einen Schluß ziehen; aus etwas etwas [*acc.*] folgern (schließen)

to jump to conclusions: voreilige Schlüsse (Schlußfolgerungen) ziehen; voreilig folgern

to reach a conclusion: zu einem Schluß kommen

condescend

to condescend to do something: sich herab•lassen, etwas zu tun

condition

on the condition that . . . : unter der Bedingung, daß . . .

to be in (out of) condition: [*athletes*] (nicht) trainiert sein; in guter (schlechter) Kondition sein; (nicht) in Übung sein; [*physical*] in guter (schlechter) körperlicher Verfassung sein

under no condition: unter keinen Bedingungen (Umständen); auf keinen Fall

conduct

to conduct an orchestra: ein Orchester dirigieren

to conduct a tour: eine Gesellschaftsreise (Gruppenfahrt, Stadtrundfahrt) leiten; Reiseleiter *m* sein

to conduct oneself well: sich gut benehmen (betragen, auf•führen)

confer

to confer a degree upon a student: einem Studenten einen Grad verleihen

to confer with someone: sich beraten mit jm.

confide

to confide in someone: sich jm. an•vertrauen

confidence

in strict confidence: streng vertraulich

to give someone confidence: jm. Vertrauen *n* ein•flößen

to lose one's confidence in someone: das Vertrauen *n* zu jm. verlieren

to place one's confidence in someone: sein Vertrauen setzen auf jn.

to take someone into one's confidence: jn. ins Vertrauen ziehen

confident

to be confident that . . . : zuversichtlich erwarten, daß . . .

confine

to be confined to one's bed: bettlägerig sein

to be confined to quarters: Zimmerarrest *m* haben

to confine oneself to one point: sich auf einen Punkt beschränken

conflict

~ing opinions: entgegengesetzte Meinungen; *~ing reports*: widersprechende Meldungen; *~ of interest*: Interessenkonflikt *m*

to come into conflict with someone: mit jm. in Konflikt geraten

to have a conflict in one's schedule: eine Überschneidung im Stundenplan haben

conform

to conform to the customs: sich den Gebräuchen an•passen

confront

to be confronted with a problem: vor einem Problem stehen; einem Problem gegenüber•stehen

to confront someone with something: jn. mit etwas konfrontieren

congratulate

to congratulate someone on something: jn. zu etwas beglückwünschen; jm. zu etwas gratulieren

conk

the motor conked out: der Motor versagte (setzte aus)

connection

in ~ with: in bezug auf [*acc.*]; im Zusammenhang mit; *in this ~:* in dieser Beziehung

to establish connections with: Beziehungen an•knüpfen zu

to have connections: Beziehungen haben; Vitamin B haben

to make (miss) the connection to Berlin: den Anschluß nach Berlin bekommen (verpassen)

conscience

to be on someone's conscience: jm. aufs Gewissen fallen; jm. auf dem Gewissen liegen

to examine one's conscience: sein Gewissen prüfen

to have a clear (bad) conscience: ein reines (schlechtes) Gewissen haben

to have something on one's conscience: etwas auf dem Gewissen haben

to soothe one's conscience: sein Gewissen erleichtern (beruhigen)

with a clear conscience: mit gutem Gewissen

conscientious

to be a conscientious objector: Kriegsdienstverweigerer sein

consciousness

stream of consciousness: Bewußtseinsstrom *m*

to lose consciousness: das Bewußtsein verlieren

to regain consciousness: das Bewußtsein wieder•erlangen; zur Besinnung kommen

consecutive

for three consecutive days: drei Tage hintereinander

consequence

of no consequence: ohne Bedeutung; unwichtig; belanglos

to be a consequence of: folgen aus; sich ergeben aus

to take the consequences: die Folgen tragen (auf sich [*acc.*] nehmen); die Konsequenzen ziehen

to weigh the consequences: die Folgen erwägen

consider

considering the circumstances . . . : wenn man die Umstände in Betracht zieht (betrachtet) . . .

I will consider it: ich werde es mir überlegen; ich lasse es mir durch den Kopf gehen

to be considered bad taste: verpönt sein; als geschmacklos gelten

to consider oneself lucky: sich glücklich schätzen

to consider someone a fool: jn. für einen Narren halten

to consider the matter: die Sache erwägen

it is my considered opinion: es ist meine wohlüberlegte Meinung

consideration

in ~ of: in Anbetracht von; hinsichtlich [*gen.*]; *on further ~:* bei weiterer Überlegung

to be under consideration: erwogen werden

to take something into consideration: etwas in Betracht (Erwägung) ziehen; etwas erwägen (berücksichtigen)

consist

to consist of: bestehen aus; sich zusammen•setzen aus

consolation

to win the consolation prize: den Trostpreis bekommen

conspicuous

to be conspicuous: auf•fallen; in die Augen fallen

to be conspicuous by one's absence: durch seine Abwesenheit glänzen

consult

to consult a doctor: einen Arzt konsultieren

to consult a friend for advice: einen Freund zu Rate ziehen

to consult a reference work: in einem Nachschlagewerk nach•schlagen

contact

to be in contact with someone: mit jm. in Verbindung (Kontakt) stehen (sein)

to contact someone: sich mit jm. in Verbindung setzen

contempt

familiarity breeds contempt: allzu große Vertraulichkeit führt zu Verachtung

to be beneath contempt: unter aller Kritik sein

to hold someone in contempt: jn. verachten

to hold someone in contempt of court: jn. wegen eines Verstoßes gegen die Gerichtsordnung verurteilen

content

to one's heart's content: nach Herzenslust; nach Belieben

to be contented with: zufrieden sein mit

to content oneself with: sich zufrieden•geben mit; sich begnügen mit

contest

to enter a contest: sich für einen Wettbewerb an•melden; [*radio, television, advertising*] an einem Preisausschreiben teil•nehmen

context

to take something out of context: etwas aus dem Zusammenhang reißen (heraus•lösen)

continue

to be continued: Fortsetzung folgt

to continue dancing and singing: weiter•tanzen und weiter•singen

contradiction

a contradiction in terms: ein innerer Widerspruch; ein Widerspruch in sich selbst

contrary

~ to expectation: wider Erwarten; *on the ~*: im Gegenteil

to have heard nothing to the contrary: nichts Gegenteiliges gehört haben

contrast

in contrast to: im Gegensatz zu

to contrast one thing with another: etwas etwas anderem gegenüber•stellen

to contrast with: im Gegensatz stehen zu; kontrastieren mit

control

everything is under control: alles läuft planmäßig (reibungslos, wie am Schnürchen)
to be beyond control [situation]: nicht mehr zu retten sein
to be in control (at the controls): am Ruder (Steuer) sein
to be in control of the situation: Herr der Lage sein
to be under control: unter Kontrolle sein
to bring under control [fire, etc.]: meistern
to get the situation under control: Herr der Lage werden
to have oneself under control: sich in der Gewalt haben; sich beherrschen
to have something under control: etwas fest in der Hand haben; etwas in der Gewalt haben
to lose control of something: die Gewalt über etwas [*acc.*] verlieren
to lose one's self-control: die Selbstbeherrschung verlieren
to control oneself: sich beherrschen

convenience

at one's ~: wenn es einem paßt; nach Belieben; *at one's earliest ~:* umgehend; baldmöglichst; bei erster Gelegenheit; *with every ~:* mit allem Komfort

conversation

to carry on a conversation with someone: sich mit jm. unterhalten; mit jm. ein Gespräch führen
to overhear a conversation: [*willfully*] ein Gespräch belauschen; [*accidentally*] ein Gespräch zufällig hören (mit•hören)
to start a conversation with someone: ein Gespräch mit jm. an•knüpfen

convert

to convert dollars into D-Marks: [*exchange*] Dollars in D-Mark um•wechseln; [*calculate*] Dollars in D-Mark um•rechnen
to convert someone to Christianity: jn. zum Christentum bekehren

convict

to convict someone of a crime: jn. eines Verbrechens überführen

conviction

to have the courage of one's convictions: Zivilcourage *f* haben; den Mut haben, nach seiner eigenen Überzeugung zu handeln

convince

to be firmly convinced of something: von etwas felsenfest überzeugt sein
to convince someone of something: jn. von etwas überzeugen

cook

too many cooks spoil the broth: viele Köche verderben den Brei
his goose is cooked: er ist ruiniert (erledigt)
to cook out: im Freien kochen
to cook someone's goose: jn. erledigen; jm. die Suppe versalzen; jm. den Garaus machen
to cook up an excuse: eine Ausrede erfinden
to cook up a story: eine Geschichte aus•hecken
what's cooking? was gibt's? was ist los?

cool

he has cooled down (off) by now: er hat sich inzwischen beruhigt
their friendship (the soup) has cooled off: ihre Freundschaft (die Suppe) hat sich (ist) abgekühlt
to cool off [weather]: sich ab•kühlen
as cool as a cucumber: die Ruhe selber
keep cool! immer mit der Ruhe! regen Sie sich nicht auf!
to keep cool [fig.]: ruhig Blut (kaltes Blut) bewahren

cope

to cope with a problem: sich mit einem Problem auseinander•setzen; mit einem Problem fertig werden; mit einem Problem zu Rande kommen

copy

to make a copy of something: etwas kopieren; eine Kopie von etwas machen
to write a final copy of something: etwas ins reine schreiben; eine Reinschrift von etwas machen
to write a rough copy: ein Konzept (einen ersten Entwurf) aus•arbeiten
to copy someone's habit: js. Gewohnheit *f* nach•ahmen (an•nehmen)
to copy something from a classmate [cheat]: von einem Klassenkameraden etwas ab•schreiben

copyright

to obtain a copyright: das Urheberrecht erwerben

core

to the core: bis ins Mark; ins Innerste

corner

the four corners of the earth: die entferntesten Winkel der Erde
to be just around the corner [time]: vor der Tür stehen
to be right around the corner [place]: gleich um die Ecke stehen
to cut corners [expenditures]: die Ausgaben ein•schränken; sich ein•schränken
to drive someone into a corner: jn. in die Enge treiben

correct

to correct examinations: Prüfungen korrigieren
to correct oneself: sich verbessern
to correct someone (an error): jn. (einen Fehler) berichtigen (korrigieren)
to be correct: [*figures, etc.*] stimmen; [*persons*] recht haben; [*behavior, customs*] sich gehören; sich schicken
to stand corrected: seinen Fehler (Irrtum, usw.) zu•geben (ein•gestehen)

correspond

the German Bundeskanzler corresponds to the American president: der deutsche Bundeskanzler entspricht dem amerikanischen Präsidenten
to correspond with someone: mit jm. in Briefwechsel stehen

cost

at all ~s: um jeden Preis; *the ~ of living*: die Unterhaltskosten
at the cost of one's health: auf Kosten seiner Gesundheit; zu Schaden seiner Gesundheit
to cost not a penny: keinen Groschen kosten
to cost someone dearly: jm. teuer zu stehen kommen

to cost someone his life: jm. das Leben kosten
to cost someone much pain: jm. viel Schmerzen verursachen

count

to be guilty on all counts: in allen Punkten schuldig sein
to keep count: genau zählen
to lose count: sich verzählen
count me out of it! nehmen Sie mich davon aus! ich mache nicht mit!
to count a boxer out: einen Boxer aus•zählen
to count down to blast-off: vor dem Raketenabschuß herunter•zählen
to count for not much: nicht viel auf sich haben; nicht viel bedeuten; nicht ins Gewicht fallen
to count off: ab•zählen
to count on someone: sich auf jn. verlassen; auf jn. bauen
to count on something: mit etwas rechnen
to count over the money: das Geld nach•zählen
to count someone out of something: jn. aus dem Spiele lassen

countdown

to start the countdown: mit der Startzählung (dem Countdown) beginnen

counter

to sell under the counter: unter dem Ladentisch verkaufen
to counter an argument: ein Argument bestreiten
to run counter to the rules: den Regeln zuwider•laufen

counteract

to counteract someone's influence: js. Einfluß *m* [*dat.*] entgegen•wirken (entgegen•arbeiten)

country

~-bred: auf dem Lande erzogen (aufgewachsen); *~man*: Landsmann *m*; *mother ~*: Vaterland *n*
to live in the country: auf dem Lande leben
to take a ride in the country: aufs Land fahren

coup de grace

to give someone the coup de grace: jm. den Gnadenstoß geben

couple

a ~ of miles: ein paar Meilen; *a married ~*: ein Ehepaar *n*

courage

to lose courage: den Mut verlieren; den Mut sinken lassen
to pluck up courage: Mut fassen

course

a matter of ~: eine Selbstverständlichkeit; *~ of action*: Handlungsweise *f*; *golf ~*: Golfplatz *m*; *in due ~*: zur rechten (gehörigen) Zeit; *in the ~ of events*: im Verlauf (Ablauf) der Ereignisse (Dinge); *main ~*: Hauptgericht *n*; *of ~*: natürlich; selbstverständlich; *second ~*: zweiter Gang
in the course of the semester: im Laufe des Semesters
to change one's course [*lit. and fig.*]: den Kurs ändern
to follow (steer) a particular course [*lit. and fig.*]: einen bestimmten Kurs steuern

to give a course in German: einen Deutschkurs ab·halten (leiten)
to register for a course: einen Kurs belegen
to take a course [university]: einen Kurs besuchen (durch·machen)

court
~-martial: Kriegsgericht *n*; *~ of appeals*: Berufungsinstanz *f*; *~ of inquiry*: Untersuchungsgericht *n*; *~ of law*: Gerichtshof *m*; *supreme ~*: das Höchste Gericht; [*in German, respectively*] das Bundesverfassungsgericht; der Bundesgerichtshof
to appear in court: vor Gericht erscheinen
to hold court: Gericht halten
to settle something out of court: etwas außergerichtlich regeln (ab·machen)
to court a woman: einer Frau den Hof machen
to court disaster: ein Unglück herauf·beschwören
to court someone's favor: um js. Gunst *f* werben

courtesy
~ of the road: Höflichkeit *f* im Verkehr; Verkehrsdisziplin *f*; *~ visit*: Anstandsbesuch *m*
as a point of courtesy: der Höflichkeit halber; aus Höflichkeit
the film is shown courtesy of Mr. Müller: die Vorführung des Films wurde durch Herrn Müllers freundliches Entgegenkommen ermöglicht; der Film wird mit der freundlichen Genehmigung (mit Erlaubnis) Herrn Müllers gezeigt

cover
to read a book from cover to cover: ein Buch von Anfang bis zu Ende lesen
to take cover: Deckung suchen (nehmen)
under cover of darkness: unter dem (im) Schutz der Dunkelheit
under separate cover: mit getrennter Post
to cover an event: über ein Ereignis berichten
to cover an opponent [sports]: einen Gegner decken
to cover a pot: einen Topf zu·decken
to cover a topic: ein Thema ab·handeln (behandeln)
to cover costs: die Kosten bestreiten
to cover one's tracks: die Spuren verdecken
to cover twenty miles: zwanzig Meilen zurück·legen
to cover up one's mistakes: seine Fehler bemänteln

cradle
from the cradle to the grave: von der Wiege bis zur Bahre

cram
to cram for an exam: für eine Prüfung pauken (büffeln, ochsen)
to cram something down a person's throat: jm. etwas ein·hämmern (ein·trichtern)

crash
to crash a party: ohne Einladung (uneingeladen) in eine Gesellschaft ein·dringen

crawl
the town is crawling with tourists: die Stadt wimmelt von Touristen

craze

to be the latest craze: der letzte Schrei (die neueste Mode) sein

crazy

like crazy: wie verrückt

to be crazy about someone: in jn. vernarrt (verknallt) sein

to be crazy about something: auf etwas [*acc.*] ganz versessen (verrückt) sein

cream

the ~ of society: die Creme der Gesellschaft; *the ~ of the crop*: das Beste vom Besten; das Allerbeste

to skim the cream: den Rahm ab•schöpfen

credit

to be a credit to his school: seiner Schule Ehre machen

to be to someone's credit that . . . : jm. hoch anzurechnen sein, daß . . .

to bring credit to someone: jm. Ehre ein•bringen

to buy something on credit: etwas auf Kredit kaufen

to do credit to someone: jm. Ehre machen

to get credit for a course: einen Kurs angerechnet bekommen

to get credit for something: Anerkennung *f* erhalten für etwas

to give someone credit for something: jm. etwas als Verdienst an•rechnen

to credit an amount to an account: einen Betrag einem Konto gut•schreiben

crime

to aid and abet a crime: einem Verbrechen Vorschub leisten

to commit a crime: ein Verbrechen begehen

critical

to be critical of something: etwas [*dat.*] kritisch gegenüber•stehen

criticism

to be open to criticism [*argument, procedure*]: anfechtbar sein

to lay oneself open to criticism: sich der Kritik aus•setzen

crocodile

to cry crocodile tears: Krokodilstränen weinen

crop

to harvest the crop: die Ernte ein•bringen

to crop up [*problems*]: auf•tauchen

cross

~-reference: Kreuzverweis *m*; *~word puzzle*: Kreuzworträtsel *n*

to carry one's cross: sein Kreuz tragen

the letters crossed: die Briefe kreuzten sich

to cross one's legs: die Beine überschlagen

to cross one's mind: jm. durch den Kopf fahren; jm. in den Sinn kommen

to cross someone [*get in his way*]: jm. in die Quere kommen

to cross someone's path: js. Weg *m* kreuzen

to cross something out: etwas durch•streichen

to cross swords [*lit. and fig.*]: die Klingen kreuzen

to cross the street: die Straße überqueren (kreuzen)

to cross the threshold: die Schwelle überschreiten

to be cross with someone: böse mit jm. (auf jn.) sein

to keep one's fingers crossed for someone: jm. den Daumen halten (drücken)

cross-examine

to cross-examine someone: jn. ins Kreuzverhör nehmen

cross-purpose

to be (talk) at cross-purposes: aneinander vorbei·reden

to work at cross-purposes: unbewußt einander [*dat.*] entgegen·handeln (entgegen·arbeiten)

cross-roads

to be at the cross-roads: am Scheidewege (Wendepunkt) stehen

crow

as the crow flies: in der Luftlinie

crowd

to follow the crowd: mit dem Strom schwimmen; mit den Wölfen heulen

crush

to have a crush on someone: in jn. verliebt (vernarrt, verknallt) sein; für jn. schwärmen

to crush a revolt: einen Aufstand unterdrücken

crux

the crux of the matter [decisive point]: der springende Punkt

cry

to be a far cry from: weit entfernt sein von; etwas ganz anderes sein als

to have a good cry: sich ordentlich (tüchtig) aus·weinen

don't cry over spilt milk: vorbei ist vorbei; da nützt kein Jammern und Klagen

to cry bloody murder: Zeter und Mordio schreien

to cry one's eyes [heart] out: sich [*dat.*] die Augen aus·weinen

to cry wolf: blinden Alarm schlagen

it's a crying shame: es ist eine Sünde und Schande (eine himmelschreiende Ungerechtigkeit)

crybaby

to be a crybaby: [*child*] ein Schreihals *m* sein; ein Heulpeter *m* (eine Heulsuse) sein; [*adult*] ein Meckerer *m* sein

cue

to give someone a cue: jm. einen Fingerzeig (Wink) geben

to take one's cues from someone: sich nach jm. richten

culminate

to culminate in: gipfeln in [*dat.*]; den Höhepunkt erreichen in [*dat.*]

cultivate

to cultivate someone's friendship: mit jm. Freundschaft pflegen

cup

that's not my cup of tea: ich mache mir nichts daraus; das ist nicht mein Fall *m* (meine Kragenweite)

curiosity

to be dying of curiosity: vor Neugierde sterben (um·kommen)

curtain

behind the iron curtain: hinter dem eisernen Vorhang

the curtain falls: der Vorhang fällt

the curtain rises: der Vorhang geht auf

to raise the curtain: den Vorhang auf·ziehen

curtain call
there were three curtain calls: es gab drei Vorhänge

custody
to be in the custody of one's mother: in der Obhut seiner Mutter stehen
to take someone into custody: jn. in Haft nehmen

custom
that is the custom here: das ist hier so üblich (Brauch); das ist hier gang und gäbe

cut
to cut a lecture: eine Vorlesung schwänzen
to cut a record: eine Schallplatte bespielen
to cut a rug [fig.]: das Tanzbein schwingen; schwofen
to cut expenses: die Ausgaben ein•schränken
to cut no ice: nicht ins Gewicht fallen; niemandem imponieren
to cut one's finger: sich [*dat.*] in den Finger schneiden
to cut one's nails: sich [*dat.*] die Nägel schneiden
to cut prices: die Preise herab•setzen
to cut short one's vacation: seine Ferien verkürzen
to cut someone deeply with one's criticism: jn. mit seiner Kritik tief treffen
to cut someone short: jn. unterbrechen; jm. ins Wort fallen
to cut someone to the quick: jn. tief kränken (verletzen)
to cut teeth: zahnen
to cut the cards: die Karten ab•heben
to have one's work cut out for one: ein gutes Stück Arbeit vor sich haben
to be cut out for this work: gut geeignet sein für diese Arbeit; für diese Arbeit wie geschaffen sein

d

dabble
to dabble in something: sich oberflächlich (aus Liebhaberei) mit etwas befassen; etwas als Dilettant betreiben

daggers
to look daggers at someone: jn. mit Blicken durchbohren

damage
to make good the damage: den Schaden ersetzen (wiedergut•machen)
to sue for damages: auf Schadenersatz klagen; Schadenersatz beantragen
to damage someone's reputation: js. Ruf *m* schädigen; jn. in üblen Ruf bringen

damn
damn it! verflucht! verdammt (noch 'mal)!
damn you! geh zum Teufel!
to give not a damn about something: sich den Teufel um etwas scheren

damper
to put a damper on something: einen Dämpfer auf•setzen

dance

to ask someone to dance: jn. zum Tanz auf·fordern

dander

to get someone's dander up: jn. auf die Palme bringen

danger

to be in danger: in Gefahr sein (schweben)
to be in danger of failing: Gefahr laufen durchzufallen
to be out of danger: außer Gefahr sein

dare

dare-devil: Wagehals *m*
how dare you! was erlauben Sie sich!
to dare someone to do something: jn. heraus·fordern, etwas zu tun
to dare to do something: es wagen, etwas zu tun; sich getrauen, etwas zu tun; [*impertinently*] sich erdreisten, etwas zu tun

dark

after ~: nach Einbruch der Dunkelheit; *a shot in the ~*: ein Sprung *m* ins Ungewisse; *~ ages*: das finstere Mittelalter; das Frühmittelalter; *~-eyed*: dunkeläugig; *~-haired*: dunkelhaarig; *~room*: Dunkelkammer *f*
to be in the dark about something: über etwas [*acc.*] im Dunkeln sein
to grope in the dark [*lit. and fig.*]: im Dunkeln herum·tappen
to keep a person in the dark: jn. im Dunkeln (im Ungewissen) lassen
things look rather dark: die Aussichten sind trüb
to look on the dark side of things: schwarz·sehen; nur die Schattenseite der Dinge sehen

dash

to make a dash for the door: zur Tür stürzen
to dash by someone: an jm. vorbei·eilen
to dash someone's hopes: js. Hoffnungen zunichte·machen; jn. völlig entmutigen
to dash to pieces: in Stücke zerschlagen

date

to be out of date: veraltet (altmodisch) sein
to be up to date: modern (zeitgemäß, up to date) sein
to date [*up to the present*]: bis jetzt; bisher
to have a blind date with a girl: eine Verabredung mit einer Unbekannten haben
to have a date with someone: eine Verabredung (ein Stelldichein) mit jm. haben
to keep up to date [*with current affairs*]: auf dem laufenden bleiben
to make a date with someone: sich mit jm. verabreden
to set a date: eine Zeit (einen Termin) fest·setzen
to date back to the time when . . . : bis in eine Zeit zurück·reichen, als . . .
to date from the fourteenth century: aus dem vierzehnten Jahrhundert stammen
to postdate a check: einen Scheck nach·datieren
to predate a letter: einen Brief vor·datieren

dawn

at the crack of dawn: in aller Herrgottsfrühe
the dawn of a new age: der Anbruch einer neuen Epoche
it dawned on me that . . . : mir ging (endlich) ein Licht auf, daß . . .
to dawn on someone: jm. dämmern

day

all ~: den ganzen Tag; *by ~*: bei Tage; *~ after ~*: Tag für Tag; *~ in, ~ out*: tagaus, tagein; *every few ~s*: alle paar Tage; *every other ~*: jeden zweiten Tag; *for a few ~s*: für ein paar Tage, auf einige Tage; *forever and a ~*: auf immer und ewig; *from ~ to ~*: von Tag zu Tag; *red-letter ~*: ein Freudentag *m* (Glückstag *m*); *some ~*: eines Tages; irgendwann; *the ~ after*: am folgenden (anderen) Tage; tags darauf; *the next ~*: am nächsten (anderen) Tage; *the other ~*: neulich; kürzlich; *to the ~*: auf Jahr und Tag; *twice a ~*: zweimal am Tage (täglich)
his days are numbered: seine Tage sind gezählt
in the good old days: in der guten alten Zeit
on a given day: an einem bestimmten Tag
one of these fine days: eines schönen Tages; dieser Tage
to be counting the days until . . . : die Tage zählen, bis . . .
to call it a day: Feierabend (Schluß) machen
to carry (win) the day: den Sieg davon•tragen; das Feld behaupten
to live for the day: in den Tag hinein leben; nur für den Tag leben
to make a day of it: sich [*dat.*] einen vergnügten Tag machen
to save money for a rainy day: sich [*dat.*] einen Notgroschen zurück•legen
up to the present day: bis zum heutigen Tage

daylight

in broad daylight: am hellichten Tage; auf offener Straße

dead

in the dead of night: mitten (tief) in der Nacht
to rise from the dead: von den Toten auf•erstehen
as dead as a doornail: mausetot
to be dead set against it: unbedingt (absolut) dagegen sein
to be dead tired: totmüde (hundemüde) sein
to be dead to the world: in tiefem (festem) Schlaf sein
to strike someone dead: erschlagen (tot•schlagen)

dead end

to come to a dead end [fig.]: auf ein totes Gleis geraten; in eine Sackgasse geraten

deadline

to agree on a deadline: einen Termin vereinbaren
to meet a deadline: einen Termin ein•halten
to miss a deadline: einen Termin versäumen (verpassen)
to set a deadline: einen Termin fest•setzen

deadlock

to be in a deadlock: festgefahren sein; auf einem toten Punkt sein
to break a deadlock: einen toten Punkt überwinden
to reach a deadlock: an einen toten Punkt gelangen

deaf

to be deaf and dumb: taubstumm sein
to be deaf in one ear: taub auf einem Ohr sein
to fall upon deaf ears: kein Gehör finden
to preach to deaf ears: tauben Ohren predigen; in den Wind reden
to turn a deaf ear to something: gegen etwas taub sein; von etwas nichts hören wollen

deal

it's a deal! abgemacht!
to make a big deal out of something: viel Aufhebens von einer Sache machen; eine große Geschichte aus etwas machen
to make a deal: ein Abkommen (eine Vereinbarung) treffen; [*business*] ein Geschäft machen
to deal fairly with someone: mit jm. ehrlich handeln (verfahren)
to deal someone a blow: jm. einen Schlag versetzen
to deal the cards: die Karten aus•teilen (aus•geben)
to deal with a person: mit jm. zu tun haben; [*business*] mit jm. Geschäfte machen
to deal with a topic: ein Thema behandeln
to have to deal with difficulties: mit (gegen) Schwierigkeiten zu kämpfen haben

death

~bed: Sterbebett *n*; *~ certificate*: Totenschein *m*; *~ penalty*: Todesstrafe *f*; *~ rate*: Sterblichkeitsziffer *f*; *~ sentence*: Todesurteil *n*; *to the ~*: bis zum Tode
to be a matter of life and death: um Leben und Tod gehen; ein Streit *m* (Kampf *m*, usw.) auf Leben und Tod sein; sich um Leben und Tod handeln
to be at death's door: am Rande des Grabes stehen; an der Schwelle des Todes stehen
to be at the point of death: in den letzten Zügen liegen; an der Schwelle des Todes sein; im Sterben liegen
to be sentenced to death: zum Tode verurteilt werden
to be the death of someone: jn. unter die Erde bringen
to die a natural (violent) death: eines natürlichen (gewaltsamen) Todes sterben
to put to death: hin•richten
to scare someone to death: jn. zu Tode erschrecken

debt

to be in debt: verschuldet sein; Schulden haben
to be in someone's debt: in js. Schuld *f* stehen; jm. verpflichtet sein
to incur debts: Schulden machen
to pay off a debt: eine Schuld ab•zahlen
to pay one's debts: seine Schulden bezahlen
to run into debt: in Schulden geraten
to work off a debt: eine Schuld ab•arbeiten

debut

to make one's debut [theater and society]: sein Debüt geben

decision

to make a decision: eine Entscheidung treffen; [*law*] ein Urteil fällen

deck

~ of cards: ein Pack *n* Spielkarten; *on (below) ~*: auf (unter) Deck

to clear the deck [for battle]: das Schiff klar zum Gefecht machen

to go on deck: an Deck gehen

decline

to be on the decline: im Niedergang (Rückgang) begriffen sein

the prices are declining: die Preise fallen (sinken)

to decline an offer: ein Angebot ab•lehnen

to decline a noun: ein Hauptwort deklinieren (beugen)

to decline in popularity: an Beliebtheit ein•büßen (verlieren)

deep

a foot ~: einen Fuß tief; *~ in debt*: tief verschuldet; *~ in thought*: in Gedanken vertieft; *in a ~ sleep*: in tiefem Schlaf; in Schlaf versunken

still waters run deep: stille Wasser sind tief

defeat

to inflict a defeat upon someone: jm. eine Niederlage bei•bringen

to suffer a defeat: eine Niederlage erleiden

to defeat a proposal: einen Antrag ab•lehnen

to defeat someone's plans: js. Pläne vereiteln

to defeat the enemy: den Feind schlagen

to defeat the purpose: den Zweck nicht erfüllen

defense

civil ~: ziviler Luftschutz; *~ counsel*: Verteidiger *m*; *~ witness*: Entlastungszeuge *m*; *in self-~*: aus Notwehr

in one's own defense: zu seiner eigenen Rechtfertigung

to come to someone's defense: sich für jn. ein•setzen

defer

to be deferred from military service: vom Militärdienst zurückgestellt werden

deference

out of deference to: aus Achtung vor

defy

to defy description: jeder Beschreibung spotten

to defy the law: dem Gesetz trotzen; dem Gesetz Trotz bieten

degree

academic ~: akademischer Titel (Grad); *by ~s*: allmählich; nach und nach; stufenweise; *honorary ~*: Ehrentitel (Ehrengrad) *m*

annoyed to such a degree that . . .: dermaßen (derart) verärgert, daß . . .

to a certain degree: bis zu einem gewissen Grade; gewissermaßen

to be studying for a degree: auf einen Titel (Grad) hin•arbeiten

to take a degree in physics: in der Physik einen akademischen Titel (Grad) erlangen (erwerben)

to what degree? inwieweit? in welchem Ausmaße?

delay

without further delay: ohne Verzug; unverzüglich

delegate

to delegate authority to someone to do something: jm. die Vollmacht erteilen, etwas zu tun; jn. bevollmächtigen, etwas zu tun

delight

to take delight in something: Vergnügen *n* haben an etwas [*dat.*]

she was delighted to go: sie ging mit größtem Vergnügen

deliver

to deliver a baby: eine Frau (von einem Jungen; von einem Mädchen) entbinden

to deliver a speech (an address): eine Rede (Ansprache) halten

to deliver goods: Waren liefern

to deliver the goods [fig.]: die Erwartungen erfüllen; den Wünschen (Erwartungen) nach·kommen

to deliver the letters: die Briefe aus·tragen (zu·stellen)

demand

on ~: auf Verlangen; auf Befehl; *supply and* ~: Angebot *n* und Nachfrage *f*

to be a great demand on someone's time: js. Zeit *f* sehr in Anspruch nehmen

to be in demand: begehrt (gesucht) sein

to make demands upon: Anforderungen stellen an [*acc.*]

to meet the demand: die Nachfrage befriedigen

deny

there is no denying it: es läßt sich nicht leugnen; es ist nicht zu leugnen

to deny a report: einen Bericht dementieren (verleugnen)

to deny a request: eine Bitte ab·schlagen

to deny oneself a thing: sich [*dat.*] etwas versagen

depend

I am depending on you: ich verlasse mich auf Sie

that depends: das kommt darauf an; das hängt davon ab

to depend (rely) on something: sich auf etwas [*acc.*] verlassen

dependent

to be dependent on someone: auf jn. angewiesen sein; von jm. abhängig sein

deposit

to form a deposit: sich ab·setzen

to put down a deposit [on a purchase]: eine Anzahlung machen

to deposit a coin [in a machine]: eine Münze ein·werfen

to deposit money in an account: Geld in ein Konto ein·zahlen (deponieren)

to deposit money in the bank: Geld in die Bank ein·zahlen (deponieren)

depth

to treat something in depth: etwas eingehend behandeln

two feet in depth: zwei Fuß tief

derive

to derive from: sich her·leiten von

to derive pleasure from: Freude *f* an etwas [*dat.*] haben

to derive profit from: Nutzen *m* ziehen aus; profitieren von

description

to defy description: jeder Beschreibung spotten

desegregate
to desegregate a school: die Rassentrennung in einer Schule auf•heben
desire
to do something to one's heart's desire: etwas nach Herzenslust tun
to leave something to be desired: etwas zu wünschen übrig lassen
to satisfy a desire: einen Wunsch befriedigen
details
to go into detail: auf Einzelheiten ein•gehen
detour
to make a detour: einen Umweg machen
device
to be left to one's own devices: auf sich [*acc.*] selbst angewiesen sein
to leave someone to his own devices: jn. sich [*dat.*] selbst überlassen
devil
between the devil and the deep blue sea: zwischen Scylla und Charybdis
go to the devil! scher' dich zum Teufel!
speak of the devil . . . : wenn man den Wolf (Teufel) nennt, kommt er gerennt
to give the devil his due: jm. das Seine ein•räumen
die
the die is cast: die (der) Würfel sind (ist) gefallen
do or die! friß, Vogel, oder stirb! entweder—oder!
to be dying of curiosity: vor Neugierde sterben (um•kommen)
to be dying of hunger: vor Hunger sterben; verhungern; [*fig.*] einen Mordshunger (Wolfshunger) haben
to die an early death: eines frühen Todes sterben
to die away [*sound*]: verhallen
to die laughing: sich tot•lachen
to die of cancer: an Krebs [*dat.*] sterben
to die off (*out*): aus•sterben
to die of thirst: verdursten
diet
to be on a diet: Diät halten
to put someone on a diet: jm. eine Diät verordnen
to stay on one's diet: die vorgeschriebene Diät ein•halten
difference
to make a difference: etwas aus•machen
to make no difference: nichts aus•machen
to settle differences of opinion: Meinungsverschiedenheiten bei•legen
to split the difference: sich [*dat.*] den Differenzbetrag teilen; den Preisunterschied teilen
difficult
to be difficult for someone to do something: jm. schwer•fallen, etwas zu tun
difficulty
to cause someone difficulties: jm. Schwierigkeiten bereiten (machen)
to come up against difficulties: auf Schwierigkeiten [*acc.*] stoßen
to overcome difficulties: Schwierigkeiten überwinden

dignity
to be beneath someone's dignity: unter js. Würde *f* sein

dilemma
to be in a dilemma: sich in einem Dilemma (einer Zwickmühle) befinden
to get into a dilemma: in ein Dilemma (eine Zwickmühle) geraten

dim
to dim one's lights: ab•blenden
to take a dim view of something: etwas geringschätzig beurteilen

dime
they are a dime a dozen: von ihnen gehen hundert auf ein Lot

dint
by dint of: vermöge [*gen.*]; kraft [*gen.*]

direct
to direct a film: einen Film inszenieren
to direct a question to someone: eine Frage an jn. stellen
to direct one's attention to someone: seine Aufmerksamkeit auf jn. lenken
to direct remarks to someone: Bemerkungen an jn. richten
to direct someone to Münster: jm. den Weg nach Münster zeigen
to direct traffic: den Straßenverkehr regeln

direction
in all directions: nach allen Richtungen (hin)
to follow directions: [*instructions*] Anweisungen befolgen (beachten); [*consumer items*] die Gebrauchsanweisung(en) befolgen
under the direction of: unter der Leitung von

disadvantage
to be at a disadvantage: im Nachteil (Hintertreffen) sein; sich im Nachteil befinden
to put oneself at a disadvantage: sich in den Nachteil setzen

discharge
to be discharged from the army: aus der Armee entlassen werden
to discharge one's obligations: seine Pflichten erfüllen; seinen Pflichten nach•kommen

discount
to buy something at a discount of 4 percent: etwas mit einem (Preis) Nachlaß (einer Preisvergünstigung, Preisverbilligung) von 4 Prozent kaufen
to give a 4-percent discount: 4 Prozent Rabatt geben

discretion
discretion is the better part of valor: Vorsicht ist die Mutter der Weisheit (der Porzellankiste)
to act at one's own discretion: nach eigenem Gutdünken (Ermessen) handeln

discussion
to be under discussion: zur Diskussion (Erörterung) stehen
to bring a matter up for discussion: ein Thema zur Diskussion stellen; ein Thema zur Sprache bringen
to come up for discussion: zur Diskussion kommen
to enter into a discussion with someone about something: sich mit jm. in eine Diskussion über etwas [*acc.*] ein•lassen

disfavor

to fall into disfavor with someone: bei jm. in Ungnade fallen

disgrace

to be a disgrace to one's family: ein Schandfleck *m* der Familie sein

to bring disgrace upon someone: jm. Schande bringen

to fall into disgrace: in Schande geraten

dislike

to have a dislike for someone: eine Abneigung gegen jn. haben (fühlen)

dispense

to dispense with preliminary remarks: auf Vorbemerkungen [*acc.*] verzichten

disposal

to be at someone's disposal: jm. zur Verfügung stehen

to have something at one's disposal: etwas zur Verfügung haben

to put something at someone's disposal: jm. etwas zur Verfügung stellen

dispose

man proposes, God disposes: der Mensch denkt, Gott lenkt

to be well (ill) disposed toward someone: jm. wohlgesinnt (übelgesinnt) sein; jm. freundlich (feindlich) gesinnt sein

to dispose of something: etwas weg·schaffen

dissuade

to dissuade someone from doing something: jn. davon ab·bringen, etwas zu tun

distance

at a ~: von weitem; *from a ~*: aus einiger Entfernung; *in the ~*: in der Ferne

at a distance of: in einer Entfernung von

to keep one's distance from someone: Distanz wahren von jm.; sich [*dat.*] jn. vom Leibe halten

distinguish

to distinguish between . . . and . . . : einen Unterschied machen zwischen . . . und . . .

to distinguish oneself: sich aus·zeichnen

to distinguish one sister from the other: die zwei Schwestern auseinander·halten

distraction

to drive someone to distraction: jn. verrückt (wahnsinnig) machen

disturb

to disturb the peace: den Frieden stören

disuse

to fall into disuse: außer Gebrauch kommen

divert

to divert someone's attention from one thing to another: js. Aufmerksamkeit *f* von etwas [*dat.*] auf etwas anderes [*acc.*] lenken

to divert traffic: den Verkehr um·leiten

divide

opinions are divided on: die Meinungen sind geteilt über [*acc.*]

to divide the book into ten chapters: das Buch in zehn Kapitel ein·teilen

to divide the money among one's friends: das Geld unter seine Freunde verteilen

to divide 30 *by* 3: *30* durch *3* teilen (dividieren)

divorce

to get a divorce: sich scheiden lassen
to grant a divorce: eine Scheidung bewilligen
to divorce a couple: eine Ehe scheiden

do

do or die! friß, Vogel, oder stirb! entweder—oder!
easier said than done: leichter gesagt als getan
he is doing well: [*general*] ihm geht es gut; [*work*] er kommt mit seiner Arbeit gut voran
how do you do? guten Tag (Morgen); wie geht es Ihnen?
no sooner said than done: gesagt, getan
that is simply not done: das tut man einfach nicht
that will do [*suffice*]: das genügt (reicht)
that will do! jetzt ist's aber genug! jetzt aber Schluß!
that will not do [*unsatisfactory*]: das geht nicht an
to do all the talking: allein das Wort führen
to do away with something: etwas ab•schaffen
to do better [*improve*]: sich bessern; Besseres leisten
to do business with someone: mit jm. Geschäfte machen
to do one's best: sein möglichstes (das menschenmögliche) tun
to do one's part: seinen Teil bei•tragen (tun); sein Scherflein bei•tragen
to do Paris in three days: Paris in drei Tagen besichtigen; [*negative*] Paris in drei Tagen erledigen
to do someone a favor: jm. einen Gefallen tun
to do someone good: jm. gut (wohl) tun
to do someone harm: jm. schaden
to do someone wrong: jm. Unrecht *n* tun
to do something justice: einer Sache [*dat.*] gerecht werden
to do time [*prison*]: eine Strafe ab•sitzen
to do twenty miles an hour: zwanzig Meilen die Stunde fahren
to do without something: etwas entbehren; ohne etwas aus•kommen
to make do with something: mit etwas schon aus•kommen

doctor

to be under a doctor's care: in ärztlicher Behandlung sein
to call the doctor: den Arzt kommen (rufen) lassen (holen)
to go to the doctor: zum Arzt gehen
to see a doctor: einen Arzt konsultieren (besuchen)
to doctor a passport: einen Reisepaß fälschen

doctorate

she is working on her doctorate: sie arbeitet an ihrer Dissertation (Doktorarbeit)
to earn one's doctorate: den Doktor machen; den Doktortitel erwerben

dog

barking dogs seldom bite: Hunde, die viel bellen, beißen nicht
let sleeping dogs lie: man soll den schlafenden Löwen nicht wecken (aufwecken)
to go to the dogs: vor die Hunde gehen; auf den Hund kommen
to lead a dog's life: ein Hundeleben führen

to rain cats and dogs: in Strömen gießen; Bindfäden regnen
to walk a dog: einen Hund aus·führen
you can't teach an old dog new tricks: was Hänschen nicht lernt, lernt Hans nimmermehr

doll
to be all dolled up: aufgetakelt (aufgedonnert) sein
to get dolled up: sich heraus·putzen

door
behind closed ~s: hinter verschlossenen Türen; *from ~ to ~*: von Tür (Haus) zu Tür (Haus); *out-of-~s*: im Freien
to be at death's door: am Rande des Grabes stehen; an der Schwelle des Todes stehen
to go to the door: an die Tür gehen
to hold the door open for someone: jm. die Tür auf·halten
to keep the wolf from the door: sich vorm Verhungern bewahren
to knock on the door: an die Tür klopfen
to live next door: nebenan wohnen
to live three doors down: drei Häuser weiter wohnen
to remain indoors: zu Hause bleiben
to show someone the door: jm. die Tür weisen; jn. vor die Tür setzen; jn. hinaus·werfen
to slam the door in someone's face: jm. die Tür vor der Nase zu·schlagen

double
on the double: im Laufschritt; in aller Eile
to play doubles: Doppel spielen
to see double: doppelt sehen
to double back: kehrt·machen und zurück·gehen
to double up in pain: sich vor Schmerzen krümmen

double-check
to double-check something: etwas überprüfen

double-cross
to double-cross someone: ein falsches (doppeltes) Spiel mit jm. treiben

double standard
to apply a double standard: [*general*] mit zweierlei Maß messen; verschiedene Maßstäbe an·wenden; [*morals*] eine Moral mit doppeltem Boden (eine doppelte Moral) an·wenden

doubt
in case of ~: im Zweifelsfall; *no ~ (without a doubt, doubtless)*: ohne Zweifel; zweifellos; zweifelsohne
there is no doubt that . . . : es besteht (ist) kein Zweifel, daß . . .
to be beyond the shadow of a doubt: außer Zweifel sein; ohne jeden Zweifel sein; über allen Zweifel erhaben sein
to be in doubt about something: im Zweifel sein über etwas [*acc.*]
to cast doubt on something: etwas in Zweifel stellen
to dispel someone's doubts: js. Zweifel *m* beheben (beseitigen); jm. den Zweifel nehmen

to give someone the benefit of the doubt: im Zweifelsfalle die günstigere Auslegung an•nehmen; in dubio pro reo
to harbor a doubt: einen Zweifel hegen
to leave someone in doubt: jn. im Zweifel lassen
to voice doubts: Zweifel äußern
to doubt someone's word: an js. Worten zweifeln

down
down there: dort unten
down to the present: bis in die Gegenwart; bis zum heutigen Tage
down with the tyrants! nieder mit den Tyrannen!
to be down and out: auf den Hund gekommen sein; im Elend sein
to be down in the mouth: niedergeschlagen sein
to be down on one's luck: vom Glück verlassen sein
to be down on someone: gegen jn. voreingenommen sein; gegen jn. sein
to be down with a cold: mit einer Erkältung im Bett liegen; an einer Erkältung darnieder•liegen
to let someone down: jn. im Stich lassen; jn. enttäuschen
to talk down to someone: herablassend (geringschätzig) mit jm. reden

doze
to doze off: ein•nicken

dozen
baker's ~: 13 Stück; *by the ~*: dutzendweise
to be six of one, half dozen of the other: dasselbe in Grün sein; Jacke wie Hose sein; ganz einerlei sein; auf dasselbe heraus•kommen

drag
to drag on and on: sich hin•ziehen; sich in die Länge ziehen; sich hin•schleppen
to drag one's feet: das Arbeitstempo mit Absicht verlangsamen; den Fortgang eines Unternehmens behindern
to drag someone through the mud: jn. schlecht•machen
to drag something out [a talk, etc.]: etwas in die Länge ziehen

drain
to be a great drain on one's purse: seinen Geldbeutel sehr in Anspruch nehmen
to go down the drain [hopes, plans]: aus etwas nichts werden; zu nichts werden; ins Wasser fallen

draw
the game was a draw: das Spiel blieb unentschieden
to draw a card: eine Karte ziehen
to draw a conclusion from something: aus etwas einen Schluß ziehen; aus etwas etwas [*acc.*] folgern (schließen)
to draw a crowd: viele Zuschauer an•locken (an•ziehen)
to draw a line: eine Linie ziehen
to draw a parallel between: eine Parallele ziehen zwischen; einen Vergleich ziehen (an•stellen) zwischen
to draw attention to something: die Aufmerksamkeit auf etwas [*acc.*] lenken
to draw curtains: Gardinen zu•ziehen
to draw freehand: aus freier Hand zeichnen
to draw interest: Zinsen bringen

to draw near: näher•kommen; näher•rücken; sich nähern
to draw oneself up: sich empor•richten
to draw someone out: jn. zum Reden bringen
to draw the line: eine Grenze ziehen
to draw to a close: zu Ende gehen
to draw up plans: Pläne entwerfen
to draw water: Wasser schöpfen
to feel drawn to someone: sich zu jm. hingezogen fühlen

drawback
to have certain drawbacks: gewisse Nachteile haben

dream
to dream away the hours: die Stunden verträumen
to dream up a solution: eine Lösung finden (erfinden)

dress
~ circle: der erste Rang; *~ rehearsal*: Kostümprobe *f*
to dress and undress oneself: sich an•ziehen und sich aus•ziehen
to dress a salad: einen Salat an•machen
to dress a store window: ein Schaufenster dekorieren (schmücken)
to dress a wound: eine Wunde verbinden
to be dressed to kill: aufgedonnert wie ein Pfau sein; pikfein angezogen sein; aufgeputzt sein
to get dressed up to kill: sich heraus•putzen

dressing-down
to give someone a dressing-down: jm. eine Abreibung geben; jn. zurück•weisen

drink
to buy everyone a drink: eine Runde aus•geben (spenden)
to buy someone a drink: jm. einen aus•geben
to take to drink: zu trinken an•fangen; sich dem Trunke ergeben
to drink away one's money: sein Geld vertrinken; sein Geld durch die Gurgel jagen
to drink like a fish: [*vulgar*] saufen wie ein Loch
to drink oneself out of a job: eine Stelle wegen Trunksucht verlieren
to drink oneself to death: sich zu Tode trinken
to drink one's fill: sich satt trinken
to drink someone under the table: jn. unter den Tisch trinken
to drink to someone's health: auf js. Wohl *n* [*acc.*] trinken; jm. zu•trinken

drive
~-in movie: Drive-In-Kino *n*; Autokino *n*; *~way*: Auffahrt *f*
to go for a drive: eine Spazierfahrt machen
to drive a car: einen Wagen fahren
to drive on: weiter•fahren
to drive on the right: rechts fahren
to drive prices down (up): die Preise drücken (hoch•treiben)
to drive someone home: jn. nach Hause fahren
to drive someone out of his mind: jn. um den Verstand bringen; jn. verrückt machen

to drive something home to someone: jm. etwas ein•bleuen (klar•machen)
to drive up to a house: vor einem Hause vor•fahren
what is he driving at? worauf will er hinaus? was hat er im Sinn?

driving

to be the driving force behind something: bei etwas die Triebfeder sein

drop

a ~ in the bucket: ein Tropfen *m* auf einen (den) heißen Stein; *~ by ~*: tropfenweise
at the drop of a hat: bei dem geringsten Anlaß
the prices are dropping: die Preise fallen (sinken)
to drop a hint: einen Wink geben
to drop anchor: Anker werfen; vor Anker gehen
to drop everything: alles stehen und liegen lassen
to drop in [for a brief, unannounced visit]: auf einen Sprung vorbei•kommen; jm. eine Stippvisite machen; bei jm. herein•schneien
to drop off to sleep: ein•nicken (ein•schlafen)
to drop out of a fraternity: aus einer Verbindung aus•treten
to drop someone a line: jm. ein paar Zeilen schreiben
to drop someone off: jn. ab•setzen; jn. aussteigen lassen
to drop the subject: das Thema fallen•lassen

drown

to be drowned in tears: in Tränen gebadet sein
to drown one's sorrow in drink: seinen Kummer (seine Sorgen) im Alkohol ertränken
to drown out the noise: den Lärm übertönen

drunk

to be dead drunk: sternhagelblau sein
to get drunk: sich betrinken

dry

to dry one's hands: sich [*dat.*] die Hände ab•trocknen
to dry one's tears: sich [*dat.*] die Tränen ab•wischen (trocknen)
to dry out [tran. and intran.]: aus•trocknen
as dry as a bone: knochentrocken
to go dry [pass temperance laws]: das allgemeine Alkoholverbot ein•führen
to have a dry sense of humor: einen trockenen Humor haben
to run dry [lit. and fig.]: versiegen

duck

to take to something like a duck to water: sich bei etwas in seinem Element fühlen; von etwas sehr angezogen werden
warnings run off him like water off a duck's back: alle Ermahnungen gleiten an ihm ab; er schlägt alle Warnungen in den Wind

due

to be given its due: zu seinem Recht kommen
to give someone his due: jn. zu seinem Recht kommen lassen; jm. das Seine ein•räumen
to pay one's dues: Mitgliedsgebühren bezahlen
in due time: zur rechten Zeit

the train is due at seven: der Zug soll um sieben Uhr ankommen
to be due: fällig sein
to be due to the weather: auf das Wetter zurückzuführen sein; dem Wetter zuzuschreiben sein
to fall due: fällig werden

dumbfounded
to be dumbfounded by: wie vor den Kopf geschlagen sein wegen [*gen.*]

dumps
to be down in the dumps: niedergeschlagen sein; Trübsal blasen

dust
to bite the dust: ins Gras beißen
to turn to dust: zu Staub (und Asche) werden

Dutch
to be in Dutch with someone: bei jm. schlecht angeschrieben sein
to go Dutch: zusammen aus•gehen, wobei jeder für sich selbst bezahlt

duty
to be off duty: dienstfrei (keinen Dienst) haben
to be on duty: im Dienst sein
to do one's duty: seine Pflicht tun
to feel it one's duty: es für seine Pflicht halten
to fulfill one's duties: seine Pflichten erfüllen; seinen Pflichten nach•kommen
to neglect one's duties: seine Pflichten versäumen
to report for duty: sich zum Dienst melden
to be duty-free: zollfrei sein

dwell
to dwell upon a subject: bei einem Gegenstand verweilen; [*emphasize*] mit Nachdruck *m* auf eine Sache (einen Gegenstand) ein•gehen

dye
dyed-in-the-wool [*fig.*]: waschecht; ausgekocht

e

ear
to be all ears: ganz Ohr sein
to be up to one's ears in debt: bis über die Ohren in Schulden stecken
to be wet behind the ears: noch nicht trocken hinter den Ohren sein
to fall upon deaf ears: kein Gehör finden
to go in one ear and out the other: zu einem Ohr hinein und zum anderen hinaus•gehen
to have no ear for music: musikalisch unbegabt sein
to have one's ears to the ground: auf dem laufenden bleiben; die öffentliche Meinung beobachten
to lend someone one's ear: jm. Gehör schenken

to not believe one's ears: seinen Ohren nicht trauen
to play by ear: [*lit.*] nach dem Gehör spielen; [*fig.*] gefühlsmäßig handeln
to prick up one's ears: die Ohren spitzen
to ring in someone's ears: jm. in den Ohren klingen
to turn a deaf ear to: taub sein gegen
walls have ears: Wände haben Ohren

early

at the ~est: frühestens; *~ in January*: Anfang Januar; *~ in the day*: früh am Tage; *~ next month*: Anfang des Monats; *~ next week*: Anfang nächster Woche
the early bird gets the worm: Morgenstunde hat Gold im Munde
to be an early bird: ein Frühaufsteher *m* sein

earn

to earn a living: sich [*dat.*] sein Brot (seinen Lebensunterhalt) verdienen
to earn interest: Zinsen bringen (tragen)
to earn money: Geld *n* verdienen
to earn one's daily bread: sich [*dat.*] das tägliche Brot verdienen
to earn one's keep: seinen Unterhalt verdienen
to earn someone's praise: js. Lob *n* verdienen

earshot

to be within earshot: in Hörweite sein

earth

on ~: auf Erden; *why on ~*: warum in aller Welt
to be down to earth: unkompliziert (nüchtern, naturhaft) sein
to come back down to earth [*fig.*]: wie aus allen Wolken gefallen sein; wieder nüchtern denken
to move heaven and earth: Himmel und Erde (alle Hebel) in Bewegung setzen

ease

to be at one's ease: sich behaglich fühlen
to be ill at ease: sich unbehaglich fühlen; befangen sein
to lead a life of ease: ein bequemes Leben führen
to make oneself at ease: es sich [*dat.*] bequem machen
to put a person at ease: jm. die Schüchternheit nehmen
with ease: mühelos; mit Leichtigkeit
to ease someone's mind: jn. beruhigen; jm. die Sorge nehmen
to ease the pain: den Schmerz lindern
to ease up: nach•lassen

easy

easier said than done: leichter gesagt als getan
easy come, easy go: wie gewonnen, so zerronnen
take it easy! nur mit der Ruhe!
to be as easy as ABC: kinderleicht sein
to be easy for somebody: einem leicht•fallen
to be easy to read: leicht zu lesen sein; sich leicht lesen
to buy on easy terms: günstig (zu günstigen Bedingungen) kaufen; unter günstigen Bedingungen kaufen

to get off easy: mit einem blauen Auge (leichten Kaufes) davon·kommen
to live on easy street: gut situiert sein; in guten Verhältnissen leben
to take it easy: es sich [*dat.*] bequem machen; sich nicht überan·strengen

eat
to eat breakfast: frühstücken
to eat dinner: zu Mittag essen
to eat like a bird: wie ein Spatz essen
to eat like a pig: fressen
to eat one's fill: sich satt essen
to eat one's heart out: sich vor Gram (in seinem Gram) verzehren
to eat one's words: seine Worte zurücknehmen (widerrufen) müssen
to eat out: auswärts essen
to eat someone out of house and home: jn. arm essen
to eat supper: zu Abend essen; Abendbrot *n* essen

economize
to economize with: sparsam um·gehen mit

edge
to be on edge: gespannt (nervös) sein
to have an edge on a person: jm. etwas voraus·haben; jm. gegenüber im Vorteil sein
to keep someone on edge: jn. auf die Folter spannen; jn. in Atem halten
to put an edge on a knife: ein Messer schärfen (schleifen)
to take the edge off something: etwas seiner Wirkung berauben
to edge someone out: jn. knapp besiegen

edgewise
to get not a word in edgewise: nicht zu Worte kommen können; nicht ein Wort an·bringen

edit
to edit a periodical: eine Zeitschrift heraus·geben
to edit a text: einen Text bearbeiten

editorial
to print an editorial: einen Leitartikel veröffentlichen

effect
in effect: [*in essence*] im wesentlichen; im Grunde; [*actually*] in der Tat; [*in operation*] in Kraft
to be of no effect: wirkungslos (vergeblich, erfolglos) sein; nicht wirken
to have an effect on something: auf etwas [*acc.*] wirken
to put into effect: in Kraft setzen
to take effect: [*law*] in Kraft treten; [*medicine*] wirken
to effect a change in something: eine Änderung vor·nehmen an etwas [*dat.*]; etwas ändern

effort
to be worth the effort: der Mühe wert sein
to require a great deal of effort: viel Mühe kosten
to save one's efforts: sich [*dat.*] die Mühe sparen
to spare no effort in doing something: keine Mühe scheuen, etwas zu tun

egg

hardboiled ~: hartgekochtes Ei; *softboiled* ~: weichgekochtes Ei
to beat an egg: ein Ei schlagen
to cook an egg: ein Ei kochen
to fry an egg: ein Ei braten
to lay eggs: Eier legen
to put all one's eggs in one basket: alles auf eine Karte setzen
to egg someone on to do something: jn. an•spornen (an•stacheln, an•reizen), etwas zu tun

elaborate

to elaborate on a topic: ein Thema ergänzen; ein Thema im einzelnen aus•arbeiten; auf ein Thema näher ein•gehen

elbow

to rub elbows with someone: mit jm. in Berührung kommen; mit jm. verkehren
to elbow one's way through: sich durch•drängen

elbowroom

to need elbowroom: nicht genug Ellbogenfreiheit haben

elect

to be elected to Congress: in den Congreß gewählt werden
to elect someone president: jn. zum Präsidenten wählen

election

to be up for election: sich zur Wahl aufstellen lassen
to call for new elections: Neuwahlen aus•schreiben

elective

to choose German as an elective: Deutsch als Wahlfach *n* wählen (aus•wählen)

element

to be in one's element: in seinem Element sein
to learn the elements of grammar: die Grundbegriffe der Grammatik erlernen

embarrass

to be embarrassed over: verlegen sein wegen [*gen. or dat.*]
to embarrass someone: jn. in Verlegenheit bringen; jn. verlegen machen

emergency

~ *brake*: Notbremse *f*; ~ *exit*: Notausgang *m*; ~ *landing*: Notlandung *f*
in case of emergency: im Notfall
to declare a state of emergency: den Ausnahmezustand erklären

emotion

with mixed emotions: mit gemischten Gefühlen; mit einem lachenden und einem weinenden Auge

emphasis

to place emphasis on something: auf etwas [*acc.*] Nachdruck *m* legen; etwas betonen (hervor•heben)

emphasize

to emphasize the importance of something: die Wichtigkeit von etwas unterstreichen (hervor•heben)

empty-handed
to come away empty-handed from: leer aus•gehen bei
to come empty-handed: mit leeren Händen kommen

enamored
to be enamored of a woman (man): in eine Frau (einen Mann) verliebt sein; eine Frau verehren (an•himmeln)

enclose
to enclose something in a letter: etwas einem Brief bei•legen (ein•legen)

encyclopedia
to be a walking encyclopedia: ein wandelndes Konversationslexikon sein

end
in the ~: am Ende; *to this ~:* zu diesem Zweck
for hours on end: stundenlang
his hair stands on end: ihm stehen die Haare zu Berge
I'll never hear the end of it: das werde ich immer wieder zu hören bekommen
the end justifies the means: der Zweck heiligt die Mittel
to be an end in itself: ein Selbstzweck *m* sein
to be at one's wits' end: mit seinem Latein (Verstand) am Ende sein; weder ein noch aus wissen
to be at the end of one's rope: nicht mehr aus noch ein wissen; mit seinem Latein (Verstand) am Ende sein
to bring to an end: zu Ende bringen
to come to a bad end: ein schlechtes Ende nehmen
to come to an end: zu Ende kommen
to go off the deep end [anger]: die Fassung verlieren; aus dem Häuschen geraten; in Harnisch kommen
to make ends meet: mit seinen Mitteln (Einkünften, Einnahmen) gerade aus•kommen
to put an end to something: einer Sache ein Ende machen
to try to make ends meet: sich ein•richten; sich nach der Decke strecken
all's well that ends well: Ende gut, alles gut

endear
to endear oneself to someone: sich bei jm. lieb Kind machen

enemy
to be one's own worst enemy: sich [*dat.*] selbst am meisten schaden; sich [*dat.*] selbst im Wege stehen
to give way to the enemy: vor dem Feinde weichen
to make an enemy of someone: sich [*dat.*] jn. zum Feinde machen

energy
to devote one's energy to something: sich (seine Kraft) für etwas ein•setzen

engage
to be engaged in something: mit etwas beschäftigt sein
to engage someone in conversation: ein Gespräch mit jm. an•knüpfen; mit jm. ins Gespräch kommen
to get engaged to a girl: sich mit einem Mädchen verloben

engagement
to call off the engagement: die Verlobung auf•lösen

English
in plain English: offengesagt; auf gut deutsch

engross
to be engrossed in something: in etwas [*acc.*] vertieft (tief versunken) sein

enjoy
to enjoy doing something: etwas sehr gerne tun
to enjoy good health: sich guter Gesundheit erfreuen
to enjoy oneself: sich gut amüsieren

enlighten
to enlighten someone concerning something: jn. über etwas [*acc.*] auf•klären

enlist
to enlist in the army: in die Armee ein•treten; sich anwerben lassen
to enlist someone's support for a plan: jn. für einen Plan gewinnen

enough
more than ~: übergenug; *oddly* ~: seltsamerweise; komischerweise
enough of that! genug davon!
let well enough alone! lassen Sie es gut sein! mischen Sie sich nicht unnötig ein!
to be man enough to do something: Manns genug sein, etwas zu tun
to have had enough of something: etwas satt haben
to leave well enough alone: fünf gerade sein lassen; an etwas [*dat.*] nicht rühren

enroll
to enroll at a university: sich an einer Universität immatrikulieren lassen
to enroll in a course: einen Kurs belegen

entail
to entail a great amount of work: viel Arbeit mit sich bringen; viel Arbeit erfordern

enter
to enter a contest: sich für einen Wettbewerb an•melden; [*radio, television, advertising*] an einem Preisausschreiben teil•nehmen
to enter a profession: einen Beruf ergreifen
to enter a university: eine Universität beziehen
to enter into an agreement with someone: mit jm. etwas vereinbaren; mit jm. ein Übereinkommen (Abkommen) treffen
to enter into the war: in den Krieg ein•treten
to enter one's mind: einem in den Sinn kommen
to enter one's name: sich ein•tragen

entertain
to entertain a great deal: oft Gäste haben
to entertain a thought : mit einem Gedanken um•gehen; sich mit einem Gedanken tragen

entitle
I am entitled to the money: das Geld steht mir zu; ich habe Anspruch auf das Geld

to be entitled to do something: berechtigt sein, etwas zu tun; das Recht haben, etwas zu tun
to entitle someone to do something: jn. berechtigen (bevollmächtigen), etwas zu tun

entrance
~ examination: Zulassungsprüfung *f*; Aufnahmeprüfung *f*; *no ~*: Eintritt verboten
to make one's entrance [theater]: seinen Auftritt machen; auf•treten

envy
to be green with envy: vor Neid blaß (grün, gelb) werden (sein)
to envy someone his success: jn. um seinen Erfolg beneiden

equal
to be without equal: nicht seinesgleichen haben; seinesgleichen suchen
other things being equal: bei sonst gleichen Umständen
to be equal to a task: einer Aufgabe gewachsen sein
to be on equal footing with: auf gleicher Stufe (gleichem Fuße) stehen mit

equate
to equate one thing with another: etwas mit etwas anderem gleich•setzen (auf gleiche Stufe stellen)

equip
to be equipped with: ausgestattet sein mit

erase
to erase a tape: ein Tonband löschen
to erase a typing error: einen Tippfehler aus•radieren
to erase the blackboard: die Tafel ab•wischen

errand
I have to do some errands: ich muß einiges erledigen
to go on an errand: einen Gang tun

error
margin of ~: Fehlergrenze *f*; *typographical ~*: Tippfehler *m*
to be in error: sich irren
to make an error: einen Fehler machen

escape
to have a narrow escape: mit knapper Not entkommen
to escape from prison: aus dem Gefängnis entkommen
to escape one's memory: jm. entfallen

esteem
to be held in high esteem: hoch geachtet werden; hohes Ansehen genießen

estimate
to make a rough estimate: [*lit.*] einen ungefähren Kostenanschlag (Überschlag) machen; [*fig.*] über den Daumen peilen

evade
to evade the question: der Frage aus•weichen

even
~ numbers: gerade Zahlen; *~ so*: selbst dann; *not ~*: nicht einmal
even if he is right: selbst wenn er recht hat

to be even with someone [financially]: mit jm. quitt sein
to break even: ohne Verlust oder Gewinn weg•kommen
to get even with someone: sich an jm. rächen; eine alte Rechnung begleichen

evening
last ~: gestern abend; *one ~*: eines Abends; *this ~*: heute abend
to make an evening of it: sich [*dat.*] einen schönen Abend machen

event
in any event: auf jeden Fall
in the course of events: im Verlauf (Ablauf) der Ereignisse (Dinge)
in the event of: im Falle [*gen.*]
in the event of his coming . . . : falls er kommt . . .
in the event that . . . : falls . . . ; im Falle, daß . . .

ever
~ since: seit; seit der Zeit, da; *for ~ and ~*: in alle Ewigkeit; für Zeit und Ewigkeit; für immer; *hardly ~*: sehr selten; fast nie; *the best ~*: das allerbeste

every
~ day: jeden Tag; *~ few minutes*: alle paar Minuten; *~ now and then*: von Zeit zu Zeit; dann und wann; ab und zu; *~ second day*: jeden zweiten Tag; *~ so often*: gelegentlich
every bit as much: ganz genauso viel

everybody
everybody else: alle anderen
everybody who is anybody: alle, die etwas bedeuten (sind)

everything
to have everything: alles haben, was man sich [*dat.*] nur wünschen kann
to mean everything to someone: js. ein und alles sein
to want to be everything to everyone: allen alles sein wollen

evidence
to be in evidence: sichtbar (spürbar) sein; auf•fallen
to give evidence of: Zeugnis ab•legen von
to turn state's evidence: Kronzeuge werden

evil
the root of all evil: die Wurzel allen Übels
to choose the lesser of two evils: von zwei Übeln das kleinere wählen
to do evil: Böses tun
to regard something as a necessary evil: etwas als notwendiges Übel betrachten

examination
final ~: Abschlußprüfung *f*; *mid-semester ~*: Zwischenprüfung *f*; *upon closer ~*: bei näherer Betrachtung
to fail an examination: in einer Prüfung durch•fallen
to give an examination: eine Prüfung ab•halten
to go into an examination: in eine Prüfung steigen
to pass an oral examination: eine mündliche Prüfung bestehen
to take a written examination: eine schriftliche Prüfung ab•legen

examine
to examine a student: einen Studenten prüfen
to examine a witness: einen Zeugen verhören (vernehmen)
to examine one's conscience: sein Gewissen prüfen

example
for example (e.g.): zum Beispiel (z.B.)
to cite an example: als Beispiel *n* an•führen
to follow a person's example: js. Beispiel *n* [*dat.*] folgen; sich [*dat.*] an jm. ein Beispiel nehmen
to hold up as an example: als Beispiel *n* hin•stellen
to make an example of someone: an jm. ein Exempel statuieren
to serve as an example: als Beispiel *n* dienen
to set a good example: mit gutem Beispiel voran•gehen; ein gutes Beispiel geben

excel
to excel in sports: sich im Sport aus•zeichnen

exception
an exception to the rule: eine Ausnahme von der Regel
the exception proves the rule: die Ausnahme bestätigt die Regel
there's no rule without an exception: keine Regel ohne Ausnahme
to admit of no exceptions: keine Ausnahmen zu•lassen
to be no exception: keine Ausnahme sein (bilden)
to make an exception of someone: bei jm. eine Ausnahme machen
to take exception to a thing: [*take offense*] an etwas [*dat.*] Anstoß nehmen; [*object*] etwas gegen etwas ein•wenden; einen Einwand erheben gegen etwas
without exception: ohne Ausnahme; ausnahmslos
with the exception of: mit Ausnahme von

excess
in excess: übermäßig; im Übermaß
to be in excess of a hundred dollars: mehr als hundert Dollar betragen
to carry to excess: übertreiben
to eat to excess: übermäßig viel essen

exchange
~ student: Austauschstudent *m*; *rate of ~*: Wechselkurs *m*
in exchange for: gegen
to exchange a hat for gloves [*store*]: einen Hut gegen Handschuhe um•tauschen
to exchange dollars for marks: Dollars in D-Mark um•wechseln
to exchange presents: Geschenke aus•tauschen; sich beschenken
to exchange views: Meinungen aus•tauschen

excited
to become excited: sich auf•regen
to get excited about an idea: sich für eine Idee erwärmen (begeistern)

excuse
lame excuse: faule Ausrede
to always have an excuse: immer eine Ausrede bereit haben

to look for an excuse: nach einer Ausrede suchen
to make excuses: Ausflüchte machen
to offer something as an excuse: etwas als Entschuldigung an•geben
please excuse us for being late: entschuldigen Sie bitte, daß wir uns verspätet haben
to excuse a person from an obligation: jn. (von) einer Verpflichtung entbinden

exercise
to get exercise: sich [*dat.*] Bewegung machen
to exercise a right: ein Recht aus•üben
to exercise patience: Geduld *f* üben
to exercise restraint: Zurückhaltung *f* üben

exert
to exert an influence over someone: auf jn. einen Einfluß aus•üben
to exert oneself: sich an•strengen

exhaust
to exhaust a topic: ein Thema erschöpfend behandeln (erschöpfen)
to exhaust oneself: sich erschöpfen; [*completely*] sich bis zur völligen Erschöpfung aus•geben (an•strengen)
to exhaust someone's patience: js. Geduld *f* erschöpfen
to exhaust the possibilities: alle Möglichkeiten aus•schöpfen (erschöpfen)

exit
no exit: kein Ausgang *m*
to make one's exit [*theater*]: seinen Abgang machen

expect
to be expecting: schwanger sein; guter Hoffnung sein; in anderen Umständen sein

expectation
according to ~: nach Erwarten; erwartungsgemäß; *beyond all* ~: über alles Erwarten; *contrary to* ~: wider Erwarten
to come up to one's expectations: js. Erwartungen erfüllen (befriedigen)
to excede one's expectations: js. Erwartungen übertreffen
to fall short of one's expectations: js. Erwartungen enttäuschen; js. Erwartungen [*dat.*] nicht entsprechen

expel
to be expelled from school: von der Schule verwiesen (relegiert) werden

expense
at any expense: um jeden Preis
at one's own expense: auf eigene Kosten
at the expense of: auf Kosten von
let alone the expense: ganz abgesehen von den Kosten; geschweige denn die Kosten
to bear the expenses: die Kosten tragen
to cover expenses: die Kosten decken
to cut expenses: die Ausgaben ein•schränken
to go to great expense: sich in große Unkosten stürzen; es sich [*dat.*] viel kosten lassen

to put someone to great expense: jm. große Kosten verursachen
to receive a salary and expenses: Gehalt und Spesen bekommen
to spare no expense: keine Kosten scheuen

experience

to have considerable experience in a field: auf einem Gebiet viel Erfahrung haben
to learn from experience: aus Erfahrung lernen
to speak from one's own experience: aus eigener Erfahrung sprechen
to experience problems: Probleme erfahren; auf Probleme [*acc.*] stoßen

experiment

to carry out an experiment: ein Experiment (einen Versuch) durch•führen
to conduct an experiment: ein Experiment (einen Versuch) machen (an•stellen)
to experiment with drugs: mit Drogen (Rauschgift) experimentieren

explain

to explain oneself: seine Handlung (sein Benehmen) rechtfertigen
to explain something away: etwas weg•erklären

explanation

to demand an explanation: eine Erklärung fordern
to offer an explanation: eine Erklärung ab•geben
to require an explanation: einer Erklärung bedürfen

expression

to find expression in: Ausdruck *m* finden in [*dat.*]
to give expression to one's thoughts: seinen Gedanken Ausdruck geben

extempore

to speak extempore: aus dem Stegreif sprechen; frei (ex tempore) sprechen

extent

to a certain ~: bis zu einem gewissen Grade; gewissermaßen; *to a great* ~: zum großen Teil; in hohem Grade; *to the full* ~: in vollem Maße; völlig
to what extent? inwieweit? in welchem Ausmasse?

extreme

to carry something to extremes: etwas zu weit (auf die Spitze) treiben
to go from one extreme to another: von einem Extrem ins andere fallen
to go to extremes: in Extreme verfallen
to go to the opposite extreme: in das andere Extrem verfallen

eye

an eye for an eye, a tooth for a tooth: Auge um Auge, Zahn um Zahn
as far as the eye can see: soweit das Auge reicht
eyes front! Augen geradeaus!
his eyes watered: seine Augen tränten
his eyes were bigger than his stomach: seine Augen waren größer als der Magen
in the eyes of the law: vom Standpunkt des Gesetzes aus; laut Gesetz; gesetzmäßig
in the twinkling of an eye: im Nu; im Handumdrehen
to be a sight for sore eyes: ein Lichtblick *m* (eine Augenweide) sein

to be in the public eye: im Rampenlicht der Öffentlichkeit stehen; [*often negative*] im Brennpunkt des öffentlichen Lebens stehen
to catch someone's eye: [*an object*] jm. ins Auge fallen; [*someone's attention*] js. Blick *m* treffen
to cry one's eyes out: sich [*dat.*] die Augen aus•weinen
to get a black eye: ein blaues Auge bekommen
to have eyes in the back of one's head: Augen vorn und hinten haben
to have eyes like a hawk: Augen wie ein Luchs haben; Argusaugen haben
to have seen it with one's own eyes: es mit eigenen Augen gesehen haben
to keep an eye on someone: jn. (scharf) im Auge behalten; ein wachsames Auge auf jn. haben
to keep an eye on things: ein (wachsames) Auge auf etwas [*acc.*] haben
to keep one's eyes open [*fig.*]: die Augen offen•halten
to look someone straight in the eye: jm. gerade in die Augen sehen
to make eyes at a girl: einem Mädchen schöne Augen machen; einem Mädchen verliebte Blicke zu•werfen
to make one's eyes water: jm. die Tränen in die Augen treiben
to not believe one's eyes: seinen Augen nicht trauen
to open one's eyes [*lit. and fig.*]: die Augen auf•machen
to open someone's eyes: jm. die Augen öffnen
to roll one's eyes: die Augen rollen
to ruin one's eyes: sich [*dat.*] die Augen verderben
to see eye to eye with someone about something: mit jm. über etwas [*acc.*] völlig überein•stimmen; mit jm. derselben Meinung sein
to set eyes on someone: jn. zu Gesicht bekommen
to shut one's eyes to the facts: die Augen vor den Tatsachen verschließen
to strike the eye: ins Auge fallen
with an eye to doing something: in der Absicht, etwas zu tun
with an eye to something: mit Rücksicht auf etwas [*acc.*]
with the naked eye: mit bloßem Auge

eye opener
to be an eye opener: ein ernüchterndes Erlebnis sein

f

face
in the face of danger: [*despite*] trotz der Gefahr; [*in view of*] angesichts der Gefahr
on the face of it: auf den ersten Blick; oberflächlich betrachtet
to be a slap in the face: ein Schlag *m* ins Gesicht sein
to keep a straight face: sich [*dat.*] das Lachen verbeißen
to laugh in someone's face: jm. ins Gesicht lachen
to lose face: an Ansehen (das Gesicht) verlieren

to make a face: ein (schiefes) Gesicht ziehen
to make a long face: ein langes Gesicht machen; ein Gesicht machen wie drei Tage Regenwetter
to make faces: Gesichter schneiden; Grimassen ziehen (schneiden)
to save face: das Gesicht wahren; den Schein wahren
to show one's face: sich zeigen; erscheinen
to shut the door in someone's face: jm. die Tür vor der Nase zu•schlagen
to tell someone something to his face: jm. etwas ins Gesicht sagen
the problem that faces us: das Problem, das wir vor uns haben; das Problem, das vor uns steht
the room faces north: das Zimmer liegt nach Norden
the window faces the street: das Fenster geht auf die Straße
to be faced with ruin: vor dem Ruin stehen
to be unable to face someone: jn. nicht anblicken können; sich vor jm. schämen
to face death: dem Tode ins Angesicht schauen
to face the consequences: die Folgen tragen; die Konsequenzen ziehen
to face the enemy: dem Feinde gegenüber•stehen
to face the facts: sich mit den Tatsachen ab•finden
to face the music: die Konsequenzen ziehen; die Folgen tragen
to face up to one's problems: sich mit seinen Problemen auseinander•setzen
to be face to face with someone: jm. direkt gegenüber•stehen; jm. von Angesicht zu Angesicht gegenüber•stehen

face value
to take something at face value: etwas für bare Münze nehmen

fact
as a matter of fact: in der Tat; tatsächlich

factor
to be a decisive factor in the victory: zum Sieg entscheidend bei•tragen

fade
to fade in (out) [film]: ein•blenden (aus•blenden)

fail
without fail: [*for certain*] unbedingt; [*without exception*] ohne Ausnahme
to fail an examination: in einer Prüfung durch•fallen
to fail a student: einen Studenten durchfallen lassen
to fail to do something: es unterlassen, etwas zu tun; etwas nicht tun

fair
fair and square: offen und ehrlich
to be a fair-weather friend: ein Freund *m* im Glück sein
to be a member of the fair sex: dem schönen Geschlecht an•gehören
to give someone fair warning: jn. frühzeitig (früh genug) warnen
to play fair: [*sport*] fair spielen; [*fig.*] ehrlich handeln
to stand a fair chance of succeeding: (gute) Aussicht auf Erfolg [*acc.*] haben; (gute) Chancen auf Erfolg [*acc.*] haben

fairness
in fairness to him: um ihm gerecht zu werden

faith

in bad ~: in böser Absicht; *in good* ~: in gutem Glauben; in guter Absicht

to change one's faith: den Glauben wechseln

to have faith: den Glauben haben

to have faith in someone: Vertrauen *n* haben zu jm.

to lose one's faith: den Glauben verlieren

to lose one's faith in someone: das Vertrauen zu jm. verlieren

to put all one's faith in something: sein ganzes Vertrauen auf etwas [*acc.*] setzen

fall

to fall among: geraten unter [*acc.*]

to fall asleep: ein•schlafen

to fall behind [*lit. and fig.*]: zurück•bleiben

to fall by the wayside: auf der Strecke bleiben

to fall due: fällig werden

to fall flat: [*plans*] scheitern; [*performance*] keine Wirkung (keinen Erfolg) haben

to fall for someone: sich in jn. verlieben (vernarren)

to fall for something [*a trick*]: auf etwas [*acc.*] herein•fallen ('rein•fallen)

to fall in love with someone: sich in jn. verlieben

to fall into a trap: in die Falle gehen

to fall into disfavor: in Ungnade fallen

to fall into disuse: außer Gebrauch kommen

to fall into line: [*lit.*] sich ein•reihen; [*fig.*] sich fügen; sich an•passen

to fall into two parts: sich in zwei Teile gliedern; in zwei Teile zerfallen

to fall off [*business, trade*]: nach•lassen; ab•flauen

to fall out with someone: sich mit jm. überwerfen

to fall short of expectations: die Erwartungen enttäuschen; den Erwartungen nicht entsprechen

to fall through: ins Wasser fallen; zu Wasser werden; zu nichts werden

to fall to pieces: [*lit.*] in Stücke fallen; zerfallen; [*fig.*] die Fassung verlieren

to fall victim to someone: jm. zum Opfer fallen

to have something to fall back on: an etwas [*dat.*] einen Rückhalt haben

false

to do something under false pretenses: etwas unter Vorspiegelung falscher Tatsachen tun

to sound a false alarm: blinden Alarm schlagen

familiar

to be on familiar terms with someone: mit jm. auf vertrautem Fuße stehen; mit jm. vertraut sein

familiarity

familiarity breeds contempt: allzu große Vertraulichkeit führt zu Verachtung

familiarize

to familiarize oneself with a subject: sich mit einem Gegenstand vertraut machen

family

to be from a good family: aus guter Familie sein

to run in the family: in der Familie liegen

to start a family: eine Familie gründen
to support a family: eine Familie ernähren
to be a family man: ein guter Hausvater sein
to be in a family way: schwanger sein; guter Hoffnung sein; in anderen Umständen sein

fancy
to strike someone's fancy: jm. in die Augen stechen; jm. gut gefallen
to take a fancy to something: an etwas [*dat.*] Geschmack finden (gewinnen)
to fancy oneself a great poet: sich [*dat.*] ein·bilden, ein großer Dichter zu sein

far
by ~: bei weitem; weitaus; *~ and wide*: weit und breit; *~ off*: weit weg; *from near and ~*: von fern und nah; *so ~*: bis jetzt; bisher
as far as that goes . . . : was das betrifft (angeht, anbelangt) . . .
far from it! nicht im entferntesten! keineswegs!
in so far as . . . : insofern als . . .
so far, so good: soweit, gut
to be a far cry from: weit entfernt sein von; etwas ganz anderes sein als
to go too far: zu weit gehen; es zu bunt treiben

farewell
to bid someone farewell: jm. Lebewohl *n* sagen

far-fetched
to be far-fetched: weithergeholt sein; an den Haaren herbeigezogen sein

fashion
after a ~: einigermaßen; in mancher Hinsicht; *in this ~*: auf diese Weise; in dieser Weise
that's the fashion nowadays: das ist heutzutage (so) Mode
to be in fashion: (in) Mode sein
to be out of fashion: aus der Mode sein
to dress according to the latest fashion: sich nach der neuesten Mode kleiden; mit der Mode gehen
to set the fashion: [*lit.*] die Mode bestimmen (an·geben); [*fig.*] den Ton an·geben

fast
my watch is two minutes fast: meine Uhr geht zwei Minuten vor
to live fast: ein flottes Leben führen

fat
to live off the fat of the land: aus dem vollen schöpfen; ein üppiges Leben führen; auf großem Fuße leben
to get fat: dick werden; Fett an·setzen

fate
to accept one's fate: sich in sein Schicksal ergeben (fügen)
to leave someone to his fate: jn. seinem Schicksal überlassen
to seal someone's fate: js. Schicksal *n* besiegeln
to be fated to do something: vom Schicksal bestimmt sein, etwas zu tun

father
from father to son: von Geschlecht zu Geschlecht
like father, like son: der Apfel fällt nicht weit vom Baum (Stamm)

fault

to be at fault for something: an etwas [*dat.*] schuld sein
to find fault with something: an etwas [*dat.*] etwas auszusetzen haben
who is at fault? wer ist daran schuld? wessen Schuld ist es? wen trifft die Schuld?

favor

in favor of [*to the advantage of*]: zugunsten [*gen.*]
to ask a favor of someone: jn. um einen Gefallen bitten
to be in favor of something: für etwas sein
to curry favor with someone: sich bei jm. ein•schmeicheln; jm. Honig um den Mund schmieren
to do someone a favor: jm. einen Gefallen tun
to fall out of favor with someone: js. Gunst *f* verlieren; sich [*dat.*] js. Gunst *f* verscherzen
to find favor with someone: bei jm. Gnade finden
to look with favor upon something: etwas positiv (günstig) beurteilen

fear

for fear of: aus Angst vor [*dat.*]
to have a fear of: Angst *f* haben vor [*dat.*]
never fear! keine Angst! seien Sie unbesorgt!
to fear for someone: um jn. besorgt sein
to fear the worst: das Schlimmste befürchten

feast

to feast one's eyes on something: die Augen an etwas [*dat.*] weiden

feather

birds of a feather flock together: gleich und gleich gesellt sich gern
that's a feather in his cap: darauf kann er stolz sein; darauf kann er sich [*dat.*] etwas ein•bilden
to be as light as a feather: federleicht sein
to feather one's own nest: sein Schäfchen ins trockene bringen

feed

to be fed up with something: etwas satt haben; von etwas die Nase voll haben; etwas bis hierher haben

feel

I feel cold: mich friert; mir ist kalt
to feel at home: sich wie zu Hause fühlen
to feel bad about something: etwas bedauern
to feel fit: sich wohl fühlen; in Form sein; auf der Höhe sein
to feel forced to: sich gezwungen fühlen (sehen) zu
to feel for someone: mit jm. Mitleid *n* haben
to feel happy: sich glücklich fühlen; glücklich sein
to feel like going to the movies: Lust *f* haben, ins Kino zu gehen
to feel lost: sich [*dat.*] verloren vor•kommen
to feel one's way through a dark room: sich durch das dunkle Zimmer tasten
to feel on top of the world: sich obenauf fühlen; auf der Höhe sein
to feel out of place: sich fremd fühlen
to feel smooth: sich glatt an•fühlen

to feel sorry for oneself: sich bemitleiden
to feel sure of something: von etwas überzeugt sein
to feel well: sich wohl fühlen
we feel sorry for them: sie tun uns leid

feeler
to put out feelers: einen Fühler aus•strecken

feeling
to hurt someone's feelings: js. Gefühle verletzen

feet
to be on one's feet again: wieder auf den Beinen sein; wieder auf dem Damm sein
to be swept off one's feet: sich hinreißen lassen
to get back on one's feet: wieder auf die Beine kommen
to get cold feet [*lit. and fig.*]: kalte Füße bekommen (kriegen); eine Heidenangst bekommen
to have two left feet: zwei linke Hände haben
to help someone back on his feet: jm. wieder auf die Beine helfen; jn. wieder auf den Damm bringen
to stand on one's own two feet: auf eigenen Füßen stehen

fence
to sit on the fence [*fig.*]: neutral bleiben

fend
to have to fend for oneself: auf sich [*acc.*] selbst angewiesen sein

fertile
to fall on fertile ground: auf fruchtbaren Boden fallen

few
few and far between: dünn gesät; vereinzelt
quite a few friends: ziemlich viele Freunde

fiction
truth is stranger than fiction: die Wirklichkeit kann seltsamer sein als ein Roman

fiddle
as fit as a fiddle: kerngesund; so gesund wie ein Fisch im Wasser
to play second fiddle [*lit. and fig.*]: zweite Geige spielen

field
in the field of atomic physics: auf dem Gebiet der Atomphysik
to lead the field: [*sports, etc.*] in Führung liegen; [*fig.*] das Rennen machen
to take the field: den Spielplatz betreten
to field a team: eine Mannschaft auf•stellen
to field the ball: den Ball auf•fangen

fifty
to go fifty-fifty with someone: mit jm. halb und halb (halbe-halbe) machen; halbpart machen

fight
a fight to the death: ein Kampf *m* auf Leben und Tod
to put up a good fight: sich wacker (tapfer) schlagen; einen guten Kampf kämpfen

to start a fight with someone: mit jm. einen Streit vom Zaun brechen
to be fighting a losing battle: auf verlorenem Posten kämpfen
to fight it out: es aus•fechten (durch•kämpfen)
to fight off an attack: einen Angriff ab•wehren
to fight tooth and nail: mit aller Kraft kämpfen; mit Händen und Füßen kämpfen
to fight to the last: bis zum letzten kämpfen

figure

to have a good figure: eine gute Figur haben
to keep one's figure: die gute Figur behalten
to run into four figures: in die Tausende gehen
to watch one's figure: auf die schlanke Linie achten
to figure on his help: mit seiner Hilfe rechnen
to figure something out: [*mathematics*] etwas aus•rechnen; [*comprehend*] etwas kapieren (begreifen)
to figure up: zusammen•rechnen; addieren

file

the rank and file: [*military*] gemeine Soldaten; [*general*] die breite Masse
to be on file: bei den Akten liegen
to go single file: im Gänsemarsch gehen
to put something on file: etwas zu den Akten legen; etwas auf•bewahren
to file a complaint: eine Klage ein•reichen

fill

to eat one's fill: sich satt essen
to have one's fill of something [*fig.*]: etwas satt haben; die Nase voll von etwas haben
to fill a need (gap, void): eine Lücke aus•füllen
to fill a position: eine Stellung inne•haben (bekleiden)
to fill a tooth: einen Zahn plombieren
to fill out a form: ein Formular aus•füllen
to fill someone in on the details: jn. über die Einzelheiten informieren (unterrichten)
to fill someone's shoes: js. Amt *n* (Stellung *f*, usw.) übernehmen
to fill the bill: allen Ansprüchen genügen

film

to develop a film: einen Film entwickeln
to direct a film: einen Film inszenieren
to produce a film: einen Film produzieren
to shoot a film: einen Film drehen
to show a film: einen Film zeigen
to film a novel: einen Roman verfilmen

find

he finds it difficult: es fällt ihm schwer
she finds it easy: es fällt ihr leicht
to be found guilty: für schuldig befunden werden
to be found wanting: mangelhaft befunden werden
to be found wanting in: fehlen (mangeln) an [*dat.*]

to find a way out: einen Ausweg finden
to find it in one's heart to do something: es übers Herz bringen, etwas zu tun
to find oneself: seine Kräfte (Talente) entdecken
to find one's way: sich zurecht·finden
to find something out: etwas heraus·bekommen
to find time for: Zeit *f* erübrigen für
to find time to do it: die Zeit finden, es zu tun

fine
to get off with a fine: mit einer Geldstrafe davon·kommen
to pay a fine: eine Geldstrafe entrichten
one of these fine days: eines schönen Tages; dieser Tage

finger
to burn one's fingers: sich [*dat.*] die Finger verbrennen
to have a finger in the pie: die Hand (die Finger) im Spiel haben
to keep one's fingers crossed: den Daumen halten (drücken)
to not lift a finger: keinen Finger rühren (krumm machen); keinen Schlag tun
to put one's finger on it [*identify the problem*]: den Finger darauf legen
to slip through someone's fingers [*fig.*]: jm. durch die Lappen gehen; jm. entwischen
to wind someone around one's little finger: jn. um den kleinen Finger wickeln

fingertip
to have something at one's fingertips: [*at one's disposal*] etwas bei der Hand haben; [*know thoroughly*] etwas wie am Schnürchen können (wissen, kennen)

finish
from start to finish: von Anfang bis (zu) Ende
to put the finishing touches on something: die letzte Hand an etwas [*acc.*] legen; etwas [*dat.*] (einer Sache) den letzten Schliff geben

fire
out of the frying pan and into the fire: vom Regen in die Traufe
to add fuel to the fire: Öl ins Feuer gießen
to be on fire: brennen; in Brand stehen
to be under fire [*fig.*]: unter Beschuß (im Feuer) stehen
to catch fire: Feuer fangen
to cease fire: das Feuer ein·stellen
to come under fire: [*lit.*] unter Beschuß (ins Feuer) kommen; in die Schußlinie geraten; [*fig.*] heftig angegriffen (kritisiert) werden
to fan the fires [*lit. and fig.*]: das Feuer schüren
to fight fire with fire: mit gleicher Waffe zurück·schlagen; jm. mit gleicher Münze heim·zahlen
to light the fire: das Feuer an·zünden (an·stecken, an·machen)
to open fire: das Feuer eröffnen
to play with fire: mit dem Feuer spielen
to put out a fire: ein Feuer löschen
to set something on fire: etwas in Brand stecken
where's the fire? wo brennt's denn?

where there's smoke there's fire: wo Rauch ist, da ist auch Feuer; nichts ohne Ursache
to fire an employee: einen Angestellten entlassen
to fire a shot: einen Schuß ab·feuern (ab·geben)

first

at ~: am Anfang; zuerst; *at* ~ *sight*: beim ersten Blick; auf den ersten Blick; ~ *and foremost*: in erster Linie; vor allen Dingen; *for the* ~ *time*: zum ersten Male; *from the* ~: von Anfang an; *in the* ~ *place*: erstens; an erster Stelle
first come, first served: wer zuerst kommt, mahlt zuerst (wird zuerst bedient)
the first thing you know . . .: ehe man sich's versieht . . .
to attend the first night of a play: die Erstaufführung eines Theaterstückes besuchen
to fall head first: kopfüber (mit dem Kopf voran) fallen
to go first: voran·gehen

first aid

to render (give) someone first aid: jm. erste Hilfe leisten

first-class

to travel first-class: erster Klasse fahren

firsthand

to hear the news firsthand: die Nachricht aus erster Hand bekommen

fish

neither fish nor fowl: weder Fisch noch Fleisch
to drink like a fish: saufen wie ein Loch [*vulgar*]
to feel like a fish out of water: sich nicht ganz in seinem Element fühlen
to fish for compliments: nach Komplimenten fischen (angeln)
to fish in troubled waters: im trüben fischen

fist

to clench one's fist: die Faust ballen
to shake one's fist at someone: jm. mit der Faust drohen

fit

by fits and starts: stoßweise; dann und wann
to be a good fit [clothes]: gut sitzen (passen)
to throw a fit: an die Decke gehen; zornig werden
if the shoe fits, wear it: wen's juckt, der kratze sich
to fit into someone's plans: in js. Pläne passen
to fit like a glove: wie angegossen passen (sitzen)
the survival of the fittest: das Überleben der Kräftigsten (Lebenskräftigsten)
to feel fit: sich wohl fühlen; in Form sein; auf der Höhe sein
to keep fit: in Form bleiben
to see fit to do something: es für richtig (angebracht) halten, etwas zu tun

fix

to be in a fix: in der Klemme (Patsche) sitzen
I'll fix him for that: das werde ich ihm heimzahlen
to fix a price: einen Preis fest·setzen
to fix dinner: das Abendessen zu·bereiten

to fix the carburetor: den Vergaser reparieren
to fix the jury: die Geschworenen bestechen (kaufen)

flair
to have a flair for something: einen Flair für etwas haben

flame
an old flame: eine alte Flamme
to burst into flames: in Flammen geraten
to go up in flames: in Flammen auf·gehen

flat
to be as flat as a board: flach wie ein Brett sein
to fall flat: [*plans*] scheitern; [*performance*] keine Wirkung (keinen Erfolg) haben
to have a flat tire: eine Reifenpanne (einen Plattfuß) haben

flatter
the picture flatters her: die Aufnahme schmeichelt ihr; die Aufnahme zeigt sie im besten Licht
to flatter oneself that . . . : sich [*dat.*] ein·bilden, daß . . .

flaunt
to flaunt one's wealth: mit seinem Reichtum prunken
to flaunt regulations: den Vorschriften trotzen; die Vorschriften nicht beachten

fleece
to fleece someone: jn. rupfen

flesh
one's own flesh and blood: sein eigen Fleisch und Blut
the spirit is willing but the flesh is weak: der Geist ist willig, aber das Fleisch ist schwach
to go the way of all flesh: den Weg allen Fleisches gehen

flight
to put to flight: in die Flucht schlagen (jagen)
to seek one's safety in flight: sein Heil in der Flucht suchen
to take to flight: die Flucht ergreifen; fliehen

floor
on the first ~: im Erdgeschoß; *on the second ~*: im ersten Stock (Stockwerk); eine Treppe hoch; im zweiten Geschoß; *on the third ~*: im zweiten Stock (Stockwerk); zwei Treppen hoch; im dritten Geschoß
to have the floor: das Wort haben
to take the floor: das Wort ergreifen

fluent
to be fluent in a language: eine Sprache fließend (geläufig) sprechen

flux
to be in a state of flux: noch im Fluß sein; im Wandel begriffen sein

fly
a fly in the ointment: ein Haar *n* in der Suppe
to die off like flies: wie die Fliegen sterben
to harm not a fly: keiner Fliege etwas zuleide tun

as the crow flies: in der Luftlinie
how time flies: wie rasch die Zeit vergeht (verfliegt)
to come through with flying colors: sich glänzend bewähren; den Sieg davon·tragen
to fly into a rage: in die Luft gehen; in Wut geraten
with flying colors: mit fliegenden Fahnen; mit großem Erfolg

focus
to be out of focus: unscharf eingestellt sein
to bring into focus: [*lit.*] scharf ein·stellen; [*fig.*] in die richtige Perspektive setzen
to focus attention on something: sich auf etwas konzentrieren; etwas in den Brennpunkt des Interesses rücken
to focus one's attention on a matter: einer Sache besondere Aufmerksamkeit schenken (widmen)

follow
as follows: wie folgt
to be unable to follow someone [*fig.*]: jm. nicht folgen können
to follow a person's example: js. Beispiel *n* [*dat.*] folgen; sich [*dat.*] an jm. ein Beispiel nehmen
to follow a profession: einem Beruf nach·gehen
to follow close behind someone: gleich hinter jm. her·kommen; jm. dicht auf den Fersen folgen
to follow his lead: seinem Beispiel folgen
to follow in someone's footsteps: in js. Fußstapfen treten
to follow one's instincts: seinem Instinkt folgen
to follow one's nose: der (immer seiner) Nase nach·gehen
to follow orders: Befehle aus·führen; Befehlen gehorchen
to follow (take) someone's advice: js. Rat *m* befolgen
to follow someone's suggestion: js. Vorschlag *m* an·nehmen; auf js. Vorschlag *m* [*acc.*] ein·gehen
to follow suit: dasselbe tun
to follow the party line: linientreu sein; der Parteilinie folgen
to follow up an advantage: einen Vorteil aus·nutzen

fond
to be fond of singing (dancing): gern singen (tanzen)
to be fond of someone: jn. gern (lieb) haben
to grow fond of someone: jn. lieb·gewinnen

food
the food does not agree with him: das Essen bekommt ihm nicht
to provide food for thought: Stoff *m* zum Nachdenken geben

fool
no fool like an old fool: Alter schützt vor Torheit nicht
to be nobody's fool: nicht auf den Kopf gefallen sein; nicht von gestern sein
to make a fool of oneself: sich lächerlich machen
to make a fool of someone: jn. zum Narren halten
to play the fool: den Narren spielen; sich närrisch verhalten

to take someone for a fool: jn. für einen Narren halten
to fool someone: jn. hinters Licht führen; jn. übers Ohr hauen

foot
from head to foot: von Kopf bis Fuß; vom Scheitel bis zur Sohle
now the shoe is on the other foot: jetzt paßt es ihm nicht mehr
to get off on the right foot: einen guten Anfang machen; gut an•fangen
to go on foot: zu Fuß gehen
to have one foot in the grave: mit einem Fuß im Grabe stehen
to put one's best foot forward: sich von der (seiner) besten Seite zeigen
to put one's foot down: energisch ein•greifen; ein Machtwort sprechen
to put one's foot in one's mouth: ins Fettnäpfchen treten
to wait on someone hand and foot: jn. (von) hinten und vorne bedienen
to foot the bill: die Rechnung (Zeche) bezahlen

foothold
to gain a foothold: festen Fuß fassen

footing
to be on equal footing with: auf gleicher Stufe (gleichem Fuße) stehen mit
to lose one's footing: aus•gleiten; aus•rutschen

force
by ~: mit Gewalt; ~ *of habit*: die Macht der Gewohnheit
to come into force: in Kraft treten
to put into force: in Kraft setzen
to force a smile: sich zu einem Lächeln zwingen
to force someone's hand: jn. zwingen, vorzeitig zu handeln
to force someone to his knees: jn. auf (in) die Knie zwingen

forest
to miss the forest for the trees: den Wald vor lauter Bäumen nicht sehen

forgive
to forgive and forget: vergessen und vergeben; alten Groll vergessen

form
to be in form: in Form sein
to fill out a form: ein Formular aus•füllen

forth
and so forth (etc.): und so weiter (usw.); und so fort (usf.)

fortune
fortune smiles on someone: Fortuna lächelt jm.; jm. lächelt das Glück
to come into a fortune: zu Vermögen kommen
to cost someone a fortune: jn. ein Vermögen kosten
to make a fortune: sich [*dat.*] ein Vermögen erwerben
to seek one's fortune: sein Glück suchen

found
to be founded (based) on: sich gründen auf [*acc.*]; beruhen auf [*dat.*]
to found a university: eine Universität gründen

foundation
to lay the foundation for something [*lit. and fig.*]: den Grund legen zu etwas
to lay the foundation of a building: das Fundament eines Baus legen

four

to go on all fours: auf allen vieren kriechen

frankly

frankly . . . : offen gestanden . . . ; ehrlich gesagt . . .

free

free and easy: ungezwungen; ungeniert
he is free to go or to remain: es steht ihm frei, zu gehen oder zu bleiben
to be free of charge: kostenlos (gratis) sein
to do something of one's own free will: etwas aus freiem Willen (freiwillig, unaufgefordert) tun
to get off scot-free: ohne Bestrafung davon•kommen
to have a free hand in doing something: eine freie Hand haben, etwas zu tun
to set someone free: jn. befreien; jn. auf freien Fuß setzen

freeze

to freeze prices: einen Preisstopp durch•führen
to freeze to death: erfrieren; zu Tode frieren

friend

a friend in need is a friend indeed: in der Not erkennt man seine Freunde; Freunde in der Not gehen tausend auf ein Lot
friends and relations: Freunde und Verwandte
to be friends with: befreundet sein mit
to have a friend at court: den Papst zum Vetter haben
to make a friend: sich [*dat.*] einen Freund gewinnen
to make friends with someone: sich befreunden mit jm.; sich mit jm. an•freunden; [*reconcile*] sich mit jm. versöhnen
to part friends: als Freunde auseinander•gehen
to be on friendly terms with someone: mit jm. auf gutem Fuße stehen

frighten

to be frightened at: erschreckt sein über [*acc.*]; sich fürchten vor [*dat.*]
to frighten someone into doing something: jn. durch Angst (Schreck) dahin•bringen, etwas zu tun
to frighten someone out of doing something: jn. von etwas ab•schrecken; jn. durch Angst (Schreck) davon ab•bringen, etwas zu tun
to frighten someone to death: jn. zu Tode erschrecken

frog

to have a frog in one's throat: einen Frosch im Hals haben

front

from the front: von vorne
to be in front [*in competition*]: in Führung (Front) liegen
to fight at the front: an der Front kämpfen
to put up a big front: dreist (selbstsicher) auf•treten
eyes front! Augen geradeaus!

fruit

forbidden fruit: verbotene Früchte
to bear fruit [*lit. and fig.*]: Früchte tragen
to reap the fruits of one's labors: die Früchte seines Fleißes ernten

frying pan
out of the frying pan and into the fire: vom Regen in die Traufe

fuel
to add fuel to the fire: Öl ins Feuer gießen

full
at ~ speed: [*work, machinery*] auf vollen Touren; [*vehicle*] mit höchster Geschwindigkeit
to be full [*from eating*]: satt (voll) sein
to be full of anxiety: voller Angst sein
to have one's hands full [*fig.*]: die Hände voll zu tun haben
to pay in full: voll bezahlen

fun
for the fun of it: zum Spaß; des Spaßes halber
to have fun: Spaß haben; sich gut amüsieren
to make fun of someone: sich über jn. lustig machen
to say something in fun: etwas im Scherz (zum Spaß) sagen

fund
for lack of funds: aus Mangel an Geld

fuss
to make a fuss about something: von etwas viel Aufhebens machen

future
in the ~: zukünftig; in der Zukunft; *in the near ~*: in der nahen Zukunft
to have a bright future: eine große (glänzende) Zukunft haben

g

gab
to have the gift of gab: ein gutes Mundwerk haben

gain
nothing ventured, nothing gained: nichts gewagt, nichts gewonnen
to gain ground: (an) Boden gewinnen
to gain momentum: [*lit. and fig.*] an Schwungkraft *f* (Durchschlagskraft) gewinnen; [*fig.*] Schule *f* machen
to gain recognition: Anerkennung *f* finden
to gain the upper hand: die Oberhand gewinnen
to gain time: Zeit *f* gewinnen
to gain weight: zu•nehmen

gall
to have the gall to do something: die Stirn haben, etwas zu tun
to gall someone: jn. wurmen (kränken)

gallery
to play to the gallery [*fig.*]: nach Effekt haschen

game

the game is up: das Spiel ist aus; der Bart ist ab

to beat someone at his own game: jn. mit seinen eigenen Waffen schlagen

to play a losing game: ein verlorenes Spiel spielen (treiben); auf verlorenem Posten kämpfen

to play the game according to the rules: die Spielregeln beachten; [*fig.*] mit ehrlichen Mitteln kämpfen; fair handeln

gap

to bridge the gap: die Lücke aus•füllen; die Kluft überbrücken

to fill a gap (need, void): eine Lücke aus•füllen

to leave a gap: eine Lücke hinterlassen

gas

to let up on the gas: Gas weg•nehmen

to step on the gas: Gas geben

to turn off the gas: das Gas ab•stellen (ab•drehen)

to turn on the gas: das Gas an•stellen (an•drehen)

to gas up: tanken

gasp

to gasp for breath (air): nach Luft ringen (schnappen)

gather

to gather from someone's remarks that . . . : js. Bemerkungen [*dat.*] entnehmen, daß . . .

to gather information: Informationen sammeln (ein•holen); sich erkundigen

to gather one's thoughts: seine Gedanken sammeln

gauntlet

to run the gauntlet: Spießruten laufen

to throw down the gauntlet to someone: jm. den Fehdehandschuh hin•werfen

gear

to be in gear: in Gang sein

to be out of gear: außer Gang sein

to move into high gear [fig.]: alle Hebel in Bewegung setzen; sich ordentlich ins Zeug legen

to shift into first gear: in den ersten Gang schalten

to gear the supply to the demand: das Angebot auf die Nachfrage ab•stellen

general

in general: im allgemeinen

generate

to generate interest: Interesse erregen (erwecken)

to generate power: Kraft erzeugen

gentleman

to make a gentleman's agreement: ein Gentleman's Agreement treffen; eine Vereinbarung auf Treu und Glauben treffen

get

don't get me wrong: verstehen Sie mich nicht falsch

I don't get it: das verstehe (begreife, kapiere) ich nicht; hier komme ich nicht mit

to get after someone to do something: jn. drängen (an•halten), etwas zu tun

to get ahead [professionally]: beruflich voran•kommen; es zu etwas bringen
to get ahead of oneself: vor•greifen
to get ahead of someone: [*in a vehicle*] jn. überholen; [*in accomplishments*] jn. überflügeln (übertreffen); [*in line*] sich jm. vor•drängen
to get along with someone: sich mit jm. gut verstehen; mit jm. gut aus•kommen
to get around a regulation: eine Vorschrift umgehen; um eine Vorschrift herum•kommen
to get around to doing something: dazu kommen, etwas zu tun
to get away: entkommen
to get away with something: [*go unpunished*] ungeschoren (unbestraft) davon•kommen; [*abscond*] mit etwas durch•brennen
to get back at someone: sich an jm. rächen
to get back to the subject . . . : um aufs Thema zurückzukommen . . . ; um wieder auf besagten Hammel zurückzukommen . . .
to get behind: [*financially*] in Schulden geraten; [*in one's work*] zurück•fallen
to get better: [*recuperate*] gesund werden; sich erholen; [*improve*] sich bessern (verbessern)
to get by: durch•kommen; sich durch•schlagen
to get by without something: ohne etwas fertig werden; ohne etwas aus•kommen
to get down to brass tacks: zur Sache kommen
to get drunk: sich betrinken
to get going: [*to work*] an die Arbeit gehen; [*leave*] sich auf den Weg machen
to get hold of money: Geld auf•treiben
to get hold of something: etwas in die Hand bekommen; in den Besitz von etwas kommen
to get lost: [*in a car*] sich verfahren; [*on foot*] sich verlaufen; [*an object*] abhanden kommen
to get married to someone: sich mit jm. verheiraten; jn. heiraten
to get more than one bargained for: mehr erhalten als verdient (als erwartet)
to get nowhere with someone: bei jm. nichts erreichen
to get off lightly: mit einem blauen Auge davon•kommen; leichten Kaufes davon•kommen
to get oneself a new car: sich [*dat.*] ein neues Auto an•schaffen (kaufen)
to get one's own way: seinen Willen bekommen; seinen Kopf durch•setzen
to get on in years: in die Jahre kommen
to get on someone's nerves: jm. auf die Nerven gehen (fallen)
to get on well with someone: sich mit jm. gut verstehen; mit jm. gut aus•kommen
to get out of a task: sich vor einer Aufgabe drücken; eine Aufgabe umgehen
to get over an illness: von einer Krankheit genesen
to get over something [loss, disappointment]: über etwas [*acc.*] hinweg•kommen; etwas verschmerzen (überwinden)
to get ready [to go out]: sich fertig•machen
to get rid of someone: jn. los•werden
to get settled in a new city: sich in einer neuen Stadt ein•leben

to get sick: krank werden; erkranken

to get someone to do something: jn. dazu bringen, etwas zu tun; bewirken, daß jd. etwas tut

to get something across to someone: jm. etwas klar•machen (verständlich machen); jm. etwas erklären

to get something going [project, program]: etwas auf die Beine bringen; etwas in Gang bringen

to get something straight: etwas richtig verstehen

to get something under control: etwas in die Gewalt bekommen; etwas unter Kontrolle bringen

to get the situation under control: Herr der Lage werden

to get the work over with: die Arbeit hinter sich [*dat.*] bringen

to get the worst of it: den kürzeren ziehen

to get together with someone: mit jm. zusammen•kommen; sich treffen mit jm.

to get to know someone: jn. kennen•lernen

to get to like something: allmählich Geschmack an etwas [*dat.*] finden; auf den Geschmack von etwas kommen

to get to the point: zur Sache kommen; sich kurz fassen

to get up: auf•stehen

to get used to something: sich an etwas [*acc.*] gewöhnen

to get well: gesund werden; sich erholen; gesunden

to get wise to someone's schemes: hinter js. Intrigen [*dat.*] kommen

to get word that . . . : Nachricht bekommen, daß . . .

what are you getting at? worauf wollen Sie hinaus? was meinen Sie damit?

what has gotten into you? was ist in Sie gefahren?

ghost

he hasn't the ghost of a chance: er hat nicht die geringste Aussicht (Chance)

to give up the ghost: den Geist auf•geben

gift

don't look a gift horse in the mouth: einem geschenkten Gaul sieht man nicht ins Maul

I wouldn't have it as a gift: ich möchte es nicht geschenkt haben

to have the gift of gab: ein gutes Mundwerk haben

gist

the gist of the matter: der Kern der Sache; des Pudels Kern

give

give him my best: grüßen Sie ihn von mir

to give a good account of oneself: sich bewähren

to give an account of an event: über ein Ereignis Bericht erstatten

to give a talk: eine Rede halten

to give birth to a son: einen Sohn gebären

to give chase to someone: Jagd auf jn. machen

to give ground: zurück•weichen

to give in: nach•geben

to give in to temptation: der Versuchung erliegen

to give one's all: sein Letztes her•geben

to give oneself away: sich verraten

to give oneself up: sich freiwillig stellen; sich ergeben
to give one's time to something: einer Sache seine Zeit widmen
to give one's word: sein Wort geben
to give out [supplies]: aus•gehen; alle werden
to give rise to: Anlaß *m* geben zu; veranlassen; bewirken
to give someone an advance [in salary]: jm. Geld *n* vor•strecken (vor•schießen)
to give someone a piece of one's mind: jm. gehörig die Meinung sagen
to give someone confidence: jm. Vertrauen *n* ein•flößen
to give someone his book back: jm. sein Buch zurück•geben
to give someone to understand that . . . : jm. zu verstehen geben, daß . . .
to give the impression that . . . : den Eindruck erwecken, daß . . .
to give up smoking: sich [*dat.*] das Rauchen ab•gewöhnen
to give up the struggle: den Kampf auf•geben
to give way to the enemy: vor dem Feinde weichen

glad
to be glad of something: sich über etwas [*acc.*] freuen

glance
at first glance: beim ersten Blick; auf den ersten Blick; [*fig.*] an der Oberfläche
to take a glance at something: einen kurzen Blick auf etwas [*acc.*] werfen; etwas flüchtig betrachten

glimpse
to catch a glimpse of something: etwas flüchtig zu sehen bekommen

glitter
all that glitters is not gold: es ist nicht alles Gold, was glänzt

glory
to cover oneself with glory: sich mit Ruhm bedecken

gloss
to gloss over someone's mistakes: js. Fehler bemänteln (beschönigen)

glove
to fit like a glove: wie angegossen passen (sitzen)
to handle someone with kid gloves: jn. mit Glacehandschuhen an•fassen

glow
to speak of someone in glowing terms: über jn. in den höchsten Tönen reden

go
from the word go: von Anfang an; schon am Anfang
to be always on the go: immer auf Trab sein; immer auf dem Sprung sein
to have a go at a thing: sein Glück mit (in) etwas versuchen; etwas versuchen
that goes without saying: das versteht sich von selbst; das ist selbstverständlich
these colors don't go together: diese Farben passen nicht zueinander
to be going on twelve o'clock: auf zwölf gehen
to be going on twenty: auf die zwanzig gehen
to be going with someone: mit jm. gehen
. . . to go [food, drink]: . . . zum Mitnehmen
to go about one's business: seinen Geschäften nach•gehen
to go abroad: ins Ausland reisen

to go after something: nach etwas streben
to go against the grain: einem gegen (wider) den Strich gehen
to go all out: aufs Ganze gehen
to go all out to achieve something: alle Hebel in Bewegung setzen, um etwas zu erreichen; keine Mühe scheuen, um etwas zu erreichen
to go along: mit·gehen; mit·fahren
to go along with a suggestion: einem Vorschlag zu·stimmen
to go along with something: mit von der Partie sein
to go back on one's word: sein Wort brechen
to go broke: pleite machen (gehen)
to go by [*time*]: vergehen
to go by air: fliegen; das Flugzeug nehmen
to go by car: mit dem Auto fahren; den Wagen nehmen
to go by foot: zu Fuß gehen
to go by the book: nach den Vorschriften handeln
to go by the house: an dem Hause vorbei·gehen (vorbei·fahren)
to go by train: mit dem Zug (mit der Eisenbahn) fahren; den Zug nehmen
to go far to . . . : sehr (wesentlich) dazu bei·tragen zu . . .
to go for a walk: einen Spaziergang machen; spazieren·gehen
to go home: nach Hause gehen
to go hungry: hungern; Hunger leiden
to go in for something: sich für etwas interessieren; etwas gerne tun
to go insane: verrückt werden
to go into action [*military*]: in den Kampf ziehen; ins Gefecht kommen
to go into teaching: Lehrer werden
to go into the matter: die Angelegenheit gründlich untersuchen
to go off: [*bomb*] explodieren; hoch·gehen; [*alarm clock*] klingeln
to go off the air: Sendeschluß *m* machen
to go on ahead of someone: jm. voraus·gehen
to go on (*take*) *a trip*: eine Reise machen
to go one's own way: seine eigenen Wege gehen
to go on singing: weiter·singen
to go on the air: die Sendung beginnen; sich melden
to go out in the evening: abends aus·gehen
to go out of business: ein Geschäft auf·geben (auf·lösen)
to go out of fashion: aus der Mode kommen
to go out of one's way to do something: sich [*dat.*] besondere Mühe geben, etwas zu tun
to go over the details: die Einzelheiten überprüfen
to go over well: gut aufgenommen werden; Anklang *m* finden
to go someone one better: jn. übertrumpfen (überbieten)
to go steady: eine feste Freundin (einen festen Freund) haben
to go through a fortune: ein Vermögen durch·bringen
to go through a great deal: viel(es) durch·machen
to go through the luggage: das Gepäck durchsuchen
to go through with a thing: etwas zu Ende führen
to go to bed: zu Bett gehen; schlafen gehen

to go to church: in die Kirche gehen; zur Kirche gehen
to go too far: zu weit gehen; es zu bunt treiben
to go to pieces (objects): aus den Fugen gehen; [*persons*] die Fassung verlieren
to go to sleep: ein•schlafen
to go to the dogs: vor die Hunde gehen; auf den Hund kommen
to go well with something: zu etwas passen; mit etwas gut harmonieren
to go without something: etwas entbehren
to go wrong: [*plans*] fehl•gehen; schief•gehen; [*become delinquent*] auf Abwege geraten; auf die schiefe Bahn geraten; [*get lost*] falsch fahren; sich verfahren
to have nothing to go on: keinen Anhalt haben
to let it go at that: es dabei bewenden lassen
to let oneself go [health, appearance]: sich gehen lassen
to let something go (through, by): etwas durchgehen lassen
to be touch and go as to whether . . . : auf des Messers Schneide stehen, ob . . .

goad
to goad someone: jn. an•stacheln (an•spornen)

goal
to reach one's goal: sein Ziel erreichen
to set a goal for oneself: sich [*dat.*] ein Ziel setzen

God
act of ~: höhere Gewalt; ~ *willing*: so Gott will; *good* ~! du lieber Gott! du meine Güte!
God bless you! Gott segne dich! [*response to a sneeze*] Gesundheit!
God forbid! Gott bewahre (behüte)!
God helps those who help themselves: hilf dir selber, so hilft dir Gott
God knows . . . : Gott weiß . . .
God only knows: das weiß Gott allein
praise be to God! gelobt sei Gott!
so help me God! so wahr mit Gott helfe!
thank God! Gott sei Dank!
to be in God's hands: in Gottes Hand sein (stehen, liegen)
to hope to God: zu Gott hoffen
to take God's name in vain: den Namen Gottes mißbrauchen

godsend
to be a godsend: ein wahrer Segen sein; ein gefundenes Fressen sein

goings-on
goings-on: Tun und Treiben *n*

gold
all that glitters is not gold: es ist nicht alles Gold, was glänzt
to be as good as gold: kreuzbrav sein
to be worth its weight in gold: Goldes wert sein; sich nicht mit Gold aufwiegen lassen
to have a heart of gold: ein goldenes Herz haben

golden
the golden mean: der goldene Mittelweg; die goldene Mitte
to follow the golden rule: die goldene Regel befolgen

to pass up a golden opportunity: eine günstige Gelegenheit verpassen; sich [*dat.*] eine günstige Gelegenheit entgehen lassen

good

a ~ many: ziemlich viele; *as ~ as*: so gut wie; *for ~*: für immer; endgültig; *~bye*: auf Wiedersehen; *~ Friday*: Karfreitag *m*; *~ heavens*! du liebe Zeit! *~-looking*: gut aussehend; *~-natured*: gutmütig; gutherzig; *~ will*: [*business*] Goodwill *m*; [*general*] freundliche Gesinnung; *in ~ faith*: in gutem Glauben

he will come to no good: aus ihm wird nichts; er wird ein schlechtes Ende nehmen

to be up to no good: Böses (nichts Gutes) im Schilde führen

to do good: Gutes tun

to return good for evil: Böses mit Gutem vergelten

a good two hours: gut zwei Stunden

good for you! gut gemacht! Bravo!

please be so good as to . . . : haben Sie bitte die Güte zu . . . ; seien Sie bitte so gut zu . . .

that holds good for him too: das gilt für ihn auch

to be as good as gold: kreuzbrav sein

to be as good as one's word: zu seinem Wort stehen; sein Wort halten

to be good at something: geschickt in etwas [*dat.*] sein

to be good for nothing: [*things*] nichts nützen; [*persons*] ein Taugenichts *m* (Nichtsnutz) sein

to be good for someone [*food*]: gesund sein

to have a good time: sich gut amüsieren

to make good [*succeed*]: Erfolg *m* haben; es zu etwas bringen

to make good one's promise: sein Versprechen halten (erfüllen)

to make good the damages: den Schaden ersetzen (wiedergut·machen)

too much of a good thing: zuviel des Guten

to put in a good word for a person: für jn. ein gutes Wort ein·legen

what good is it? wozu denn das? was nützt es?

goodness

for ~ sake: um Himmels (Gottes) willen; *my ~*! du meine Güte! du liebe Zeit!

thank goodness! Gott sei Dank!

goose

to cook someone's goose: jn. erledigen; jm. die Suppe versalzen; jm. den Garaus machen

to kill the goose that lays the golden eggs: das Huhn schlachten, das die goldenen Eier legt

to get goose pimples: eine Gänsehaut kriegen

gospel

to take something for gospel: etwas fürs Evangelium nehmen; etwas für bare Münze nehmen

grace

by the grace of God: durch die Gnade Gottes

his saving grace is his politeness: das, was ihn rettet, ist seine Höflichkeit *to be in someone's good graces*: bei jm. gut angeschrieben sein; js. Gunst *f* genießen

to say grace: das Tischgebet sprechen

grade

to make the grade: den Anforderungen gewachsen sein; Erfolg *m* haben; es schaffen

to grade papers: Arbeiten (Schularbeiten) korrigieren

graduate

to graduate from Duke University: sein Studium an der Duke Universität absolvieren (ab•schließen)

to graduate from high school: die High School absolvieren

grain

to go against the grain: einem gegen (wider) den Strich gehen

to take something with a grain of salt: etwas cum grano salis nehmen; etwas nicht zu ernst nehmen; etwas nicht so genau nehmen

grant

granted that . . . : gesetzt (angenommen), daß . . .

to grant a request: eine Bitte gewähren (erfüllen)

to grant someone an interview: jm. ein Interview gewähren

to grant someone asylum: jm. Asyl *n* gewähren

to grant someone permission: jm. die Erlaubnis geben

to take something for granted: etwas als selbstverständlich betrachten (an•nehmen)

grape

sour grapes: saure Trauben

grapevine

to hear through the grapevine that . . . : ein Gerücht hören, daß . . .

grasp

to have a good grasp of the subject: den Stoff beherrschen

to grasp at straws: nach einem Strohhalm greifen

grave

to dig one's own grave: sich [*dat.*] sein eigenes Grab graben

to have one foot in the grave: mit einem Fuß im Grabe stehen

to turn in one's grave: sich im Grabe um•drehen

gray

to turn gray because of something: graue Haare wegen etwas [*gen. or dat.*] bekommen

Greek

to be Greek to someone: für jn. böhmische Dörfer sein

green

to be green with envy: vor Neid blaß (grün, gelb) werden (sein)

grin

to grin and bear it: gute Miene zum bösen Spiel machen

grind

to be a grind: [*academic studies*] eine Paukerei (Büffelei) sein; [*work*] eine Plackerei sein

to grind one's teeth: mit den Zähnen knirschen

grindstone

to keep one's nose to the grindstone: schuften; ununterbrochen (pausenlos) arbeiten; sich ab·mühen

grip

to come to grips with a problem: sich mit einem Problem auseinander·setzen; einem Problem zu Leibe gehen (rücken)

to have something in one's grip: etwas in der Gewalt haben; etwas im Griff haben

to lose one's grip: [*lit.*] den Griff verlieren; [*fig*]. die Gewalt über etwas [*acc.*] verlieren

grist

to be grist to one's mill: Wasser auf js. Mühle *f* [*acc.*] sein

grope

to grope for the right word: nach dem passenden Wort suchen

to grope in the dark [*lit. and fig.*]: im Dunkeln herum·tappen

to grope one's way: tastend seinen Weg suchen

ground

to break ground: [*plow*] Erde um·graben; [*fig.*] ein neues Unternehmen vor·bereiten

to break new ground [*fig.*]: neue Wege ein·schlagen; neue Gebiete (ein neues Gebiet) erschließen

to cover a lot of ground: [*distance*] eine lange Strecke zurück·legen; [*in a lecture*] viel behandeln

to fall on fertile fround: auf fruchtbaren Boden fallen

to gain ground: (an) Boden gewinnen

to gain ground on someone: jm. Boden ab·gewinnen

to get off the ground [*discussion*]: in Gang kommen

to give ground: zurück·weichen

to lose ground: (an) Boden verlieren

to rest on solid ground: auf festem Boden stehen

to stand one's ground: seinen Mann stehen; sich behaupten; stand·halten; nicht nach·geben

to be grounded [*airplane*]: Startverbot haben

to be grounded in [*based on*]: wurzeln in [*dat.*]; gegründet sein auf [*dat.*]

grow

the song grows on me: das Lied gefällt mir (mit der Zeit) immer besser

to grow a beard: sich [*dat.*] einen Bart wachsen lassen

to grow into [*develop*]: sich entwickeln zu

to grow old: alt werden

to grow on someone: jm. zur zweiten Natur werden

to grow tired of something: etwas [*gen.*] müde (überdrüssig) werden

to grow up: auf·wachsen; heran·wachsen

grudge

to bear a grudge against someone: einen Groll hegen gegen (auf) jn.

guard

to be caught off guard: sich überrumpeln lassen

to be on one's guard: auf der Hut sein

to put someone on his guard against something: jn. vor etwas [*dat.*] warnen
to stand guard: Wache *f* halten
to guard against something: sich vor etwas [*dat.*] hüten
to guard someone [*sports*]: jn. decken

guess
take a guess! raten Sie mal!
to make a guess at something [*estimate*]: etwas ab·schätzen
I guess so: ich nehme (wohl) an
I guess that he will come: ich glaube wohl (vermute), daß er kommt
to guess someone's age: js. Alter *n* erraten

guideline
to follow the guidelines: die Richtlinien beachten; sich an die Richtlinien halten
to lay down guidelines: Richtlinien geben

guilty
to be guilty of a crime: eines Verbrechens schuldig sein
to be guilty on all counts: in allen Punkten schuldig sein
to bring in a verdict of guilty: ein Urteil auf schuldig fällen
to find someone guilty: jn. für schuldig erklären
to have a guilty conscience: ein schlechtes Gewissen haben
to plead guilty: sich schuldig bekennen

guise
under the guise of: unter dem Deckmantel [*gen.*]

gun
to jump the gun: [*in a race*] vorzeitig (vor dem Pistolenschuß) starten; [*fig.*] vorzeitig an·fangen
to stick to one's guns: von seinem Standpunkt (seinen Grundsätzen) nicht ab·gehen (ab·weichen)

gunpoint
at gunpoint: mit vorgehaltenem Revolver

gutter
to wind up in the gutter: in der Gosse enden

h

habit
force of habit: die Macht der Gewohnheit
it has become a habit with him: es ist ihm zur Gewohnheit geworden
to be in the habit of doing something: die Gewohnheit haben (gewohnt sein), etwas zu tun
to break a habit: sich [*dat.*] etwas ab·gewöhnen
to do something out of habit: etwas aus Gewohnheit tun
to get into the habit of doing something: es sich [*dat.*] an·gewöhnen, etwas zu tun

hail

to hail a taxi: ein Taxi heran•winken

hair

his hair stands on end: ihm stehen die Haare zu Berge
to get in each other's hair: sich [*dat.*] in den Haaren liegen
to have one's hair done: sich frisieren lassen
to lose one's hair: die Haare verlieren
to part one's hair on the left: sein Haar links scheiteln
to set one's hair: sich [*dat.*] das Haar machen; [*in curlers*] das Haar ein•drehen (auf•rollen)
to split hairs: Haarspalterei treiben; Haare spalten
to tear one's hair out: sich [*dat.*] die Haare aus•raufen (aus•reißen)
to wear one's hair short: das Haar kurz tragen

half

~ a pound: ein halbes Pfund; *~ as much again*: anderthalbmal soviel; *~-past three*: halb vier; *in ~*: entzwei; *in ~ an hour*: in einer halben Stunde
I have half a mind to tell him: ich hätte beinahe Lust, es ihm zu sagen
to buy something at half price: etwas zum (für den) halben Preis kaufen
to go halves with a person: mit jm. halb und halb (halbe-halbe) machen; halbpart machen

halfway

to meet someone halfway [*lit. and fig.*]: jm. (jn.) auf halbem Wege entgegen•kommen (treffen)

halt

to bring something to a halt: [*motion*] etwas zum Stehen bringen; [*to an end*] einer Sache ein Ende machen (setzen)

hand

at first ~: aus erster Hand; *by ~*: mit der Hand; *~ in ~*: Hand in Hand; *~s off*! Hände weg! *~s up*! Hände hoch! *near at ~*: [*place*] dicht dabei; in der Nähe; [*time*] vor der Tür; *on the one (other) ~*: auf der einen (anderen) Seite; einerseits (andererseits)
by show of hands: durch Aufheben der Hände
someone's hands are tied: jm. sind die Hände gebunden
the situation is out of hand: die Situation ist außer Kontrolle
to ask for someone's hand [*in marriage*]: um js. Hand *f* an•halten
to be an old hand at: ein alter Praktikus sein in [*dat.*]
to be close at hand [*time*]: vor der Tür stehen
to be in God's hands: in Gottes Hand sein (stehen, liegen)
to be in good hands: in guten Händen sein
to be on hand: zur Stelle (Hand) sein
to be on hand for: zugegen sein bei
to be someone's right hand (*right-hand man*): js. rechte Hand sein
to change hands [*ownership*]: den Besitzer wechseln; in andere Hände über•gehen
to eat out of someone's hand: jm. aus der Hand fressen

to force someone's hand: jn. zu vorzeitigem Handeln zwingen
to gain the upper hand: die Oberhand gewinnen
to get one's hands on something: etwas in die Finger kriegen; die Hand auf etwas [*acc.*] legen
to get out of hand: [*festivity*] außer Rand und Band geraten; [*situation*] außer Kontrolle geraten
to give someone a hand: [*applause*] jm. Beifall *m* klatschen; [*assistance*] jm. behilflich sein; jm. helfen
to go from hand to hand: von Hand zu Hand gehen
to have a free hand: freie Hand haben; freies Spiel haben
to have a hand in doing something: bei etwas beteiligt sein
to have one's hands full: die Hände voll zu tun haben
to have someone on one's hands: jn. auf dem Halse haben
to have something on hand: etwas zur (bei der) Hand haben
to have the situation well in hand: Herr der Lage sein; die Situation fest in der Hand haben
to have time on one's hands: Zeit zum Vertrödeln haben; viel Zeit haben
to join hands: sich [*dat.*] die Hände reichen; [*fig.*] sich verbünden
to keep one's hands off something: die Finger von etwas lassen
to lay hands on something: einer Sache habhaft werden
to lead someone by the hand: jn. an der Hand führen
to lend a hand: Hand an·legen; mit·helfen
to lend someone a hand: jm. behilflich sein; jm. helfen
to live from hand to mouth: von der Hand in den Mund leben
to pass through many hands: durch viele Hände gehen
to play into someone's hands: jm. in die Hände arbeiten (fallen)
to shake hands with someone: jm. die Hand geben
to show one's hand [*fig.*]: seine Karten auf·decken
to take someone by the hand: jn. bei der Hand nehmen
to take something in hand: etwas in die Hand nehmen
to take something off someone's hands: jm. etwas ab·nehmen (ab·kaufen)
to take the law into one's own hands: sich [*dat.*] selbst Recht verschaffen
to talk with one's hands: mit den Händen reden
to try one's hand at something: sich in etwas [*dat.*] versuchen; sein Glück versuchen mit etwas
to wait on someone hand and foot: jn. (von) hinten und vorne bedienen
to wash one's hands: [*lit.*] sich [*dat.*] die Hände waschen; [*disclaim responsibility*] seine Hände in Unschuld waschen; die Verantwortung ab·lehnen (für)
to win hands down: spielend leicht gewinnen (siegen)
to wring one's hands over something: die Hände ringen vor etwas [*dat.*]
to hand in a paper: eine Arbeit ein·reichen
to hand on something: etwas weiter·geben; [*to descendants*] etwas überliefern
to hand out something: etwas aus·teilen
to hand something over to someone: jm. etwas übergeben
you have to hand it to him: das muß man ihm lassen
to catch someone red-handed: jn. auf (bei) frischer Tat ertappen (erwischen)

handy

to be handy at something: geschickt sein in etwas [*dat.*]

to come in handy: nützlich sein; jm. zustatten (gelegen) kommen

hang

to get the hang of something: den Dreh heraus•bekommen, wie man etwas macht

to be hanging by a thread: an einem Faden hängen

to hang around: herum•lungern; sich herum•treiben

to hang in the balance: an einem dünnen Faden hängen; in der Schwebe sein

to hang one's head: den Kopf hängen lassen

to hang up [*telephone*]: ein•hängen

hangover

to have a hangover: einen Kater haben

happen

do you happen to know . . . ? wissen Sie zufällig . . . ?

harm

there's no harm in asking: Fragen schadet (kostet) nichts

to come to harm: zu Schaden kommen

to mean no harm: nichts Böses meinen; nichts Böses im Sinne haben

has-been

he is a has-been; er hat seine Glanzzeit überschritten; seine Glanzzeit ist vorüber; er ist aus den besten Jahren heraus

haste

haste makes waste: Eile mit Weile

to make haste: sich beeilen

hat

at the drop of a hat: bei dem geringsten Anlaß

to keep something under one's hat: etwas vertuschen (geheimhalten); etwas für sich behalten

to pass the hat around: Geld *n* ein•sammeln

to take one's hat off to someone [*fig.*]: vor jm. den Hut ziehen (ab•nehmen)

to talk through one's hat: Unsinn *m* reden

hatchet

to bury the hatchet: das Kriegsbeil (die Streitaxt) begraben

hate

to hate the sight of someone: jn. in den Tod hassen; jn. nicht ausstehen (leiden) können

have

have it your own way! ganz wie Sie wollen!

to have a look at it: es sich [*dat.*] an•sehen

to have a new coat on: einen neuen Mantel an•haben

to have in mind: im Sinne haben

to have it good: es gut haben

to have it out with a person over: sich mit jm. auseinander•setzen wegen [*gen. or dat.*]

to have on account: auf dem Konto haben

to have something against someone: etwas gegen jn. haben

to have something done: etwas tun lassen
to have to do it: es tun müssen
to have to do with someone: mit jm. zu tun haben

havoc
to play havoc with something: etwas durcheinander•bringen

hay
to make hay while the sun shines: das Eisen schmieden, solange es heiß ist

head
from head to foot: von Kopf bis Fuß; vom Scheitel bis zur Sohle
head over heels: Hals über Kopf; kopfüber
his head is swimming: ihm schwindelt der Kopf
to beat one's head against a stone wall: mit dem Kopf gegen die Wand rennen
to be at the head of a group: an der Spitze einer Gruppe stehen
to be head and shoulders above someone: jm. haushoch überlegen sein
to be head-over-heels in love: bis über die Ohren verliebt sein
to be the head of something: der Leiter (Kopf) von etwas sein
to be unable to make heads or tails of something: aus etwas nicht klug werden; aus etwas keinen Deut machen können
to bring something to a head: etwas auf die Spitze treiben
to bury one's head in the sand: den Kopf in den Sand stecken; Vogelstraußpolitik betreiben
to come into a person's head: jm. in den Sinn kommen
to come to a head: [*wound*] eitern; [*crisis*] zu einer Entscheidung (Krise) kommen
to go over someone's head: jn. übergehen
to go to one's head: [*success*] jm. zu Kopf steigen; [*drink*] in die Beine gehen
to hang one's head: den Kopf hängen•lassen
to keep one's head: die Ruhe (Fassung) bewahren
to keep one's head above water: sich (den Kopf) über Wasser halten
to lose one's head: den Kopf verlieren
to nod one's head: mit dem Kopf nicken
to put heads together: die Köpfe zusammen•stecken; sich beraten
to shake one's head: den Kopf schütteln
to stand on one's head: auf dem Kopf stehen
to talk someone's head off: jn. durch vieles Reden ermüden
to turn a person's head: jm. den Kopf verdrehen
to head a list: an der Spitze einer Liste stehen
to head for Paris: nach Paris fahren
to head for the hills: sich aus dem Staube machen; Fersengeld geben

headline
to be in the headlines: Schlagzeilen machen

headlong
to plunge headlong into something: sich kopfüber in etwas [*acc.*] stürzen

head-on
to meet something head-on [*fig.*]: einer Sache die Spitze bieten

head start
to have a head start over someone: einen Vorsprung vor jm. haben

headway

to make headway: gut voran·kommen; Fortschritte machen

health

to be good (bad) for one's health: der Gesundheit zuträglich (abträglich, schädlich) sein
to be the picture of health: von Gesundheit strotzen
to enjoy good health: sich guter Gesundheit erfreuen
to ruin one's health: die Gesundheit ruinieren (untergraben)

hear

he will not hear of it: er will nichts davon wissen
to hear a person out: jn. ausreden lassen
to hear from a friend: von einem Freund hören
to be hard of hearing: schwerhörig sein

heart

at ~: im Grunde; *the ~ of the matter*: der Kern der Sache; *with ~ and soul*: mit Leib und Seele; von ganzer Seele; *with heavy ~*: schweren Herzens
after one's own heart: nach js. Herzen *n*
from the bottom of one's heart: aus tiefstem Herzen; aus Herzensgrund
her heart stood still: das Herz stand ihr still
his heart belongs to her: sein ganzes Herz gehört ihr
his heart is in his throat: das Herz schlägt ihm bis zum Halse
to break someone's heart: jm. das Herz brechen
to come from the heart: von Herzen kommen
to cry one's heart (eyes) out: sich [*dat.*] die Augen aus·weinen
to die of a broken heart: an gebrochenem Herzen sterben
to do something to one's heart's content: etwas nach Herzenslust tun
to eat one's heart out: sich vor Gram (in seinem Gram) verzehren
to find it in one's heart to do so: es übers Herz bringen, es zu tun
to get to the heart of the matter: einer Sache auf den Grund gehen (kommen)
to give someone one's heart: jm. das Herz schenken
to have a heart of gold: ein goldenes Herz haben
to have a heart of stone: ein steinernes Herz haben; ein Herz von Stein haben
to have one's heart in it [work, etc.]: mit dem Herzen dabei sein
to have one's heart in the right place: das Herz auf dem rechten Fleck haben
to have one's heart set on something: sein Herz an etwas [*acc.*] hängen; auf etwas [*acc.*] erpicht sein
to know by heart: auswendig kennen
to learn by heart: auswendig lernen
to lose heart: den Mut verlieren (sinken lassen)
to lose one's heart to someone: sein Herz an jn. verlieren
to not have the heart to do something: es nicht übers Herz bringen können, etwas zu tun; nicht das Herz haben, etwas zu tun
to one's heart's content: nach Herzenslust; nach Belieben
to pour one's heart out to someone: jm. das Herz aus·schütten
to speak from the heart: frei (frisch) von der Leber weg sprechen
to take heart: sich [*dat.*] ein Herz fassen; Mut fassen

to take something to heart: sich [*dat.*] etwas zu Herzen nehmen
to wear one's heart on one's sleeve: das Herz auf der Zunge tragen
to win her heart: ihr Herz gewinnen
to wish with all one's heart: von ganzem Herzen wünschen
to have a heart-to-heart talk with someone: mit jm. eine offene Aussprache haben
to have heart trouble: es mit dem Herzen zu tun haben; herzkrank sein

heat
in the heat of the moment: in der Hitze des Gefechts; im Eifer des Gefechts
to be in heat [*animals*]: läufig sein

heaven
for heaven's sake! um Gottes (Himmels) willen!
heaven forbid! Gott bewahre (behüte)!
heaven knows: (das) weiß der Himmel; das wissen die Götter
heaven on earth: der Himmel auf Erden
thank heaven: Gott sei Dank
to be in seventh heaven: im siebenten Himmel sein
to go to heaven: in den Himmel kommen
to move heaven and earth: Himmel und Erde (alle Hebel) in Bewegung setzen

heed
to pay heed to: acht•geben auf [*acc.*]; beachten

heel
head-over-~s: Hals über Kopf; kopfüber; *on the ~s of* [*immediately after*]: gleich nach
to let someone cool his heels: jn. zappeln lassen
to take to one's heels: aus•reißen; Fersengeld geben; die Beine in die Hand nehmen
to be head-over-heels in love: bis über die Ohren verliebt sein

height
to be five feet in height: fünf Fuß hoch sein ([*persons*] groß sein)
to be the height of foolishness: der Gipfel der Torheit sein

help
God helps those who help themselves: hilf dir selber, so hilft dir Gott
I can't help thinking that . . . : ich kann nicht umhin, zu denken, daß . . .
it can't be helped: es läßt sich nicht ändern
one can't help it that . . . : man kann nichts dafür, daß . . .
please help yourself: bedienen Sie sich, bitte
to help someone back on his feet: jm. auf die Beine helfen
to help someone out: jm. aus•helfen

hem
to hem and haw: sich krümmen und winden; herum•drucksen

here
~ and now: sofort; ohne Verzug; *~ and there*: da und dort; hier und da
here goes! also los!
to be neither here nor there: nicht zur Sache gehören; weder Fisch noch Fleisch sein

hesitate

to hesitate in doing something: etwas nur zögernd tun

hide

to save one's own hide: seine eigene Haut retten

to tan someone's hide: jm. das Fell gerben

to hide one's light under a bushel: sein Licht unter den Scheffel stellen

hide-and-seek

to play hide-and-seek: Versteck spielen

high

from on high: von oben; vom Himmel herab

to reach a new high: einen neuen Rekord erreichen

it is high time: es ist höchste Zeit (Eisenbahn)

to be in high spirits: bei guter Laune sein; in gehobener Stimmung sein; gut aufgelegt sein

to be left high and dry: auf dem trockenen sitzen

to belong to high society: zu den oberen Zehntausend (zur High Society) gehören

to search (look) high and low for something: überall nach etwas suchen; etwas in allen Ecken und Winkeln suchen

highly

to speak highly of someone: von jm. lobend sprechen

to think highly of a person: von jm. viel halten; von jm. eine hohe Meinung haben; große Stücke auf jn. halten

hill

as old as the hills: uralt

to be over the hill: [*past the crisis*] über den Berg sein; [*past one's prime*] aus den besten Jahren heraus·sein

to head for the hills: sich aus dem Staube machen; Fersengeld geben

hint

to drop a broad hint: einen Wink mit dem Zaunpfahl geben

to drop a hint: einen Wink geben

to take a hint: einen Wink verstehen

to hint at something: auf etwas [*acc.*] an·spielen

history

to go down in history: in die Geschichte ein·gehen

to make history: Geschichte machen

hit

~-and-run: Fahrerflucht *f*; *~ or miss*: aufs Geratewohl; *~ song*: Schlager *m*

to be hard hit by something: schwer getroffen sein durch etwas

to hit below the belt: [*boxing*] einen Tiefschlag führen (geben, tun); unter der Gürtellinie treffen; [*fig.*] unfair handeln (kämpfen)

to hit it off with someone: mit jm. gut aus·kommen; sich mit jm. gut verstehen

to hit the ceiling: an die Decke gehen

to hit the mark [*lit. and fig.*]: ins Schwarze treffen

to hit the nail on the head: den Nagel auf den Kopf treffen
to hit upon an idea: auf eine Idee kommen

hitch

there's a hitch to it: die Sache hat einen Haken
to go off without a hitch: sich reibungslos ab•wickeln

hitchhike

to hitchhike: per Anhalter fahren; trampen

hog

to go whole hog: aufs Ganze gehen
to live high off the hog: in Saus und Braus leben; wie Gott in Frankreich leben

hold

to have a hold on a person: Einfluß *m* auf jn. haben
to lay hold of a thing: etwas erfassen (ergreifen)
to take hold: Fuss *m* fassen
to hold a liter: ein Liter enthalten
to hold a meeting: eine Versammlung (Meeting *n*) ab•halten
to hold an office: ein Amt bekleiden (inne•haben)
to hold at bay: in Schach halten; hin•halten
to hold a view: eine Ansicht vertreten
to hold down a position: eine Stellung haben (inne•haben)
to hold in check: in Schach (im Zaume) halten
to hold off from doing something: etwas auf•schieben; etwas auf die lange Bank schieben
to hold on [telephone]: am Apparat bleiben
to hold one's attention: js. Aufmerksamkeit *f* fesseln; jn. fesseln
to hold one's breath: den Atem an•halten
to hold one's nose: sich [*dat.*] die Nase zu•halten
to hold one's own: sich behaupten; seinen Mann stehen
to hold one's tongue: den Mund halten; schweigen
to hold on to something: sich an etwas [*dat.*] halten; etwas fest•halten
to hold someone responsible for: jn. verantwortlich machen für
to hold someone to his word: jn. beim Worte halten
to hold someone up: [*detain*] jn. auf•halten; [*rob*] jn. überfallen
to hold something against someone: jm. etwas übel•nehmen
to hold the attention of an audience: die Zuhörer fesseln (in Spannung halten)
to hold the line [telephone]: am Apparat bleiben
to hold true for: gelten für
to hold water: wasserdicht sein; [*fig.*] stichhaltig sein

hole

to be in a hole: [*general*] in der Klemme (Patsche) sitzen; [*financial*] in Schulden stecken
to punch holes in something [fig.]: etwas bekritteln (bemängeln)

homage

to pay homage to someone: jm. huldigen

home

to be at home: zu Hause sein
to be at home in a field: in einem Fachgebiet bewandert (zu Hause) sein

to build a home: sich [*dat.*] ein Haus bauen
to come (go) home: nach Hause kommen (gehen)
to drive something home to someone: jm. etwas ein•bleuen (klar•machen)
to feel at home: sich zu Hause fühlen
to hit home: den rechten Fleck treffen; zu•treffen
to make oneself at home: es sich [*dat.*] gemütlich machen
to see someone home: jn. nach Hause begleiten
to stay at home: zu Hause bleiben

homesick
to be homesick: Heimweh *n* haben

honesty
honesty is the best policy: ehrlich währt am längsten

honeymoon
the honeymoon is over: der Traum ist aus
to be on one's honeymoon: Flitterwochen haben
to go on a honeymoon: eine Hochzeitsreise machen

honor
in honor of someone: jm. zu Ehren
on my honor: auf mein Ehrenwort
to be a point of honor: eine Ehrensache sein
to be on one's honor to do something: moralisch verpflichtet sein, etwas zu tun
to do honor to someone: jm. Ehre machen
to do the honors [in introducing people]: die Honneurs machen
to pay honor to someone: jm. Ehre erweisen
to put someone on his honor: jm. das Ehrenwort ab•nehmen

hook
by hook or by crook: so oder so
to fall for something hook, line, and sinker: auf etwas [*acc.*] ganz schön herein•fallen ('rein•fallen)

hooky
to play hooky: die Schule schwänzen

hope
a ray of hope: ein Lichtblick *m*
in the hope that . . . : in der Hoffnung, daß . . .
to be past hope: hoffnungslos sein; ein hoffnungsloser Fall sein
to get one's hopes up too high: seine Erwartungen zu hoch spannen
to give up hope: alle Hoffnungen auf•geben
to lose hope: die Hoffnung verlieren
to raise one's hopes: js. Hoffnungen wecken (erwecken)
to set one's hopes on something: seine Hoffnungen auf etwas [*acc.*] setzen; seine Hoffnungen an etwas [*acc.*] knüpfen
where there's life, there's hope: nur Mut!
to hope against hope: weiter•hoffen, wo nichts mehr zu retten ist; trotz der ungünstigen (aussichtslosen) Lage weiter•hoffen
to hope for the best: das Beste hoffen

hopeless
he is a hopeless case: an ihm ist Hopfen und Malz verloren

horizon
to broaden one's horizons: seinen Horizont erweitern

horn
to be on the horns of a dilemma: sich in einem Dilemma befinden
to blow one's own horn: sein eigenes Lob singen
to take the bull by the horns: den Stier bei den Hörnern fassen (packen)

horse
don't look a gift horse in the mouth: einem geschenkten Gaul sieht man nicht ins Maul
to be a dark horse: ein unbeschriebenes Blatt sein
to be a horse of another color: eine ganz andere Sache sein; ganz etwas anderes sein
to beat a dead horse: Interesse für eine abgetane Sache zu erregen suchen
to have something straight from the horse's mouth: etwas aus erster Hand (bester Quelle) haben
to put all one's money on one horse: alles auf ein Pferd setzen
to put the cart before the horse: das Pferd beim Schwanze auf•zäumen
to ride one's high horse: auf dem hohen Roß sitzen
to work like a horse: wie ein Pferd arbeiten

hot
to get oneself into hot water: sich in die Nesseln setzen; ins Fettnäpfchen treten

hotcake
to sell like hotcakes: wie warme Semmeln gehen (ab•gehen)

hour
after ~s: [*shops*] nach Ladenschluß *m*; [*bars*] nach Polizeistunde *f*; *at the eleventh ~*: in letzter (zwölfter) Stunde; *by the ~*: stundenweise
someone's hour has come: js. Stunde *f* hat geschlagen
to be paid by the hour: Stundenlohn erhalten
to keep late hours: spät auf•bleiben; nachts lange auf•bleiben; spät zu Bett gehen
to keep regular hours: zeitig zu Bett gehen

house
like a house on fire: wie toll
to bring down the house [*theater*]: stürmischen Beifall hervor•rufen
to keep house: den Haushalt führen
to put one's house in order [*fig.*]: sein Haus bestellen
to turn the house upside down: das Haus auf den Kopf stellen

housetop
to shout something from the housetops: [*fig.*]: etwas an die große Glocke hängen

how
and ~! und ob! *~ far?* wie weit? *~ long?* wie lange? *~ many?* wieviele? *~ much?* wieviel?
how about a glass of beer? wie wäre es mit einem Glas Bier?
how is it that . . . ? wie kommt es, daß . . . ?

humble pie
to eat humble pie: zu Kreuze kriechen

humor

to be in good humor: gut gelaunt (aufgelegt) sein

to be out of humor: verstimmt sein

to have a sense of humor: Sinn *m* für Humor haben

to humor a person: auf js. Wunsch *m* [*acc.*] ein·gehen; jn. schmeichelhaft behandeln

hump

to be over the hump: über den Berg sein

hunger

to be dying of hunger: vor Hunger sterben; verhungern; [*fig.*] einen Mordshunger (Wolfshunger) haben

to satisfy one's hunger: seinen Hunger stillen

to hunger for something [*fig.*]: nach etwas hungern; sich nach etwas sehnen

hungry

to be as hungry as a bear: Hunger *m* wie ein Wolf haben; einen Mordshunger (Wolfshunger) haben

to be hungry: Hunger *m* haben

to go hungry: Hunger *m* leiden

hurry

there's no hurry: es hat keine Eile

to be in a hurry: es eilig haben; Eile *f* haben

hurry up! beeilen Sie sich!

hurt

to hurt someone's feelings: js. Gefühle verletzen

hush

to hush a matter up: eine Sache vertuschen

i

ice

to break the ice [*lit. and fig.*]: das Eis brechen

to cut no ice: nicht ins Gewicht fallen; niemandem imponieren

to skate on thin ice [*fig.*]: ein heikles Thema berühren

idea

he is toying with the idea: ihm schwebt der Gedanke vor

that's not a bad idea: das ist gar keine schlechte Idee

the very idea that . . . : schon der Gedanke, daß . . .

to come up with an idea: einen Einfall haben; auf eine Idee kommen

to get an idea of something: sich [*dat.*] ein Bild von etwas machen

to have not the faintest idea: nicht die geringste Ahnung haben

to put ideas in someone's head: jm. Flausen in den Kopf setzen; jm. einen Floh ins Ohr setzen

to toy with an idea: mit einem Gedanken spielen (um·gehen); sich mit einem Gedanken tragen

what's the big idea? was soll (denn) das?

identify

to identify oneself: sich aus•weisen (legitimieren)
to identify someone: js. Identität *f* fest•stellen
to identify with an idea: sich einer Idee (einem Gedanken) an•schließen; sich mit einer Idee (einem Gedanken) identifizieren

if

ifs, ands, and buts: das viele Wenn und Aber
no ifs, ands, or buts! keine Widerrede!

ill

~-advised: [*pred. adj.*] schlecht beraten; [*attrib. adj.*] unüberlegt; unbesonnen; *~-bred*: unhöflich; unerzogen; *~ effect*: schlechte Wirkung; *~-fated*: verhängnisvoll
to become ill: krank werden; erkranken
to be ill at ease: sich unbehaglich fühlen; befangen sein
to be ill disposed toward someone: jm. übelgesinnt sein
to ill become someone: zu jm. nicht passen

image

to be the very image of someone: jm. wie aus dem Gesicht geschnitten sein; js. Ebenbild *n* sein; jm. aufs Haar gleichen

imagine

imagine that! stellen Sie sich das (mal) vor!

immemorial

from time immemorial: seit undenklichen Zeiten

impasse

to arrive at an impasse [*fig.*]: in eine Sackgasse geraten

impetus

to provide the impetus for something: den Anstoß geben zu etwas; etwas an•regen

impression

to give the impression that . . . : den Eindruck erwecken, als ob . . .
to make a good impression on someone: auf jn. einen guten Eindruck machen

impulse

to act on impulse: impulsiv handeln
to do something on an impulse: etwas aus einem Impuls heraus tun

in

~ a week: in acht Tagen; *~ a word*: mit einem Wort; *~ essence*: im wesentlichen; *~ itself*: an sich; *~ January*: im Januar; *~ 1972*: 1972; im Jahre 1972; *~ short*: kurzum; *~ time*: [*eventually*] mit der Zeit; [*on time*] rechtzeitig; *~ winter*: im Winter
to know the ins and outs: alle Schliche kennen
he doesn't have it in him [*ability*]: er hat das Zeug nicht dazu
he is in for it: er wird sein Teil (etwas) ab•bekommen
to be all in: völlig erschöpft (erledigt) sein
to be in: zu Hause sein
to turn in: zu Bett gehen; schlafen gehen

inch

give him an inch and he'll take a mile: gibt man ihm den kleinen Finger, so nimmt er gleich die ganze Hand

inch by inch: Schritt für Schritt

incline

to be inclined to do something: geneigt sein (dazu neigen), etwas zu tun

inconsistent

to be inconsistent: [*persons*] wankelmütig sein; [*with the facts*] den Tatsachen widersprechen

inconvenience

to put someone to inconvenience: jm. Ungelegenheiten bereiten

increase

to be on the increase: zu•nehmen; im Wachsen sein; im Wachstum begriffen sein

indebted

to be indebted to someone for something: jm. etwas zu verdanken haben

indent

to indent the first line: die erste Zeile ein•rücken

Indian

Indian summer: Altweibersommer *m*

indication

there is every indication that ...: alles deutet darauf hin, daß ...

indifferent

to be indifferent to something: gleichgültig gegen etwas sein; etwas [*dat.*] gleichgültig gegenüber•stehen

indispensable

to be indispensable to: unentbehrlich (unerläßlich) sein für

infancy

to be in its infancy [*a science, etc.*]: noch in den Kinderschuhen stecken

infer

to infer from someone's remarks that ...: js. Bemerkungen [*dat.*] entnehmen, daß ...; aus js. Bemerkungen folgern (schließen), daß ...

to infer that ...: [*conclude*] daraus schließen, daß ...; [*imply*] darauf an•spielen, daß ...

influence

to be under someone's influence: unter js. Einfluß *m* [*dat.*] stehen

to come under someone's influence: unter js. Einfluß *m* [*acc.*] geraten

to exert a great deal of influence over someone: großen Einfluß auf jn. aus•üben

to have influence with someone: Einfluß *m* haben bei jm.

to use one's influence: seinen Einfluß geltend machen

inform

to inform on someone: jn. denunzieren; [*with children*] petzen, daß ...

to inform someone that ...: jm. mit•teilen, daß ...

to keep someone informed: jn. auf dem laufenden halten

information

for your information we are sending you ...: wir schicken Ihnen zur Kenntnisnahme ...

to ask someone for information: jn. um eine Auskunft bitten
to gather information: Informationen sammeln (ein•holen); sich erkundigen

inhibition
to get over one's inhibitions: seine Hemmungen überwinden
to suffer from inhibitions: gehemmt sein; an Hemmungen [*dat.*] leiden

initiative
on one's own initiative: aus eigener Initiative; aus eigenem Antrieb
to have the initiative to do something: den Schwung haben, etwas fertigzubringen
to take the initiative: die Initiative ergreifen

ink
to spill a lot of ink over a subject: über ein Thema viel Tinte verspritzen

innocence
to lose one's innocence: seine Unschuld verlieren
to prove one's innocence: seine Unschuld beweisen

inquire
to inquire about someone: sich erkundigen nach jm.
to inquire into a matter: eine Sache untersuchen (erforschen)

inside
to know something inside out: etwas in- und auswendig kennen; etwas aus dem ff können (verstehen)
to turn inside out: das Innere nach außen kehren

insist
to insist on equality: auf Gleichheit [*dat.*] bestehen
to insist that . . . : darauf bestehen, daß . . .

installment
to pay for something in installments: etwas in Raten zahlen; etwas ab•stottern
to buy on an installment plan: auf Raten kaufen

instance
for ~ (e.g.): zum Beispiel (z.B.); *in isolated ~s*: in vereinzelten Fällen

instinct
to act on instinct: instinktiv handeln
to follow one's instincts: seinem Instinkt folgen

insult
to add insult to injury: eine Angelegenheit noch verschlimmern; die Sache noch schlimmer machen

insurance
to take out an insurance policy: eine Versicherung ab•schließen

integral
to be an integral part of the test: ein wesentlicher Bestandteil der Prüfung sein

integrate
to integrate the schools: die Rassentrennung in den Schulen auf•heben

intend
to intend to do it: die Absicht haben (vor•haben, beabsichtigen), es zu tun

intent
to all intents and purposes: im Grunde (praktisch) genommen
to be intent on doing something: fest entschlossen sein, etwas zu tun

interest

in the interest of order: im Interesse der Ordnung
it is in your own interest: es liegt in Ihrem Interesse
to be of interest: von Interesse (interessant) sein
to earn interest: Zinsen bringen (tragen)
to have one's own interest at heart: auf den eigenen Vorteil bedacht sein; nur an sein eigenes Interesse denken
to lose interest in the game: das Interesse am Spiel verlieren
to pay interest: Zinsen zahlen
to take an interest in something: sich für etwas interessieren
to watch out for someone's interests: js. Interessen vertreten; über js. Interessen [*dat.*] wachen
we share the same interests: wir haben gemeinsame Interessen; unsere Interessen laufen parallel (berühren sich)
to interest someone in an undertaking: jn. für ein Unternehmen gewinnen

interfere

to interfere in someone's affairs: sich in js. Angelegenheiten [*acc.*] mischen (ein•mischen)

interim

in the interim: in der Zwischenzeit; mittlerweile

interpret

to interpret [act as interpreter]: als Dolmetscher *m* dienen; dolmetschen
to interpret a dream: einen Traum deuten
to interpret a poem: ein Gedicht interpretieren
to interpret someone's request as a demand: js. Bitte *f* als Forderung *f* aus•legen

interview

to grant someone an interview: jm. ein Interview gewähren
to have an interview with someone: ein Interview mit jm. haben (ab•halten)
to interview someone: jn. interviewen (interviewte, interviewt)

introduce

to introduce a friend to one's father: seinem Vater einen Freund vor•stellen
to introduce a new style: eine neue Mode ein•führen

invitation

to accept an invitation: eine Einladung an•nehmen
to decline an invitation: eine Einladung ab•lehnen
to extend an invitation to someone: eine Einladung an jn. richten; jm. eine Einladung schicken

invite

to invite someone to go to the theater: jn. ins Theater ein•laden

involve

to get oneself involved in something [negative]: sich in etwas [*acc.*] verwickeln (verstricken)

IOU

to give someone an IOU.: jm. einen Schuldschein aus•stellen (geben)

iron

to have an iron in the fire: ein Eisen im Feuer haben
to strike while the iron is hot: das Eisen schmieden, solange es heiß ist

to iron out difficulties: Schwierigkeiten beseitigen
to rule people with an iron hand: ein Volk mit eiserner Faust regieren; ein Volk tyrannisieren; tyrannisch über ein Volk herrschen

issue
the issue is whether . . . : die Frage ist die, ob . . .
to be at issue: der streitige (strittige) Punkt sein
to raise the issue whether . . . : die Frage an•schneiden (auf•werfen), ob . . .
to take issue with someone over: sich mit jm. auseinander•setzen wegen [*gen. or dat.*]
to issue someone an ultimatum: jm. ein Ultimatum stellen

j

jack-of-all-trades
jack-of-all-trades, master of none: einer, der auf vielen Gebieten oberflächlich Bescheid weiß; wer viel(es) betreibt, lernt nichts ordentlich
to be a jack-of-all-trades: Mädchen für alles sein; Hansdampf in allen Gassen sein

jam
to be in a jam: in der Klemme (Patsche) sitzen
traffic jam: Verkehrsstockung *f*

jaywalk
to jaywalk: an unerlaubter Stelle die Straße überqueren

jeopardy
double jeopardy: zweifache Straffälligkeit
to be in jeopardy: auf der Kippe stehen
to place something in jeopardy: etwas gefährden

jilt
to jilt someone: [*a woman*] jn. sitzen•lassen; [*a man*] jm. einen Korb geben

job
it is his job to do it: er hat die Aufgabe, es zu tun
to be out of a job: arbeitslos sein
to work at odd jobs: Gelegenheitsarbeit *f* verrichten

jog
to go jogging: einen Dauerlauf machen

join
may I join you? [*at a table*] darf ich mich zu Ihnen setzen? [*general*] darf ich Ihnen Gesellschaft leisten?
to join a club: einem Klub bei•treten
to join hands: sich [*dat.*] die Hände reichen; [*fig.*] sich verbünden
to join in [*an activity*]: mit•machen (mit•spielen, mit•singen, usw.)
to join the ranks: zum Militär gehen; Soldat werden
to join up [*army*]: sich zum Militärdienst melden (an•melden); in die Armee ein•treten

joke
all joking aside: Spaß (Scherz) beiseite
he can't take a joke: er kann keinen Spaß verstehen
it's no joke: es ist kein Spaß; es ist nicht zum Lachen
to be the butt of a joke: die Zielscheibe eines Witzes sein
to carry a joke too far: einen Scherz zu weit treiben
to get the joke: den Witz verstehen
to play a joke on someone: jm. einen Streich (Schabernack) spielen
to tell a joke: einen Witz erzählen
to tell dirty jokes: Zoten reißen
I was only joking: ich wollte doch nur einen Witz machen

jot
to jot something down: etwas kurz notieren

journal
to keep a journal [diary]: ein Tagebuch führen

journey
to set out on a journey: eine Reise an•treten

judge
to be no judge of something: sich auf etwas [*acc.*] nicht verstehen
you can't judge a book by its cover: der Schein trügt

judgment
in my ~: meiner Meinung (Ansicht) nach; meines Erachtens; ~ *Day*: der Jüngste Tag; *sound* ~: gesunder Menschenverstand; *the Last* ~: das Jüngste Gericht
to pass judgment on something: [*law*] ein Urteil fällen über etwas [*acc.*]; [*general*] etwas beurteilen
to sit in judgment over someone: über jn. zu Gericht sitzen

jump
to jump at an offer: bei einem Angebot mit beiden Händen zugreifen
to jump at the chance [opportunity]: die Gelegenheit beim Schopf fassen; sich um die Gelegenheit reißen
to jump down someone's throat: jm. über den Mund fahren
to jump for joy: vor Freude an die Decke springen; vor Freude hüpfen
to jump out of an airplane: von einem Flugzeug ab•springen
to jump out the window: aus dem Fenster springen
to jump the gun: [*in a race*] vorzeitig (vor dem Pistolenschuß) starten; [*fig.*] vorzeitig an•fangen
to jump the track: entgleisen
to jump to conclusions: voreilige Schlüsse (Schlußfolgerungen) ziehen; voreilig folgern

just
~ *a moment*! einen Augenblick, bitte! ~ *now*: im Augenblick; ~ *right*: gerade richtig (das Richtige); ~ *then*: gerade in dem Moment; ~ *wonderful*: einfach wunderbar
just as I opened the door . . . : (gerade) in dem Moment, als ich die Tür aufmachte . . .

just like that: mir nichts, dir nichts
just look at this: sehen Sie sich das mal an!
that's just it: das ist es ja eben
to take just one: nur einen nehmen

justice
to administer justice: Recht sprechen
to bring someone to justice: jn. vor das Gericht bringen
to do justice to someone: jm. gegenüber gerecht sein; jm. Gerechtigkeit widerfahren lassen
to do justice to something: einer Sache gerecht werden; [*a meal*] dem Essen tüchtig zu·sprechen
to temper justice with mercy: gnädig Recht sprechen; Recht mit Gnade ergehen lassen

juvenile
~ *delinquency*: Jugendkriminalität *f*; ~ *delinquent*: jugendlicher Verbrecher

k

keep
for keeps: auf immer und ewig
to earn one's keep: seinen Unterhalt verdienen
keep calm! nur mit der Ruhe! regen Sie sich nicht auf!
keep it up! nur weiter so!
keep it up and ... [*threat, warning*]: wenn Sie so weitermachen ...
keep off the grass! Betreten des Rasens verboten!
to be kept in [*after school*]: nach·sitzen
to keep an eye on someone: jn. (scharf) im Auge behalten; ein wachsames Auge auf jn. haben
to keep at it: unverdrossen weiter·arbeiten
to keep body and soul together: Leib und Seele zusammen·halten
to keep clear of something: sich von etwas fern·halten; etwas meiden
to keep from laughing: sich [*dat.*] das Lachen verbeißen
to keep good time [*clock*]: richtig gehen
to keep house: den Haushalt führen
to keep in mind: im Gedächtnis behalten
to keep in touch with someone: mit jm. in Verbindung (Kontakt) bleiben
to keep it up [*work, effort*]: nicht nach·lassen; (unverdrossen) weiter·arbeiten
to keep late hours: spät auf·bleiben; nachts lange auf·bleiben; spät zu Bett gehen
to keep on doing something: [*continue*] fort·fahren, etwas zu tun; [*repeatedly*] etwas wiederholt (immer wieder) tun
to keep one's eyes peeled: scharf auf·passen
to keep one's promise: sein Versprechen halten
to keep one's temper: die Fassung (Ruhe) bewahren; sich beherrschen

to keep quiet: ruhig bleiben; [*keep a secret*] dicht·halten; seinen Mund halten
to keep right: sich rechts halten
to keep silent about something: etwas verschweigen
to keep someone company: jm. Gesellschaft leisten
to keep someone from doing something: jn. daran hindern (davon ab·halten), etwas zu tun
to keep someone in suspense: jn. in Spannung halten
to keep someone waiting: jn. warten lassen
to keep something from someone: jm. etwas verheimlichen
to keep something going: etwas in Gang halten
to keep something to oneself: etwas für sich behalten; etwas geheim·halten
to keep the books [*accounting*]: die Bücher führen
to keep the peace: den Frieden erhalten (aufrecht·erhalten)
to keep time [*music*]: Takt *m* halten
to keep to oneself: Gesellschaft meiden; aus sich nicht heraus·gehen
to keep track of something: den Verlauf von etwas verfolgen; dem Lauf (der Entwicklung) einer Sache folgen
to keep up a correspondence: eine Korrespondenz (einen Briefwechsel) unterhalten
to keep up appearances: den Schein wahren
to keep up one's courage: den Mut nicht sinken lassen
to keep up one's German: sein Deutsch nicht vernachläßigen
to keep up to date [*with current affairs*]: auf dem laufenden bleiben
to keep up with someone: Schritt halten mit jm.
to keep up with the Joneses: mit jedem Schritt halten wollen
what kept him? was hat ihn (so lange) aufgehalten?

keeping
to be in keeping with: in Einklang stehen mit; überein·stimmen mit
to be in safe keeping: in sicherem Gewahrsam sein

kettle
the pot calls the kettle black: ein Esel schimpft den anderen Langohr

key
to be the key to: der Schlüssel sein zu
to be all keyed up: aufgedreht sein
to get a person keyed up: jn. an·feuern (an·spornen)

kick
to get a kick out of something: seinen Spaß haben an (mit) etwas

kid
to kid someone: jn. auf den Arm nehmen; jn. zum besten halten

kill
if looks could kill: wenn Blicke töten könnten
to be killed in battle (action): fallen
to kill time: die Zeit tot·schlagen
to kill two birds with one stone: zwei Fliegen mit einer Klappe schlagen

kind
nothing of the ~: nichts dergleichen; *this ~ of*: diese Art von
to be two of a kind: aus demselben Holz geschnitten sein

to differ in kind: wesentlich anders sein
to repay in kind: mit gleicher Münze bezahlen; [*particularly in reprisal*] heim•zahlen
what kind of? was für ein?

king
to live like a king: wie ein Fürst *m* (Gott in Frankreich) leben; auf großen Fuß leben

kiss
to blow someone a kiss: jm. eine Kußhand zu•werfen
to kiss and make up: sich versöhnen
to kiss someone good-bye: jm. einen Abschiedskuß geben; jn. zum Abschied küssen

knack
to have the knack of something: den Kniff einer Sache heraus•haben; etwas weg•haben

knee
to bring someone to his knees: jn. in (auf) die Knie zwingen
to fall to one's knees: in die Knie sinken; auf die Knie fallen
to implore someone on bended knee: jn. kniefällig (auf Knien) an•flehen

knot
to tie a knot: einen Knoten machen
to tie the knot [*marry*]: den Bund fürs Leben schließen; heiraten
to untie a knot: einen Knoten lösen

know
to be in the know: im Bilde sein
before you know it . . . : ehe man sich's versieht . . .
do you know how to speak German? können Sie Deutsch (sprechen)?
I know for a fact that . . . : ich weiß ganz bestimmt, daß . . .
not that I know of: nicht, daß ich wüßte
to get to know someone: jn. kennen•lernen
to know all the answers [*fig.*]: ein Besserwisser *m* sein
to know all the tricks: alle Schliche (Kniffe) kennen
to know how to be helpful: es verstehen, hilfsbereit zu sein
to know how to do something: etwas können
to know no limits: keine Schranken (Grenzen) kennen
to know not where to turn: nicht wissen, was man machen soll (wo man sich hinwenden soll)
to know one from the other: den einen von dem anderen unterscheiden können
to know one's own mind: wissen, was man will
to know one's way around: sich aus•kennen
to know someone by sight: jn. vom Ansehen her kennen
to know something inside out: etwas in- und auswendig kennen; etwas aus dem ff können (verstehen)
to know something like the palm of one's hand: etwas wie seine Westentasche kennen

to know the ropes: den Rummel kennen (verstehen); sich aus•kennen; alle Schliche kennen
to know the score [*fig.*]: alle Schliche kennen; den Rummel kennen (verstehen)
to know what's what: nicht auf den Kopf gefallen sein
to let someone know: jm. Bescheid sagen; jn. wissen lassen
to not know someone from Adam: nicht die geringste Ahnung haben, wer jd. ist
to not know what to make of someone: nicht wissen, was man von jm. halten soll (wie man mit jm. dran ist)
to make known: bekannt•machen

knowledge
knowledge is power: Wissen ist Macht
not to my knowledge: nicht, daß ich wüßte
to be common knowledge: allgemein bekannt sein
to happen without someone's knowledge: ohne js. Wissen *n* geschehen
to the best of my knowledge: soweit ich weiß (informiert bin); nach meinem besten Wissen
to the best of one's knowledge: nach bestem Wissen

knuckle
to knuckle down: sich tüchtig ins Zeug legen; [*study*] sich auf den Hosenboden setzen
to knuckle under to someone: sich jm. beugen (unterwerfen)

l

labor
hard ~: Zwangsarbeit *f*; ~ *Day*: amerikanischer Tag der Arbeit (erster Montag im September); ~ *force*: erwerbstätige Bevölkerung; ~ *movement*: Arbeiterbewegung *f*; ~ *of love*: eine Arbeit, die man gerne (unentgeltlich) tut; ~*-saving devices*: arbeitsparende Einrichtungen; ~ *union*: Gewerkschaft *f*; *skilled* ~: gelernte Arbeitskräfte
to be in labor: in den Wehen liegen; in Kindesnöten sein
to labor a point: einen Punkt weitläufig behandeln
to labor under the misapprehension that . . . : von der falschen Voraussetzung (Prämisse) aus•gehen, daß . . .

lack
for lack of: aus Mangel an [*dat.*]
there is no lack of bread: Brot ist reichlich vorhanden; an Brot fehlt es nicht
he lacks courage: es fehlt ihm an Mut

ladder
to work one's way up the ladder: von der Pike auf dienen

lady
~-killer: Herzensbrecher *m*; *~'s man*: Damenheld *m*; *land~*: Wirtin *f*; *leading ~*: Hauptdarstellerin *f*; *Our ~*: Unsere Liebe Frau
ladies' choice [dance]: Damenwahl *f*

lamb
meek as a lamb: lammfromm
to be gentle as a lamb: sanft wie ein Lamm sein

lance
to break a lance for someone: für jn. eine Lanze brechen

land
by ~: zu Lande; auf dem Landwege; *the promised ~*: das Gelobte Land
the land of milk and honey: das Land, wo Milch und Honig fließt
the land of unlimited opportunities: das Land der unbegrenzten Möglichkeiten
to check the lay of the land [fig.]: sehen, wie die Sache liegt (die Dinge liegen); sehen, wie der Hase läuft
the plane landed in Berlin: das Flugzeug landete in Berlin
to land a job: Arbeit *f* bekommen
to land a left [boxing]: eine Linke landen

large
at ~: [*criminal*] auf freiem Fuße; [*general*] im allgemeinen; *by and ~*: im großen und ganzen

last
at long ~: endlich; schließlich; *at the ~ moment*: in zwölfter Stunde; *in the ~ analysis*: letzten Endes; *~ but not least*: last not least; nicht zuletzt; *to the ~ man*: bis auf den letzten Mann
to breathe one's last: den letzten Atemzug tun
to stick to one's last [to what one knows best]: bei seinem Leisten bleiben
we haven't seen the last of it: damit ist die Sache noch lange nicht zu Ende (erledigt); es ist noch nicht aller Tage Abend
that will last me five months: damit komme (reiche) ich fünf Monate aus
to last for ages: eine Ewigkeit dauern
as a last resort: als letzter Ausweg; wenn alle Stränge (Stricke) reißen
that's the last straw! nun schlägts dreizehn!

late
at the ~st: spätestens; *of ~*: in der letzten Zeit; neulich; *sooner or ~r*: früher oder später; über kurz oder lang
according to the latest accounts: nach (laut) den letzten Berichten
as late as the eighteenth century: noch im achtzehnten Jahrhundert
the late president: der ehemalige (verstorbene) Präsident
to be late: zu spät kommen; sich verspäten; [*trains, etc.*] Verspätung haben
to be the latest thing: der letzte Schrei sein
to keep late hours: spät auf·bleiben; nachts lange auf·bleiben; spät zu Bett gehen
to sleep late: lange schlafen

laugh
don't make me laugh: daß ich nicht lache
he who laughs last laughs loudest: wer zuletzt lacht, lacht am besten

to laugh at someone: jn. aus·lachen; über jn. lachen
to laugh at something: über etwas [*acc.*] lachen
to laugh in someone's face: jm. ins Gesicht lachen
to laugh something off: sich lachend über etwas [*acc.*] hinweg·setzen; [*take lightly*] etwas auf die leichte Achsel nehmen
to laugh up one's sleeve: sich [*dat.*] ins Fäustchen lachen
it's no laughing matter: es ist nicht zum Lachen
to die laughing: sich tot·lachen

laurels
to rest on one's laurels: sich auf seinen Lorbeeren aus·ruhen

law
by ~: von Rechts wegen; gesetzmäßig; *due process of* ~: ordentliches Rechtsverfahren; *under the* ~: auf Grund des Gesetzes
in accordance with the law: dem Gesetz zufolge (gemäß)
to be a law unto oneself: seinen eigenen Neigungen leben
to bend the law: das Recht beugen
to lay down the law to someone: jm. die Leviten lesen
to observe the law: das Gesetz befolgen
to preserve law and order: Ruhe und Ordnung wahren
to study law: Jura (Rechtswissenschaft) studieren
to take the law into one's own hands: sich [*dat.*] selbst Recht verschaffen

lay
to be laid up [*in bed*]: auf der Nase liegen; bettlägerig sein
to be laid up with a cold: mit einer Erkältung im Bett liegen (darnieder·liegen)
to lay a cable: ein Kabel legen
to lay away a coat [*for later purchase*]: einen Mantel zurücklegen lassen
to lay down one's arms: die Waffen strecken
to lay down rules: Regeln auf·stellen
to lay eggs: Eier legen
to lay it on thick: dick auf·tragen
to lay money aside: Geld beiseite legen (zurück·legen)
to lay off a worker: einen Arbeiter (vorübergehend) entlassen
to lay oneself open to criticism: sich der Kritik aus·setzen
to lay someone to rest: jn. bestatten
to lay up stores: Vorräte sammeln (an·schaffen)
to lay waste to something: etwas verwüsten

layover
to have a layover in Zurich: eine Zwischenlandung in Zürich machen

lead
to be in (take) the lead: in Führung liegen (gehen)
to follow his lead: seinem Beispiel folgen
one word leads to another: ein Wort gibt das andere
the road leads to Rome: die Straße führt nach Rom
to lead an orchestra: ein Orchester dirigieren
to lead off: als erster an die Reihe kommen; [*fig.*] den Reigen eröffnen
to lead someone around by the nose: jn. an der Nase herum·führen

to lead someone astray: jn. vom rechten Wege ab•bringen; jn. irre•führen; jn. verleiten; [*seduce*] jn. verführen
to lead someone by the hand: jn. an der Hand führen
to lead someone on: jn. vermuten lassen
to lead the way: voran•gehen
to lead up to: über•leiten zu

leaf
to shake like a leaf: wie Espenlaub zittern
to take a leaf from someone's book: sich [*dat.*] jn. zum Muster nehmen
to turn over a new leaf: ein neues Leben beginnen; sich bessern; den alten Adam aus•ziehen
to leaf through the newspaper: die Zeitung durch•blättern

leak
to spring a leak: ein Leck bekommen; leck werden
to leak out [*news*]: durch•sickern

leap
a ~ in the dark: ein Sprung *m* ins Ungewisse; *by ~s and bounds*: in gewaltigen Sprüngen; sprunghaft
to grow by leaps and bounds: schnell und sprunghaft wachsen; auf•schießen

learn
he has learned his lesson: jetzt weiß er aber Bescheid
to learn by heart: auswendig lernen
to learn from experience: aus Erfahrung lernen
to learn how to dance: tanzen lernen
to learn the hard way: Lehrgeld zahlen (müssen)

lease
to take (get) a new lease on life: neuen Lebensmut schöpfen; neue Lebenskraft (neuen Auftrieb) erhalten; neu auf•leben
to lease a house: [*grant a lease*] ein Haus vermieten; [*take a lease*] ein Haus mieten

least
at ~: wenigstens; mindestens; *~ of all*: am allerwenigsten; *not in the ~*: nicht im geringsten; *to say the ~*: gelinde gesagt

leather
to be as tough as leather: zäh wie Leder sein

leave
to be on leave: auf (in) Urlaub sein
to take leave of one's senses: den Verstand verlieren
to take leave of someone: Abschied nehmen von jm.; sich von jm. verabschieden
to be left back [*school*]: sitzen•bleiben; nicht versetzt werden
to be left over: übrig•bleiben
to leave it at that: es dabei lassen
to leave it up to someone to . . . : es jm. überlassen zu . . .
to leave much to be desired: viel zu wünschen übrig•lassen
to leave no stone unturned: nichts unversucht lassen
to leave out: aus•lassen; weg•lassen

to leave out of account: außer Betracht lassen
to leave someone alone: jn. in Ruhe (Frieden) lassen; jn. allein lassen; jn. ungeschoren lassen
to leave someone in the lurch: jn. im Stich lassen
to leave someone out of an undertaking: jn. von einem Unternehmen aus•schließen
to leave things as they are: alles beim alten lassen
to leave well-enough alone: fünf gerade sein lassen; an etwas [*dat.*] nicht rühren
to leave word: Bescheid hinterlassen
we leave on Monday: wir reisen am Montag ab
where did I leave my hat? wo habe ich meinen Hut liegengelassen?

lecture
to attend a lecture: eine Vorlesung besuchen
to give a lecture: eine Vorlesung halten

left
on my left: links von mir; mir zur Linken
to make a left at the light: an der Ampel (Verkehrsampel) links ein•biegen (ab•biegen)
to turn to the left (right): nach links (rechts) ein•biegen (ab•biegen)
to cheat someone left and right: jn. von hinten und von vorne betrügen

leftover
tonight we are having leftovers: heute abend gibt es bei uns Aufgewärmtes (gedrängte Wochenübersicht)

leg
he hasn't a leg to stand on: er hat überhaupt keine stichhaltigen Argumente (Beweise)
to be on one's last legs: auf dem letzten Loch pfeifen; nicht mehr lange mit•machen
to get one's sea legs: seefest werden
to pull someone's leg: jn. auf den Arm nehmen
to shake a leg: die Beine unter den Arm nehmen
to stretch one's legs: die Beine aus•strecken; sich [*dat.*] die Füße (Beine) vertreten

leisure
do it at your leisure: tun Sie es, wenn Sie Zeit haben (bei passender Gelegenheit; wann es Ihnen beliebt)

lend
to lend a hand: Hand an•legen; mit•helfen
to lend an ear: Gehör schenken
to lend itself to: sich eignen zu (für)
to lend (render) someone assistance: jm. Hilfe *f* leisten
to lend weight to an argument: einem Argument Gewicht *n* verleihen

length
. . . in length: . . . lang
to describe at length: ausführlich beschreiben

to go to great lengths to . . . : sich [*dat.*] große Mühe geben zu . . .
to win by a length: mit einer Länge gewinnen

less
less and less: immer weniger
much less . . . : geschweige denn . . .

lesson
let that be a lesson to you: das sollte Ihnen eine Warnung (Lehre) sein; lassen Sie sich [*dat.*] das zur Warnung dienen
to teach someone a lesson: jm. eine Lektion erteilen; jm. Mores lehren

let
let alone . . . : geschweige denn . . .
let me see, when was that? warten Sie mal, wann war das noch?
to let off steam: [*lit.*] Dampf *m* ab·lassen; [*fig.*] sich [*dat.*] Luft machen
to let oneself go [*neglect oneself*]: sich gehen lassen
to let on that . . . : sich [*dat.*] anmerken lassen, daß . . .
to let someone down [*fig.*]: jn. im Stich lassen
to let someone have it [*upbraid*]: jm. aufs Dach steigen
to let someone in: jn. herein·lassen
to let someone in on a secret: jn. in ein Geheimnis ein·weihen
to let something be: etwas sein lassen
to let something go (through, by): etwas durchgehen lassen; ein Auge zu·drücken bei etwas
to let things slide: den Dingen ihren Lauf lassen; [*neglect*] die Dinge vernachlässigen
to let up [*slacken*]: nach·lassen

letter
~ of recommendation: Empfehlungsschreiben *n*; Empfehlungsbrief *m*; *~ of the law:* Buchstabe *m* des Gesetzes; *to the ~:* auf den Buchstaben genau; buchstäblich
to answer a letter: einen Brief beantworten
to forward a letter: einen Brief nach·schicken
to mail a letter: einen Brief ab·senden (ab·schicken); einen Brief zur Post bringen

level
at the highest ~ [*of government, etc.*]: in höchster Instanz; *on the ~:* ehrlich; offen
to be on the same level with someone: mit jm. auf gleicher Stufe stehen
to lie on the same level with [*geography*]: auf gleicher Höhe liegen wie (mit); ebenso hoch liegen wie; [*fig.*] auf gleicher Ebene liegen wie
to level something: etwas dem Erdboden gleich·machen
to level with someone: jm. reinen Wein ein·schenken
to do one's level best: sein möglichstes (Bestes) tun

liberty
the Statue of Liberty: die Freiheitsstatue
to take great liberties: sich [*dat.*] viel erlauben (heraus·nehmen)
to take liberty to do so: so frei sein, es zu tun
you are at liberty to do so: es steht Ihnen frei, es zu tun

lie

a white lie: eine Notlüge
to catch someone in a lie: jn. bei einer Lüge ertappen
to get caught in one's own lies: sich in Lügen verfangen (verstricken)
to tell a lie: lügen
to tell someone a lie: jn. belügen
to lie heavy on one's conscience: jm. schwer aufs Gewissen fallen; sein Gewissen belasten
to lie in wait for someone: jm. auf•lauern
to lie one's way out of a situation: sich aus einer Situation heraus•lügen
to lie through one's teeth: das Blaue vom Himmel herunter•lügen; lügen, bis sich die Balken biegen
to take something lying down: sich [*dat.*] etwas gefallen lassen; etwas ein•stecken

life

all my ~: mein ganzes Leben lang; zeitlebens; *for dear ~*: als wenn es ums Leben ginge; *for ~*: auf Lebenszeit; [*prison*] lebenslänglich; *~boat*: Rettungsboot *n*; *~guard*: Rettungsschwimmer *m*; *~ insurance*: Lebensversicherung *f*; *~ preserver*: Schwimmgürtel *m*; *not on your ~*: auf keinen Fall!
as big as life: lebensgroß; in Lebensgröße
for the life of me: beim besten Willen
in all walks of life: in allen Lebensstellungen
to be a matter of life and death: um Leben und Tod gehen; ein Streit *m* (Kampf *m*, usw.) auf Leben und Tod sein; sich um Leben und Tod handeln
to be in the prime of life: im besten Alter sein; in der Blüte seiner Jahre stehen
to be the life of the party: Leben *n* in die Gesellschaft bringen
to come to life [*fig.*]: belebt werden; wieder auf•leben
to have the time of one's life: sich amüsieren wie noch nie; sich köstlich amüsieren
to lay down one's life for someone: sein Leben für jn. hin•geben
to lead a double life: ein Doppelleben führen
to run for dear life: ums liebe Leben laufen
to sacrifice one's life for: sich opfern für
to take one's life: sich [*dat.*] das Leben nehmen; Selbstmord *m* begehen
to take one's life in one's hands: sein Leben aufs Spiel setzen
where there's life, there's hope: nur Mut!

lift

to give someone a lift: jn. im Auto mit•nehmen; jn. mitfahren lassen

light

do you have a light, please? haben Sie bitte Feuer?
in light of these facts: angesichts dieser Tatsachen
to bring something to light: etwas ans Licht (Tageslicht, an den Tag) bringen
to come to light: ans Licht (Tageslicht, an den Tag) kommen; bekannt werden
to give someone a light: jm. Feuer geben

to give someone the green light: jm. grünes Licht geben
to put something in a bad light: ein schlechtes Licht auf etwas [*acc.*] werfen
to show oneself in a good light: sich ins rechte Licht rücken (stellen)
to show one's light: sein Licht leuchten lassen
to stand in one's own light [*fig.*]*:* sich [*dat.*] selbst im Lichte stehen
to stand in someone's light: jm. im Lichte stehen
to throw light on something: Licht *n* auf etwas [*acc.*] werfen
to turn the light off (*on*)*:* das Licht aus•machen (an•machen; aus•schalten, an•schalten)
to light the fire: das Feuer an•zünden (an•stecken, an•machen)
to make light of something: etwas auf die leichte Schulter (Achsel) nehmen; sich [*dat.*] nichts aus etwas machen
to travel light: mit wenig Gepäck reisen

like

. . . and the like: . . . und dergleichen
did you ever see the likes of it? haben Sie je so etwas (etwas Ähnliches) gesehen?
the likes of him [*slightly contemptuous*]*:* so einer
how do you like it? wie gefällt es Ihnen?
I like milk, but it doesn't like me: ich trinke Milch gern, aber sie bekommt mir nicht
just as you like: (ganz) wie Sie wollen
to like someone: jn. gern haben; jn. mögen
don't talk like that: reden Sie nicht so!
he is like that: er ist nun mal so
to be just like someone [*typical*]*:* jm. ähnlich sehen
to look like rain: nach Regen aus•sehen

likelihood

in all likelihood: aller Wahrscheinlichkeit nach

liking

to be to his liking: ihm zu•sagen; nach seinem Geschmack sein
to take a liking to something: an etwas [*dat.*] Gefallen *n* finden; einer Sache Geschmack *m* ab•gewinnen

limb

to go out on a limb: sich auf unsicheren Boden begeben
to go out on a limb for someone: für jn. die Hand ins Feuer legen
to tear limb from limb: in Stücke zerreißen

limelight

to be in the limelight: im Rampenlicht stehen; im Lichte der Öffentlichkeit stehen

limit

that's the limit! das ist doch die Höhe! da hört doch alles auf! das schlägt dem Faß den Boden aus!
there's a limit to everything: alles hat seine Grenzen
to keep something within limits: etwas in Schranken (Grenzen) halten
to know one's limits: seine Grenzen kennen
to set limits on something: einer Sache Grenzen setzen

line

the line is busy [telephone]: die Leitung ist besetzt
to be in line with [fig.]: überein•stimmen mit
to bring into line with: in Einklang bringen mit
to draw the line: eine Grenze ziehen
to drop someone a line: jm. ein paar Zeilen schreiben
to fall into line: [*lit.*] sich ein•reihen; [*fig.*] sich fügen; sich an•passen
to keep in line: [*lit.*] in Reih und Glied bleiben; [*fig.*] sich gut ein•fügen (ein•ordnen)
to put everything on the line: alles aufs Spiel setzen
to read between the lines: zwischen den Zeilen lesen
to stand (wait) in line: Schlange *f* stehen; sich an•stellen
to step out of line [fig.]: aus der Reihe tanzen; [*misbehave*] aus der Rolle fallen
to toe the line: [*lit.*] sich zum Wettlauf am Start auf•stellen; [*conform*] sich ein•fügen (ein•ordnen); [*meet responsibilities*] seine Aufgaben (Verpflichtungen) erfüllen
to line up: an•treten; sich in einer Reihe auf•stellen

lion

to beard the lion in his den: sich in die Höhle des Löwen begeben
to receive the lion's share: den Löwenanteil bekommen

lip

to be on everyone's lips: in aller Leute Mund sein
to bite one's lips: sich [*dat.*] auf die Lippen beißen
to curl one's lip: verächtlich die Lippe schürzen
to keep a stiff upper lip: die Ohren steif•halten
to lick one's lips: sich [*dat.*] die Lippen lecken
to purse one's lips: die Lippen spitzen
to smack one's lips: mit den Lippen schmatzen

lip service

to pay lip service: ein Lippenbekenntnis *n* machen

list

to be on the waiting list: auf der Warteliste stehen; vorgemerkt sein
to make out a list: eine Liste auf•stellen

listen

to listen in on a conversation: ein Gespräch belauschen
to listen to reason: Vernunft *f* an•nehmen
to listen to the radio: Radio *n* hören

little

a ~ bit of everything: von allem etwas; *~ by ~*: allmählich; nach und nach

live

live and learn: man lernt nie aus; durch Schaden wird man klug
live and let live: leben und leben lassen
to have enough to live on: genug zum Leben haben
to live beyond one's means: über seine Verhältnisse leben
to live for the moment: in den Tag hinein leben

to live something down: etwas (einen Fehltritt, usw.) durch sein Leben widerlegen
to live through hard times: schwere Zeiten durchleben
to live to see something: erleben
to live up to one's principles: nach seinen Grundsätzen leben; seinen Grundsätzen gemäß leben
to live up to one's reputation: seinem Ruf Ehre *f* machen

living

~ room: Wohnzimmer *n*; *~ wage*: Existenzminimum *n*; *standard of ~*: Lebensstandard *m*
to earn a living: sich [*dat.*] sein Brot (seinen Lebensunterhalt) verdienen
to earn an honest living: ehrlich sein Brot verdienen

load

that takes a load off my mind: da fällt mir ein Stein vom Herzen
to load a rifle: ein Gewehr laden
to load a ship: ein Schiff beladen
to load the dice: die Würfel fälschen

loaf

half a loaf is better than none: ein Sperling in der Hand ist besser als eine Taube auf dem Dach

loan

to have something on loan: etwas leihweise haben

locate

to be located in Hamburg: in Hamburg gelegen sein (liegen)
to locate in Hamburg: sich in Hamburg nieder•lassen
to locate someone: js. Aufenthaltsort *m* ausfindig machen (fest•stellen)

lock

lock, stock, and barrel: in Bausch und Bogen; alles in allem
to keep under lock and key: unter Schloß und Riegel halten; unter Verschluß haben
to lock oneself out (in): sich aus•schließen (ein•schließen)
to lock the door: die Tür verschließen
to lock workers out [factory]: Arbeiter aus•sperren

loggerhead

to be at loggerheads: sich [*dat.*] in den Haaren liegen

long

at ~ last: endlich; schließlich; *in the ~ run*: auf die Dauer; auf lange Sicht; *~ ago*: vor langer Zeit; vor langem; *not ~ ago*: vor kurzer Zeit; vor kurzem; *so ~*: auf Wiedersehen!
the long and short of it: der langen Rede kurzer Sinn
to long for something: sich nach etwas sehnen
how long ago was that? wie lange ist das her?
to be a long way off: [*time*] noch lange hin sein; [*place*] sehr weit entfernt sein

look

I don't like the looks of it: die Sache gefällt (paßt) mir nicht
if looks could kill: wenn Blicke töten könnten

to have a look around: sich um•sehen
to take a look at something: sich [*dat.*] etwas an•sehen
to wear a look of indifference: eine gleichgültige Miene zur Schau tragen
he looks his age: man sieht ihm sein Alter an
it looks like rain: es sieht nach Regen aus
look before you leap: erst wäge, dann wage
look here! na, hören Sie mal!
look out! Achtung! Aufpassen! Vorsicht!
things are looking up: die Lage bessert sich; die Sache macht sich
to look after someone: [*care for*] jn. betreuen; für jn. sorgen; [*temporarily, especially with children*] jn. beaufsichtigen
to look around for something: sich nach etwas um•sehen; etwas suchen
to look back over the past: auf die Vergangenheit zurück•blicken
to look daggers at someone: jn. mit Blicken durchbohren
to look down one's nose at someone: die Nase rümpfen über jn.; jn. von oben herab an•sehen
to look down on someone: jn. von oben herab an•sehen
to look for something: nach etwas suchen
to look forward to: sich freuen auf [*acc.*]
to look (search) high and low for something: überall nach etwas suchen; etwas in allen Ecken und Winkeln suchen
to look into a matter: eine Angelegenheit untersuchen
to look on: zu•sehen; Zuschauer *m* sein
to look out for oneself: [*care*] sich vor•sehen; [*selfish interest*] auf seinen eigenen Vorteil bedacht sein
to look out the window: zum Fenster hinaus•sehen
to look over the accounts: die Rechnungen durch•sehen
to look someone over: jn. abschätzend mustern
to look someone up: jn. auf•suchen (besuchen)
to look the part: danach aus•sehen
to look up a word: ein Wort im Lexikon nach•schlagen
to look up to someone: zu jm. auf•blicken

lookout
to be on the lookout for something: nach etwas aus•schauen; Ausschau *f* halten nach etwas
to keep a sharp lookout: höllisch auf•passen

loose
on the loose [*prisoner*]: auf freiem Fuße
to break loose: aus•brechen; sich los•reißen
to come loose: sich lockern
to let (turn) loose: los•lassen

loosen
to loosen up: [*restrictions*] auf•lockern; [*to relax*] auf•tauen

lord
the ~'s Prayer: das Vaterunser; *the ~'s Supper*: das (heilige) Abendmahl
in the year of our Lord: im Jahre des Herrn

Lord knows . . . : Gott weiß . . .
to lord it over one's family: seine Familie tyrannisieren

lose

my watch loses five minutes a day: meine Uhr geht täglich fünf Minuten nach
there is no time to lose (spare): es ist keine Zeit zu verlieren
to be lost in thought: in Gedanken versunken (vertieft) sein
to have nothing to lose: nichts zu verlieren haben
to lose a friend (a game): einen Freund (ein Spiel) verlieren
to lose face: an Ansehen (das Gesicht) verlieren
to lose one's balance: das Gleichgewicht verlieren; [*fig.*] aus dem Gleichgewicht geraten
to lose one's patience: die Geduld verlieren
to lose one's shirt: alles bis aufs Hemd verlieren
to lose one's temper: zornig (wütend) werden; die Fassung verlieren
to lose one's train of thought: den Faden verlieren
to lose one's way: sich verirren; [*on foot*] sich verlaufen; [*by car*] sich verfahren
to lose track of someone: [*lit.*] js. Spur *f* verlieren; [*fig.*] jn. aus den Augen verlieren
to lose weight: ab•nehmen
to give up for lost [games, people]: verloren geben

loss

I am at a loss (as to) what to do: ich weiß nicht, was ich tun soll
to be at a loss for an answer: um eine Antwort verlegen sein
to sell at a loss: mit Verlust *m* verkaufen
to sustain a loss: einen Verlust erleiden

lot

to cast lots for: losen um
to cast one's lot in with someone: [*often negative*] mit jm. gemeinsame Sache machen; sich mit jm. auf Gedeih und Verderb verbünden

loud

in a loud voice: mit lauter Stimme
to speak loud and clear: laut und deutlich sprechen

love

~ *affair:* Affäre *f*; Liebesverhältnis *n*; ~ *at first sight:* Liebe *f* auf den ersten Blick; ~ *child:* Kind *n* der Liebe; ~ *letter:* Liebesbrief *m*; ~*sick:* liebeskrank; ~ *song:* Liebeslied *n*
all's fair in love and war: in der Liebe und im Krieg ist alles erlaubt
. . . for love nor money: . . . nicht für Geld und gute Worte
for love of God: aus Liebe zu Gott
for the love of God! um Gottes willen!
give my love to your sister: grüßen Sie Ihre Schwester von mir
love is blind: Liebe macht blind
there is no love lost between them: sie können einander nicht leiden; sie haben nichts füreinander übrig
to be in love with someone: in jn. verliebt sein; jn. lieben
to fall in love with someone: sich in jn. verlieben

to live on love alone: von Luft und Liebe leben
to marry for love: aus Liebe heiraten

low
to be running low: aus·gehen; auf die Neige gehen
to lay someone low: jn. zu Fall bringen; jn. um·bringen

lower
to lower one's voice: die Stimme senken

luck
as luck would have it . . . : wie es das Schicksal wollte . . .
just my luck! mein gewöhnliches Pech!
to be down on one's luck: vom Glück verlassen sein
to have bad luck: Pech *n* (Unglück *n*) haben
to have good luck: Glück *n* (Schwein) haben
to have more luck than brains: mehr Glück als Verstand haben
to push one's luck too far: sein Glück verspielen; den Bogen überspannen
to take pot luck: etwas auf gut Glück (aufs Geratewohl) tun
to try one's luck (hand) at: sich versuchen in [*dat.*]; sein Glück versuchen bei

lucky
to thank one's lucky stars: seinem Glückstern danken

lurch
to leave someone in the lurch: jn. im Stich lassen

luxury
to live a life of luxury: im vollen leben

m

mad
the dog went mad: der Hund bekam die Tollwut
to be mad as a hatter: wütend (rasend) sein wie ein Berserker
to be mad at someone: böse sein auf jn. (mit jm.)
to drive someone mad: jn. verrückt machen

made
a made man [successful]: ein gemachter Mann

mail
by air ~: mit (per) Luftpost; *by return* ~: postwendend; *fan* ~: Fanbriefe; *first-class* ~: Briefpost *f*; ~*box*: Briefkasten *m*; ~*man*: Briefträger *m*; Postbote *m*; *registered* ~: Einschreibesendung *f*
to deliver the mail: die Post zu·stellen (aus·tragen)
to look through one's mail: die Post durch·sehen
to receive mail: Post *f* bekommen
to mail a letter: einen Brief ab·senden (ab·schicken); einen Brief zur Post bringen

to mail a telegram (a parcel): ein Telegramm (ein Paket) bei der Post auf•geben
to mail someone something: jm. etwas mit der Post (per Post) schicken (zu•schicken)

main
in the ~: zum größten Teil; in der Hauptsache; *~ deck*: Hauptdeck *n*; *~ land*: Festland *n*; *~ office*: Zentrale *f*; *~ reason*: Hauptgrund *m*; *~ station [railroad]*: Hauptbahnhof *m*; *~ street*: Hauptstraße *f*; *with might and ~*: aus Leibeskräften; mit voller (aller) Kraft

maintain
to maintain a correspondence: eine Korrespondenz (einen Briefwechsel) unterhalten
to maintain a road: eine Straße instand (im Stande) halten
to maintain order: Ordnung halten
to maintain silence: Ruhe halten
to maintain that . . .: behaupten, daß . . .

major
German is his major: Deutsch ist sein Hauptfach *n*
to major in German: Deutsch als Hauptfach studieren

majority
to be in the majority: in der Mehrheit sein

make
he will make a good teacher: er wird einen guten Lehrer abgeben
I can't make out his handwriting: ich kann seine Handschrift nicht entziffern
I have much work to make up: ich habe viel Arbeit nachzuholen
I made him repeat it: ich ließ ihn es wiederholen
that makes for cooperation: das trägt zur Zusammenarbeit bei
they made him king: sie machten ihn zum König
to be made up of: bestehen aus; sich zusammen•setzen aus
to have a new suit made for oneself: sich [*dat.*] einen neuen Anzug anfertigen (machen) lassen
to make a bed: ein Bett machen
to make a cake: einen Kuchen backen
to make a fuss over something: viel Aufhebens machen von (um) etwas
to make a movie: einen Film drehen
to make an exception of someone: bei jm. eine Ausnahme machen
to make a pass at someone: mit jm. anzubändeln suchen; mit jm. an•bändeln
to make a rule: eine Regel auf•stellen
to make away with the cash: mit der Kasse durch•brennen
to make a will: ein Testament machen
to make believe [imagine, pretend]: phantasieren; seiner Phantasie freien Lauf lassen
to make believe one is sick: sich krank stellen; vor•geben, krank zu sein
to make Berlin [arrive in]: Berlin erreichen
to make do without something: ohne etwas aus•kommen

to make do with something: mit etwas schon aus·kommen; sich mit etwas begnügen
to make do with what one has: sich nach der Decke strecken
to make good [succeed]: Erfolg *m* haben; es zu etwas bringen
to make good one's promise: sein Versprechen halten (erfüllen)
to make good the damages: den Schaden ersetzen (wiedergut·machen)
to make it [train, etc.]: es schaffen
to make known: bekannt·machen
to make money: Geld verdienen (machen)
to make oneself believe something: sich [*dat.*] etwas ein·reden
to make oneself up [with cosmetics]: sich schminken
to make someone out to be a liar: jn. als Lügner hin·stellen
to make someone's acquaintance: jn. kennen·lernen
to make something out of oneself: etwas aus sich machen
to make sure of something: sich einer Sache vergewissern
to make the most of something: etwas voll aus·nutzen
to make the team: in die Mannschaft aufgenommen werden
to make things uncomfortable for someone: jm. die Hölle heiß machen
to make trouble: Unruhe *f* stiften
to make trouble for someone: jm. Schwierigkeiten machen
to make up a story: eine Geschichte erfinden
to make up for lost time: verlorene Zeit nach·holen (wieder·gewinnen)
to make up for something: etwas wiedergut·machen (ersetzen)
to make up with someone: sich mit jm. versöhnen
to make war: Krieg *m* führen
to make way for someone: jm. Platz *m* machen; vor jm. zurück·treten
that is German-made: das ist ein deutsches Erzeugnis

making

he has the makings of a scholar: er wird einen guten Gelehrten abgeben; er hat das Zeug zu einem Gelehrten

malice

to bear malice toward someone: jm. grollen; einen Groll hegen gegen jn.
with malice aforethought: mit bösem Vorbedacht

man

average ~: Durchschnittsmensch *m*; *best ~*: Brautführer *m*; *~ about town*: Gesellschafter *m*; Lebemann *m*; *~ in the street*: der Mann auf der Straße; der einfache Mann; *~ of God*: Geistlicher *m*; *~ of honor*: Ehrenmann *m*; *~ of letters*: Schriftsteller *m*; Literat *m*; *~ of the hour*: Held *m* des Tages; *~ of the house*: Herr *m* des Hauses; *~ of the world*: Weltmann *m*; *~-of-war*: Kriegsschiff *n*; *to a ~*: alle ohne Ausnahme; *to the last ~*: bis auf den letzten Mann
I'm the man: Sie sind an die richtige Adresse gekommen; Sie haben sich an den Richtigen gewendet
to be man enough: Manns genug sein
to be one's own man: sein eigener Herr sein
to man a ship: ein Schiff bemannen

manage

somehow we manage: irgendwie kommen wir zurecht
to manage an estate: ein Gut verwalten
to manage to . . . : es fertig•bringen zu . . .

manner

I don't like his manner: seine Art und Weise gefällt mir nicht
in a manner of speaking: sozusagen
in this manner: auf diese Weise; in dieser Weise
to have an agreeable manner: eine gefällige (liebenswürdige) Art haben
to have no manners: keine Manieren haben
to teach someone manners: jm. Manieren (Anstand) bei•bringen
to teach someone manners [*reprimand*]: jn. Mores lehren

march

to be on the march: [*lit.*] auf dem Marsch sein; [*fig.*] sehr im Kommen sein

mark

to get a good mark: eine gute Note bekommen
to hit the mark [*lit. and fig.*]: ins Schwarze treffen
to leave its mark on something: seine Spuren hinterlassen in [*dat.*]
to make one's mark: sich [*dat.*] einen Namen machen
to miss the mark [*lit. and fig.*]: fehl•schießen; daneben schießen; vorbei•schießen
to overshoot the mark: über das Ziel hinaus•schießen
mark my words: denken Sie an meine Worte!
to mark off: ab•grenzen
to mark the price down: den Preis herab•setzen
to mark the price up: den Preis erhöhen (hinauf•setzen)
to mark time: auf der Stelle treten; [*fig.*] eine Gelegenheit ab•warten

marriage

~ counselor: Eheberater *m*; *~ license*: Ehekonsens *m*; Eheerlaubnis *f*; *~ of convenience*: Vernunftheirat *f*; *~ of love*: Liebesheirat *f*
a cousin by marriage: ein angeheirateter Vetter
a son by one's first marriage: ein Sohn *m* aus erster Ehe
the marriage was made in heaven: sie waren füreinander bestimmt
to annul a marriage: eine Ehe für ungultig erklären (annullieren)
to be related to someone by marriage: mit jm. verschwägert sein
to dissolve a marriage: eine Ehe auf•lösen (scheiden)
to give (take) in marriage: zur Frau geben (nehmen)
to have a happy marriage: eine glückliche Ehe führen
to perform a marriage: eine Trauung vollziehen
to propose marriage to someone: jm. einen Heiratsantrag machen; um jn. an•halten

marry

to be married to someone: mit jm. verheiratet sein
to get married to someone: sich mit jm. verheiraten; jn. heiraten
to marry a couple: ein Brautpaar trauen
to marry for love: aus Liebe heiraten
to marry for money: um des Geldes willen heiraten

to marry into a wealthy family: in eine reiche Familie ein•heiraten
to marry off one's daughter: seine Tochter unter die Haube bringen

master

to be one's own master: sein eigener Herr sein
to master a language: eine Sprache beherrschen

match

book of ~es: Streichholzheftchen *n*; *boxing ~*: Boxkampf *m*; *~maker*: Ehestifterin *f*
she is an excellent match: sie ist eine ausgezeichnete Partie
to be a match for someone: jm. gewachsen sein
to be more than a match for someone: jm. überlegen sein
to meet one's match: seinen Meister finden
to strike a match: ein Streichholz (Zündholz) an•zünden (an•stecken)
they are well matched: sie passen gut zueinander

matter

~ at hand: vorliegender Fall; *~ of course*: eine Selbstverständlichkeit; *~ of taste*: Geschmackssache *f*; *~ of time*: Frage *f* der Zeit; *no ~!* (es) macht nichts! *printed ~*: Drucksache *f*
as a matter of fact: in der Tat; tatsächlich
as matters now stand . . .: wie die Dinge jetzt liegen . . .
for that matter . . .: was das anbelangt (betrifft, angeht) . . .
in a matter of minutes: in wenigen Minuten
no matter what (how, when, etc.) . . .: ungeachtet (ganz gleich) was (wie, wann, usw.) . . .
something is the matter: irgend etwas stimmt nicht
to be a matter of life and death: um Leben und Tod gehen; ein Streit *m* (Kampf *m*, usw.) auf Leben und Tod sein; sich um Leben und Tod handeln
to be another matter [something else again]: ein Kapitel *n* für sich sein; auf einem anderen Blatt stehen
to let matters run their course: den Dingen ihren Lauf lassen
to make matters worse: eine Sache noch schlimmer machen (verschlimmern)
what's the matter? was ist denn los?
to matter to someone: jm. etwas aus•machen
what does it matter? was liegt daran? was tut's? was macht es aus?

matter-of-fact

a matter-of-fact description: eine nüchterne (sachliche) Beschreibung

me

it's only me: ich bin es nur

mean

by all ~s: [*every way possible*] auf jede mögliche Art und Weise; [*certainly*] auf jeden Fall; sicherlich; *by ~s of*: vermittels [*gen.*]; mit Hilfe [*gen.*]; durch; *by no ~s*: auf keinen Fall; keineswegs; durchaus nicht; *man of ~s*: wohlhabender Mann; *~s to an end*: Mittel *n* zum Zweck; *ways and ~s*: Mittel und Wege
may I? By all means! darf ich? Aber sicher! (Selbstverständlich!)
the end justifies the means: der Zweck heiligt die Mittel

to live beyond one's means: über seine Verhältnisse leben
by that I mean . . . : damit will ich sagen, daß . . .
to be meant for someone [a remark]: auf jn. gemünzt sein; jm. gelten
to mean business: es ernst meinen
to mean well by someone: es gut mit jm. meinen
what does this word mean? was bedeutet dieses Wort?
what do you mean by that? was wollen Sie damit sagen? was soll das bedeuten (heißen)?
you don't really mean that: das ist doch wohl nicht Ihr Ernst

measure
beyond (all) ~: über alle Maßen; *in some ~:* gewissermaßen; bis zu einem gewissen Grade
to take measures to . . . : Maßnahmen ergreifen (treffen) zu . . .
to measure someone for a suit: jm. Maß nehmen für einen (zu einem) Anzug
to measure up to expectations: den Erwartungen entsprechen

meddle
to meddle in an affair: sich in eine Angelegenheit mischen (ein•mischen)

medicine
to give someone a dose of his own medicine: Gleiches mit Gleichem vergelten (zurück•zahlen)
to take one's medicine [fig.]: eine bittere Pille schlucken; in den sauren Apfel beißen

medium
to find a happy medium: die goldene (gute) Mitte finden; den goldenen Mittelweg ein•schlagen

meek
meek as a lamb: lammfromm

meet
I'll meet your train: ich hole Sie am Bahnhof ab
to make ends meet: mit seinen Mitteln (Einkünften, Einnahmen) gerade aus•kommen
to meet one's obligations: seinen Verpflichtungen nach•kommen
to meet someone's demands: js. Forderungen erfüllen
to meet the demand: die Nachfrage befriedigen
to meet the eye: ins Auge fallen
to meet with an accident: einen Unfall haben; verunglücken
to meet with approval: gebilligt werden; Anklang *m* finden
to meet with resistance: auf Widerstand *m* [*acc.*] stoßen

meeting
a meeting of the minds: völlige Übereinstimmung
to call a meeting: eine Versammlung (ein Meeting) ein•berufen

melt
to melt in the mouth: auf der Zunge zergehen

memory
in ~ of: zum Andenken an [*acc.*]; zur Erinnerung an [*acc.*]; *within living ~:* soweit man zurückdenken kann; soweit die Erinnerung reicht

if my memory serves me correctly . . . : wenn ich mich recht entsinne . . . ; wenn mich mein Gedächtnis nicht täuscht . . .
my memory failed me: mein Gedächtnis ließ mich im Stich
to commit something to memory: etwas auswendig lernen; etwas dem Gedächtnis ein•prägen
to escape one's memory: jm. entfallen
to have a memory like a sieve: ein Gedächtnis wie ein Sieb haben
to play from memory: aus dem Gedächtnis spielen
to stick in one's memory: (jm.) hängen•bleiben (haften•bleiben)

mend
to be on the mend: auf dem Wege zur Besserung sein
to mend one's ways: sich bessern

mention
to make mention of something: etwas erwähnen
don't mention it: bitte sehr; nichts zu danken; gern geschehen
it's not worth mentioning: es ist nicht der Rede wert
not to mention . . . : geschweige denn . . . ; ganz zu schweigen von . . .
to mention something in passing: etwas am Rande bemerken; etwas am Rande (flüchtig) erwähnen

mercy
to be at someone's mercy: jm. auf Gnade und Ungnade ausgeliefert sein; völlig in js. Gewalt *f* [*dat.*] stehen
to beg for mercy: um Gnade *f* flehen
to have mercy on him: sich seiner erbarmen

merry
the more the merrier: je mehr desto besser
to make merry: sich belustigen

message
to give someone a message: jm. etwas aus•richten
to leave someone a message: jm. eine Nachricht hinterlassen

middle
~-aged: in mittleren Jahren; im mittleren Alter; *~ Ages:* Mittelalter *n*; *~ class:* Mittelstand *m*; *~ East:* der Nahe Osten; *~ man:* Zwischenhändler *m*; *~ West:* der Mittlere Westen *m*
to be in the middle of examinations: mitten im (in den) Examen stecken

midst
in our ~: (mitten) unter uns; *in the ~ of:* inmitten [*gen.*]; mitten unter [*dat.*]

might
with all one's ~: aus Leibeskräften; *with ~ and main:* aus Leibeskräften; mit voller (aller) Kraft

mild
to put it mildly: gelinde gesagt

mile
for miles around: meilenweit; weit und breit

mill

he has been through the mill: er hat viel durchgemacht
that is grist to his mill: das ist Wasser auf seine Mühle
to mill about: herum·lungern

mince

not to mince words: kein Blatt vor den Mund nehmen

mind

a meeting of the minds: völlige Übereinstimmung
are you in your right mind? sind Sie bei Trost?
out of sight, out of mind: aus den Augen, aus dem Sinn
to bear in mind: im Gedächtnis behalten; berücksichtigen
to be in one's right mind: bei vollem Verstand sein
to be of a mind to . . . : Lust *f* haben zu . . .
to be out of one's mind: nicht bei Verstand (Sinnen) sein; verrückt sein
to call to mind: ins Gedächtnis zurück·rufen
to change one's mind: sich anders besinnen; es [*acc.*] sich [*dat.*] anders überlegen; seine Ansicht (Meinung) ändern
to come to mind: jm. in den Sinn kommen
to cross one's mind: jm. durch den Kopf fahren; jm. in den Sinn kommen
to give someone a piece of one's mind: jm. gehörig die Meinung sagen; jm. den Kopf waschen
to have a lot on one's mind: den Kopf voll haben; viel im Kopf haben
to have a mind of one's own: seinen eigenen Kopf haben
to have an open mind: unvoreingenommen (aufgeschlossen) sein
to have a one-track mind: nur einen Gedanken im Kopf haben
to have in mind: im Sinne haben
to have one's mind set on something: etwas unbedingt haben wollen; auf etwas [*acc.*] erpicht sein
to have something on one's mind: etwas auf dem Herzen haben
to keep in mind: im Gedächtnis behalten
to know one's own mind: wissen, was man will
to lose one's mind: den Verstand verlieren
to make up one's mind: sich entscheiden
to my mind: meiner Meinung (Ansicht) nach
to put something out of one's mind: sich [*dat.*] etwas aus dem Kopf schlagen
to read someone's mind: js. Gedanken lesen
to run through one's mind: jm. im Kopf herum·gehen
to slip one's mind: jm. entfallen
to speak one's mind: seine Meinung offen sagen; frisch (frei) von der Leber weg sprechen
to take a load off someone's mind: jm. einen Stein von der Seele (vom Herzen) walzen (nehmen)
to take someone's mind off his work: jn. von seiner Arbeit ab·lenken
I don't mind: ich habe nichts dagegen; meinetwegen
never mind: es macht nichts
never mind him: kümmern Sie sich nicht um ihn; lassen Sie ihn nur reden
never mind the expense: ganz gleich, was es kostet

to mind a child: ein Kind beaufsichtigen
to mind one's own business: sich um die eigenen Angelegenheiten kümmern; sich nicht ein•mischen; vor der eigenen Tür kehren
to mind one's p'*s* and q'*s*: nicht aus der Rolle fallen; umsichtig sein

minor
German is his minor: Deutsch ist sein Nebenfach *n* (zweites Fach)
to minor in German: Deutsch als Nebenfach *n* (zweites Fach) studieren

minority
to be in the minority: in der Minderheit sein

minute
at the last ~: in letzter Minute; *up to the last* ~: bis zur letzten Minute; *up to the* ~ [*modern*]: zeitgemäß; up to date
the very minute I said it . . . : sobald ich es sagte . . .
to keep (*take*) *the minutes*: das Protokoll führen (auf•nehmen)

mischief
to get into mischief: Unfug *m* treiben

misfortune
to have the misfortune to . . . : das Unglück haben zu . . .

misgiving
to express one's misgivings: seine Bedenken äußern
to have misgivings about: Bedenken haben über [*acc.*]

miss
to miss (*pass up*) *an opportunity*: eine Gelegenheit verpassen (versäumen); sich [*dat.*] eine Gelegenheit entgehen lassen
to miss a remark: eine Bemerkung überhören
to miss someone: jn. vermissen
to miss the mark [*lit. and fig.*]: fehl•schießen; daneben schießen; vorbei•schießen
to miss the point: das Hauptargument mißverstehen (falsch auf•fassen)
to miss the train: den Zug verpassen
you miss the point: Sie verstehen mich nicht richtig
hit or miss: aufs Geratewohl

mistake
by mistake: irrtümlich; irrtümlicherweise; versehentlich
there is no mistaking the fact that . . . : die Tatsache läßt sich nicht leugnen (verkennen), daß . . .
to mistake one person for another: jn. mit einem anderen verwechseln
unless I am very much mistaken . . . : wenn ich mich nicht sehr irre . . .

mix
oil and water do not mix: Öl läßt sich nicht mit Wasser mischen
to mix the twins up: die Zwillinge verwechseln
to mix with people: mit Leuten verkehren

mixed
~ *blessing*: ein fragwürdiger Segen; etwas Vorteilhaftes (Günstiges), das aber auch Nachteile mit sich bringt; ~ *marriage*: eine Mischehe; *with* ~ *feelings*: mit gemischten Gefühlen; mit einem lachenden und einem weinenden Auge

model

on the model of: nach dem Vorbild [*gen.*]

to model clothing: Modellkleider vor•führen

to be a model pupil: ein Musterschüler *m* sein

mold

to be cast in the same mold: aus demselben Holz geschnitzt (geschnitten) sein

moment

at the ~: im Moment (Augenblick); *just a ~, please*: einen Augenblick, bitte

I came the moment he called: ich kam, sobald er mich anrief

on the spur of the moment: ohne Überlegung; unüberlegt

momentum

to gain momentum: [*lit. and fig.*] an Schwungkraft *f* (Durchschlagskraft) gewinnen; [*fig.*] Schule *f* machen

to lose momentum [*lit. and fig.*]: an Schwungkraft *f* verlieren

money

for love nor money: nicht für Geld und gute Worte

for my money . . . : für meine Begriffe . . .

I have no money on me: ich habe kein Geld bei mir

money burns a hole in his pocket: das Geld brennt ihm in der Tasche

money is no object: Geld spielt keine Rolle

money isn't everything: Geld allein macht nicht glücklich

money isn't everything, but . . . : Geld macht nicht glücklich, aber es beruhigt die Nerven

money is the root of all evil: Geld ist die Wurzel allen Übels

the money has gone down the drain: das ist hinausgeworfenes Geld; das Geld ist vergeudet (aus dem Fenster geworfen) worden

time is money: Zeit ist Geld

to be rolling in money: in Geld schwimmen; Geld wie Heu haben; steinreich sein

to be short of money: wenig Geld haben; knapp bei Kasse sein

to be worth the money: sein Geld wert sein

to change money: Geld wechseln

to coin money: Geld prägen (münzen)

to come into money: zu Geld kommen; [*inherit*] eine Erbschaft an•treten

to deposit money in the bank: Geld in die Bank ein•zahlen (deponieren)

to get one's money's worth [*fig.*]: auf seine Kosten kommen

to have money in the bank: Geld auf der Bank haben

to hold on to one's money: am Geld hängen

to make money: Geld verdienen (machen)

to marry for money: um des Geldes willen heiraten

to put one's money into a business: sein Geld in ein Geschäft stecken

to put one's money into stocks: sein Geld in Aktien an•legen

to put one's money to work: sein Geld arbeiten lassen

to raise money: Geld *n* auf•bringen (auf•treiben)

to run into money: ins Geld laufen

to save money: Geld sparen; sich [*dat.*] Geld zurück•legen

to scrape money together: Geld zusammen·kratzen
to spend money: Geld aus·geben
to throw good money after bad: gutes Geld faulem nach·werfen
to throw one's money around: mit dem Geld um sich werfen; sein Geld unter die Leute bringen
to throw one's money away: sein Geld zum Fenster hinaus·werfen

month
he has been away for months: er ist seit Monaten weg
it lasted for months: es dauerte monatelang
it took a month of Sundays: es dauerte eine Ewigkeit
to pay by the month: monatlich (in Monatsraten) zahlen

mood
to be in the mood for something: Lust *f* haben zu etwas; zu etwas aufgelegt sein

moon
once in a blue moon: alle Jubeljahre (einmal)
to reach for the moon: nach den Sternen greifen

moonlight
to moonlight: schwarz·arbeiten

moot
a moot point: ein strittiger (zweifelhafter) Punkt

more
all the ~: um so mehr; ~ *and* ~: immer mehr; ~ *or less*: mehr oder weniger; *once* ~: noch einmal; *some* ~ *books*: noch einige Bücher; *some* ~ *coffee*: noch etwas Kaffee; *two* ~: noch zwei
to see more of a person: jn. häufiger sehen

morning
in the ~: am Morgen; morgens; *the* ~ *after (the night before)*: der Katzenjammer (Kater); *the next* ~: am nächsten (anderen) Morgen; *this* ~: heute morgen; heute früh; *tomorrow* ~: morgen früh; *yesterday* ~: gestern morgen
from morning till night: von morgens bis abends

most
at ~: höchstens; wenn es hochkommt; *for the* ~ *part*: meistens; zum größten Teil; größtenteils; ~ *certainly*: ganz gewiß
it was most uncomfortable: es war äußerst unbequem (unangenehm)
most people think so: die meisten Leute denken so
to make the most of something: etwas aufs beste aus·nutzen
what annoys me most . . . : was mich am meisten ärgert . . .

mother
~ *country*: Vaterland *n*; ~*-in-law*: Schwiegermutter *f*; ~*'s Day*: Muttertag *m*; ~ *tongue*: Muttersprache *f*
necessity is the mother of invention: Not macht erfinderisch
to mother someone: jn. bemuttern

motion

~ picture: Film *m*; *perpetual ~*: dauernde Bewegung
the motion carried: der Antrag ging durch
to carry a motion: einen Antrag an•nehmen
to introduce a motion: einen Antrag ein•bringen
to make a motion [movement]: eine Bewegung machen
to make a motion that . . . : einen Antrag stellen, daß . . .
to reject a motion: einen Antrag ab•lehnen
to set in motion: in Bewegung setzen; in Gang bringen
to show in slow motion: in Zeitlupe zeigen
to motion to someone: jm. zu•winken

motor

~boat: Motorboot *n*; *~cycle*: Motorrad *n*; *~ vehicle*: Kraftfahrzeug *n*
the motor runs well: der Motor läuft gut
the motor stalled: der Motor setzte aus
the motor starts: der Motor springt an
the motor turns over: der Motor dreht durch
to let the motor run: den Motor laufen lassen
to start the motor up: den Motor an•lassen (an•stellen)
to turn the motor off: den Motor ab•stellen

mountain

chain of ~s: Gebirgskette *f*; *~ range*: Gebirge *n*
to make a mountain out of a molehill: aus einer Mücke einen Elefanten machen
to move mountains: Berge versetzen

mourn

to come out of mourning: Trauer ab•legen
to go into mourning: Trauer an•legen
to mourn the loss of a friend: über den Verlust eines Freundes trauern

mouse

as quiet as a mouse: mäuschenstill; mucksmäuschenstill
to be as poor as a church mouse: arm wie eine Kirchenmaus sein
to play cat and mouse with someone: mit jm. Katze und Maus spielen
when the cat's away, the mice will play: wenn die Katze aus dem Haus ist, tanzen die Mäuse

mouth

by word of mouth: mündlich
his mouth waters: ihm laüft das Wasser im Munde zusammen
that makes my mouth water: da läuft mir das Wasser im Munde zusammen
to be down in the mouth: niedergeschlagen sein; in schlechter Stimmung sein
to go from mouth to mouth: von Mund zu Mund gehen
to live from hand to mouth: von der Hand in den Mund leben
to make one's mouth water: jm. den Mund wässerig machen
to open one's mouth [fig.]: den Mund auf•machen (auf•tun)
to put words in someone's mouth: jm. Worte in den Mund legen
to take the words out of someone's mouth: jm. das Wort aus dem Mund nehmen

move

get a move on! na, los! beeilen Sie sich!
to be on the move all day: den ganzen Tag auf Trab (unterwegs) sein
to make a move [chess, etc.]: einen Zug machen
to make the first move: den ersten Schritt tun
whose move is it? wer ist am Zug?
could you move down (over), please? würden Sie bitte ein wenig rücken?
move on, please! bitte, weitergehen!
the new product is moving well: das neue Produkt findet (hat) guten Absatz
the spirit moves me: es treibt mich der Geist
to be moved by someone's kindness: von js. Freundlichkeit *f* gerührt (ergriffen) sein
to move (in, out): um•ziehen (ein•ziehen, aus•ziehen)
to move heaven and earth: Himmel und Erde (alle Hebel) in Bewegung setzen
to move into an apartment: eine Wohnung beziehen
to move mountains: Berge versetzen
to move someone to tears: jn. zu Tränen rühren
to move up in the world: in der Welt voran•kommen

movie

~ fan: Filmliebhaber *m*; *~goer:* Kinobesucher *m*; *~ star:* Filmstar *m*; *~ theater:* Kino *n*; Filmtheater *n*
to go to the movies: ins Kino gehen
to make a movie: einen Film drehen

much

as ~ again: noch einmal soviel; *so ~ for that:* erledigt; *so ~ the better:* um so besser
as much as to say . . . : als wenn er sagen wollte . . .
I thought as much: das habe ich mir gedacht
it is much the same thing: es ist so ziemlich dasselbe; es ist dasselbe in Grün
it is not much of a play: an dem Stück ist nicht viel dran
not so much as a word of thanks: nicht einmal ein Wort *n* des Dankes
to be not much of an athlete: kein großer (sonderlicher) Sportler sein
to be too much for someone: [*superior*] jm. überlegen sein; [*to handle*] jm. zuviel sein
to be too much of a good thing: zuviel des Guten sein
to make too much of something: viel Wesens (Aufhebens) machen von (um) etwas
without so much as a word of thanks: ohne auch nur ein Wort *n* des Dankes

mud

as clear as mud: klar wie dicke Tinte
to drag someone through the mud: jn. schlecht•machen

muddle

to muddle through: sich durch•beißen (durch•schlagen)

multiply

to multiply like rabbits: sich wie die Kaninchen vermehren

murder
to cry bloody murder: Zeter und Mordio schreien

muscle
he didn't move a muscle [to help]: er machte keinen Finger krumm; er rührte keinen Finger
without moving a muscle: ohne mit der Wimper zu zucken; ohne eine Miene zu verziehen

music
to be music to one's ears: Musik *f* in (für) js. Ohren sein
to face the music: die Konsequenzen ziehen; die Folgen tragen
to play from music: vom Blatt spielen
to put something to music: etwas vertonen (in Musik setzen)

must
it's a must: es ist ein Muß; man darf es sich [*dat.*] nicht entgehen lassen

n

nail
to be a nail in someone's coffin: ein Nagel *m* zu js. Sarg *m* sein
to bite one's nails: an den Nägeln kauen
to cut one's nails: sich [*dat.*] die Nägel schneiden
to fight tooth and nail: mit aller Kraft kämpfen; mit Händen und Füßen kämpfen
to hit the nail on the head: den Nagel auf den Kopf treffen
to nail someone down to a deadline: jn. auf einen Termin fest•nageln

naked
~ facts: nackte Tatsachen; *~ truth*: nackte (reine) Wahrheit; *stark ~*: splitternackt
to strip naked: sich nackt aus•ziehen
visible to the naked eye: mit bloßem Auge sichtbar

name
first ~: Vorname *m*; *in ~ only*: nur dem Namen nach; *last ~*: Nachname *m*; Familienname *m*; *middle ~*: zweiter Vorname
her maiden name is Schmidt: sie ist eine geborene Schmidt
in the name of the law: im Namen des Gesetzes
someone by the name of Schäfer: jd. namens (mit Namen) Schäfer
to answer to the name of Hans: auf den Namen Hans hören
to call someone by name: jn. mit Namen an•reden (auf•rufen)
to call someone names: jn. beschimpfen
to change one's name: seinen Namen ändern
to have not a penny to one's name: keinen einzigen Pfennig besitzen (haben)
to know someone by name: jn. dem Namen nach kennen
to make a name for oneself: sich [*dat.*] einen Namen machen
to sign one's name to something: etwas unterschreiben (unterzeichnen)

to take God's name in vain: Gottes Namen mißbrauchen
. . . to name but a few: . . . um nur wenige (ein paar) zu nennen
to name the day [wedding]: den Hochzeitstag fest•setzen
to name the son after the father: den Sohn nach seinem Vater nennen
to be on a first-name basis with someone: [*lit.*] jn. mit Vornamen an•reden; [*fig.*] mit jm. auf du und du stehen

nap
to take a nap: ein Schläfchen (Nickerchen) machen
to catch someone napping: jn. überrumpeln (überraschen)

native
to be a native of Hamburg: ein geborener (gebürtiger) Hamburger sein
German is his native language: Deutsch ist seine Muttersprache
to go native: sich den Lokalverhältnissen an•passen

nature
by nature: von Natur (aus)
to become second nature to someone: jm. in Fleisch und Blut über•gehen; jm. zur zweiten Natur werden

naught
to come to naught: zu nichts werden

nay
the nays have it: die Mehrheit stimmt dagegen

near
from ~ and far: von fern und nah; *in the ~ future*: in der nahen Zukunft; *~ at hand*: [*place*] dicht dabei; in der Nähe; [*time*] vor der Tür
to be near to someone: mit jm. eng befreundet sein
to come near to doing something: etwas beinahe tun

necessary
if necessary: im Notfall; nötigenfalls; zur Not
to be a necessary evil: ein notwendiges Übel sein

necessity
necessity is the mother of invention: Not macht erfinderisch
necessity knows no law: Not kennt kein Gebot
of necessity: notwendigerweise; zwangsläufig
the necessities of life: die Lebensbedürfnisse
to make a virtue of necessity: aus der Not eine Tugend machen

neck
neck and neck: Kopf an Kopf
to be up to one's neck in debt: bis an den Hals in Schulden stecken
to break one's neck: [*lit.*] sich [*dat.*] das Genick brechen; [*fig.*] sein Bestes (Allerbestes) tun
to crane one's neck: sich [*dat.*] den Hals verrenken
to give someone a pain in the neck: jm. ein Greuel *m* (Kreuz *n*) sein
to risk one's neck: Kopf und Kragen (den Hals) riskieren
to stick one's neck out for someone: für jn. die Hand ins Feuer legen; für jn. den Kopf hin•halten

to win by a neck [fig.]: um eine Nasenlänge gewinnen
to wring someone's neck: jm. den Hals um•drehen

need
a friend in need is a friend indeed: in der Not erkennt man seine Freunde; Freunde in der Not gehen tausend auf ein Lot
in case of need (if need be): im Notfall; nötigenfalls
there is no need to go: es besteht kein Grund zu gehen; man braucht nicht zu gehen
to be in need of something: etwas nötig haben; etwas brauchen
to fill a need (gap, void): eine Lücke aus•füllen
to satisfy a need: einen Bedarf decken; ein Bedürfnis befriedigen
he need not have done so: das wäre nicht nötig gewesen; er hätte es nicht zu tun brauchen

needle
to be on pins and needles: wie auf glühenden Kohlen sitzen
to look for a needle in a haystack: eine Stecknadel im Heuschober suchen
to needle someone: gegen jn. sticheln

negative
to answer a question in the negative: eine Frage verneinen

nerve
to act on the nerves: auf die Nerven wirken
to be a bundle of nerves: ein Nervenbündel *n* sein
to get on someone's nerves: jm. auf die Nerven gehen (fallen)
to have the nerve to do something: [*courage*] den Mut haben, etwas zu tun; [*impudence*] die Unverschämtheit (Stirn) haben, etwas zu tun
to lose one's nerve: den Mut (die Nerven) verlieren

nest
to feather one's own nest: sein Schäfchen ins trockene bringen

neutral
to remain neutral: neutral (unbeteiligt) bleiben

news
~paper: Zeitung *f*; *~paper boy*: Zeitungsjunge *m*; Zeitungsausträger *m*; *~stand*: Zeitungskiosk *m*
no news is good news: schlimme Nachricht kommt stets zu früh
that's news to me: das ist mir neu
to be in the news: viel von sich reden machen
to break the news to someone: jm. etwas schonend bei•bringen
to listen to the news: die Nachrichten hören
to watch the news [television]: die Tagesschau an•sehen

next
~ best: der Zweitbeste; *~-door*: nebenan; *~ of kin*: die nächsten Verwandten; *~, please!* der Nächste, bitte! *~ to impossible*: beinahe unmöglich; *~ to nothing*: fast nichts; *what ~?* was jetzt?
within the next few days: in den nächsten Tagen

nice

nice and warm: schön warm
to be nice to someone: zu jm. freundlich sein

nick

in the nick of time: gerade zur rechten Zeit; in zwölfter Stunde

night

all ~ long: die ganze Nacht hindurch; *at ~*: nachts; in der Nacht; *by ~*: bei Nacht; *first ~*: Premiere *f*; Uraufführung *f*; *good ~!* gute Nacht! *last ~*: gestern abend; *late at ~*: spät abends; *~club*: Nachtklub *m*; Nachtlokal *n*; *over~*: [*suddenly*] über Nacht; mit einem Schlage; *tomorrow ~*: morgen abend
as different as day and night: ein Unterschied *m* wie Tag und Nacht
from morning till night: von morgens bis abends
in the dead of night: mitten (tief) in der Nacht
to have a night off: einen Abend frei (dienstfrei) haben; [*military*] für einen Abend Ausgang haben
to have a night out: am Abend aus•gehen
to lie awake half the night: die halbe Nacht wach•liegen
to make a night of it: die ganze Nacht durch•machen
to spend the night in a hotel: in einem Hotel übernachten
to spend the night with friends: die Nacht bei Freunden verbringen (zu•bringen)
to turn night into day: die Nacht zum Tage machen; [*working*] sich [*dat.*] die ganze Nacht um die Ohren schlagen
to work day and night: Tag und Nacht arbeiten
under cover of night: unter dem (im) Schutz der Nacht

nightcap

to have a nightcap: einen Schlummertrunk trinken

nightmare

to have a nightmare: einen Alptraum (Nachtmahr) haben

nine

dressed to the nines: aufgedonnert; aufgetakelt
nine times out of ten: in den allermeisten Fällen; im allgemeinen

nip

the game was nip and tuck until . . .: der Ausgang des Spiels stand auf des Messers Schneide, bis . . .
to take a nip of wine: vom Wein nippen
to nip in the bud: im Keim ersticken

no

in ~ time: im Nu; im Handumdrehen; *~ wonder!* kein Wunder!
to be unable to say no: nicht nein sagen können
to refuse to take no for an answer: sich nicht abweisen lassen

nod

to nod one's head: mit dem Kopf nicken

nominate

to nominate someone for the office of president: jn. für das Amt des Präsidenten auf•stellen (nominieren)

none

~ other than: kein anderer als; *~ too good*: nicht gerade gut
to be none the better for it: um nichts besser daran sein
to be none the wiser for it: um nichts klüger geworden sein

nonsense

to stand for no nonsense: mit sich nicht spaßen lassen
to talk nonsense: Unsinn *m* (dummes Zeug) reden

nose

by a nose: um eine Nasenlänge
his nose is running: ihm läuft die Nase
to be as plain as the nose on your face: sonnenklar sein
to be right under someone's nose: jm. gerade vor der Nase liegen
to be unable to see past one's nose: [*lit. and fig.*] nicht über die eigene Nase hinaussehen können; [*fig.*] einen engen Horizont haben
to blow one's nose: sich [*dat.*] die Nase putzen
to count noses: ab•zählen
to cut off one's nose to spite one's face: sich [*dat.*] ins eigene Fleisch schneiden
to follow one's nose: der (immer seiner) Nase nach•gehen
to have one's nose up in the air: die Nase hoch tragen
to hold one's nose: sich [*dat.*] die Nase zu•halten
to keep one's nose to the grindstone: schuften; ununterbrochen (pausenlos) arbeiten; sich ab•mühen
to lead someone around by the nose: jn. an der Nase herum•führen
to look down one's nose at someone: die Nase rümpfen über jn.; jn. von oben herab an•sehen
to pay through the nose: schwer drauf•zahlen; bluten (blechen) müssen
to poke one's nose into something: die Nase in etwas [*acc.*] stecken
to stick one's nose into other people's business: seine Finger (die Nase) in die Angelegenheiten anderer stecken
to talk through one's nose: durch die Nase sprechen
to thumb one's nose at someone: jm. eine lange Nase machen
to turn one's nose up at someone: die Nase rümpfen über jn.
to wipe one's nose: sich [*dat.*] die Nase putzen
to nose about: herum•schnüffeln
to nose someone out: jn. knapp (um eine Nasenlänge) besiegen

note

to compare notes: Eindrücke (Meinungen) aus•tauschen
to make a mental note of something: sich [*dat.*] etwas merken
to make a note of something: sich [*dat.*] etwas auf•schreiben (notieren)
to take notes: sich [*dat.*] Notizen machen; [*in school*] mit•schreiben
to be noted for: bekannt (berühmt) sein wegen [*gen. or dat.*]

nothing

much ado about ~: viel Lärm um nichts; *next to ~*: fast (beinahe) nichts; *~ at all*: überhaupt nichts; *~ but*: nichts als; nur; *~ doing*! nicht zu machen! *~ of the kind*: nichts dergleichen
he thinks nothing of cheating his friends: er betrügt seine Freunde ohne jedes Bedenken

he thinks nothing of my efforts: er hält wenig von meinen Bemühungen
nothing to write home about: nichts Besonderes
nothing ventured, nothing gained: nichts gewagt, nichts gewonnen
there is nothing for me to do but resign: es bleibt mir nichts anderes übrig als abzutreten
there's nothing to it [*simple*]: es ist nichts dabei
to be nothing less than: nichts anderes sein als
to come to nothing: zu nichts werden
to get something for nothing: etwas umsonst (gratis) bekommen
to say nothing of: ganz zu schweigen von

notice

at a moment's ~: zu jeder Zeit; *on short ~*: kurzfristig; in kurzer Zeit; *until further ~*: bis auf weiteres
to attract notice: Aufmerksamkeit *f* (Aufsehen *n*) erregen
to escape notice: unbeachtet bleiben
to give someone notice [*employer, employee*]: jm. kündigen
to receive notice that . . .: Nachricht *f* bekommen, daß . . .
to take notice of someone: von jm. Notiz nehmen
to notice someone doing something: jn. etwas tun sehen

now

from ~ on: von nun (jetzt) an; *~ and again*: gelegentlich; ab und zu; hin und wieder; dann und wann; *~ and then*: ab und zu; dann und wann; hin und wieder; *right ~*: gerade jetzt; *up to ~*: bis jetzt; bisher
now that he is wealthy . . .: da er nun reich (geworden) ist . . .

nowhere

nowhere to be found: nirgendwo zu finden
to be nowhere near enough: bei weitem nicht genug sein (aus•reichen)
to get nowhere [*with one's work*]: nicht von der Stelle (vom Fleck) kommen

nuisance

to be a nuisance to someone: jm. lästig fallen
to make a nuisance of oneself: sich lästig machen

null

to be null and void: null und nichtig sein

number

a number of times: mehrmals; öfters
. . . in number: . . . an der Zahl
I've got your number [*fig.*]: ich habe Sie durchschaut
someone's days are numbered: js. Tage sind gezählt
someone's number is up: js. Stunde *f* hat geschlagen (ist gekommen)
to be numbered among: zählen zu

nurse

to nurse a baby: einen Säugling stillen
to nurse a cold: eine Erkältung kurieren
to nurse a grievance against someone: einen Groll hegen gegen (auf) jn.

nut
a hard nut to crack: eine harte Nuß zu knacken

nutshell
in a nutshell: in aller Kürze

O

oat
he is feeling his oats: ihn sticht der Hafer
to sow wild oats: sich [*dat.*] die Hörner ab·laufen

oath
to administer an oath to someone: jm. einen Eid ab·nehmen; jn. vereidigen
to break an oath: einen Eid brechen
to take an oath: einen Eid ab·legen (schwören)
to testify under oath: unter Eid aus·sagen

objection
to have no objection to something: nichts gegen etwas einzuwenden haben; an etwas [*dat.*] nichts auszusetzen haben
to raise an objection to: einen Einwand erheben gegen; Einspruch *m* erheben gegen

obligation
to be under an obligation to someone: jm. verpflichtet (verbunden) sein
to discharge one's obligations: seinen Verpflichtungen nach·kommen

oblige
I would be much obliged to you if . . . : ich würde Ihnen sehr dankbar (verbunden) sein, wenn . . .
to be obliged to do something: etwas tun müssen
to be obliging: zuvorkommend sein

oblivion
to pass into oblivion: in Vergessenheit geraten

oblivious
to be oblivious to beauty: für die Schönheit blind sein

observation
to keep someone under observation: jn. beobachten (überwachen) lassen
to make an observation: eine Bemerkung machen

observe
to observe a holiday: einen Feiertag halten
to observe that . . . : fest·stellen, daß . . .
to observe the law: das Gesetz befolgen
to observe the rules: die Regeln befolgen (ein·halten); sich an die Regeln halten

obstacle
to meet obstacles: auf Hindernisse stoßen
to overcome obstacles: Hindernisse überwinden (beseitigen)
to put obstacles in someone's way: jm. Hindernisse in den Weg legen

occasion

for this ~: zu diesem Anlaß; *on ~:* bei Gelegenheit; gelegentlich; *on two ~s:* zweimal
on the occasion of his birthday: anläßlich seines Geburtstages
to be equal to the occasion: der Situation gewachsen sein; sich der Situation gewachsen zeigen
to give occasion to something: zu etwas Anlaß geben
to have occasion to do something: Veranlassung haben, etwas zu tun

occupy

to occupy a country: ein Land besetzen
to occupy oneself with: sich beschäftigen (ab·geben, befassen) mit

occur

an accident occurred: es ereignete sich (passierte) ein Unfall *m*
it occurs to me that . . . : es fällt mir ein, daß . . .
it often occurs that . . . : es kommt oft vor, daß . . .

odds

the odds are in our favor: die Chancen sind auf unserer Seite
the odds are two to one that . . . : die Chancen stehen zwei zu eins, daß . . .
to be at odds with someone over something: mit jm. über etwas [*acc.*] uneinig sein
to give odds of three to one: drei gegen eins wetten
to give someone odds: jm. etwas vor·geben

of

he of all people: ausgerechnet er

off

far ~: weit weg; *~ and on:* hin und wieder; ab und zu
he's a little off: er ist nicht ganz bei Trost; er ist nicht ganz richtig im Kopf
to be off duty: dienstfrei (keinen Dienst) haben
to be off the air: Sendepause *f* haben
to be well-off: [*financially*] wohlhabend (gut gestellt, gut situiert) sein; [*in general*] gut dran·sein
to have a day off: einen freien Tag haben
to have an off day: einen schwarzen (keinen guten) Tag haben

off-color

to be off-color [*humor*]: anzüglich sein

offense

no offense! nichts für ungut!
to commit an offense against the law: sich gegen das Gesetz vergehen; gegen das Gesetz verstoßen
to give offense: Anstoß *m* erregen
to take offense at something: an etwas [*dat.*] Anstoß *m* nehmen; etwas übel·nehmen

offensive

to be on the offensive: in der Offensive sein
to take the offensive: die Offensive ergreifen

offer

to jump at the offer: bei dem Angebot mit beiden Händen zu•greifen
to offer an apology to someone: sich bei jm. entschuldigen
to offer an opinion: eine Meinung äußern
to offer prayers to God: Gebete an Gott richten; zu Gott beten
to offer resistance: Widerstand *m* leisten
to offer someone something: jm. etwas an•bieten
to offer to do something: sich erbieten, etwas zu tun
to offer up a sacrifice: ein Opfer dar•bringen

offhand

do you know offhand whether . . . ? wissen Sie zufällig, ob . . . ?
I don't know offhand whether . . . : im Moment weiß ich nicht, ob . . .

office

to hold an office: ein Amt bekleiden (inne•haben)
to resign from office: ein Amt nieder•legen
to run for office: kandidieren; sich um ein Amt bewerben; für ein Amt kandidieren
to take office: ein Amt an•treten

oil

to burn the midnight oil: bis tief in die Nacht hinein arbeiten (lesen, usw.)
to pour oil on troubled waters: Öl auf die Wogen gießen
to strike oil: Petroleum entdecken; [*fig.*] einen glücklichen Fund machen

ointment

to find a fly in the ointment: ein Haar in der Suppe finden

O.K.

O.K.! in Ordnung! schon gut! wird gemacht!
it's O.K. with me: es ist mir recht; ich habe nichts dagegen

old

as old as the hills: uralt
one is never too old to learn: man lernt nie aus

on

and so ~: und so weiter; und so fort; ~ *and off*: hin und wieder; ~ *and* ~: immer weiter; ununterbrochen
this is on me: das geht auf meine Rechnung
to be on [*appliances*]: an•sein
to be on the air: senden
to be on to a good thing: etwas Gutem auf der Spur sein

once

all at ~: plötzlich; auf einmal; mit einem Male; *for this* ~: dieses eine Mal; für diesmal; ausnahmsweise; ~ *again*: noch einmal; ~ *and for all*: ein für allemal; ~ *in a while*: zuweilen; gelegentlich; dann und wann; ~ *more* [*again*]: noch einmal; ~ *or twice*: ein paarmal; einige Male; ~ *upon a time . . . :* es war einmal . . .
he did it at once: er tat es sofort (auf der Stelle)
once in a blue moon: alle Jubeljahre (einmal)
to do something for once: etwas ausnahmsweise tun
to give someone the once-over: jn. von oben bis unten mustern

one

all in ~: alles in einem; *~ by ~*: einer nach dem anderen
I for one . . .: ich für meine Person . . . ; was mich betrifft . . .
to be someone's one-and-only: js. ein und alles sein
to go someone one better: jn. übertrumpfen (überbieten)
to have one for the road: noch eins zum Abschied trinken
for one thing . . .: erstens einmal . . .
to be one-up on someone: jm. etwas voraus·haben

only

~ too glad: nur zu froh; *~ yesterday*: erst gestern
if only . . .: wenn nur . . .

open

to be out in the open [news]: allgemein bekannt sein
the museum opens at nine o'clock: das Museum wird um neun Uhr geöffnet
the play opened last night: das Stück wurde gestern abend uraufgeführt
to open a discussion: eine Diskussion eröffnen
to open an account: ein Konto eröffnen
to open fire: das Feuer eröffnen
to open up [become communicative]: aus sich heraus·gehen; gesprächig werden; auf·tauen
in the open air: unter freiem Himmel; im Freien
to be open to criticism [argument, procedure]: anfechtbar sein
to keep an open house: ein offenes Haus haben
to lay oneself open to criticism: sich der Kritik aus·setzen

operation

to be in operation: in Betrieb sein
to undergo an operation: sich operieren lassen; sich einer Operation unterziehen

opinion

differences of ~: Meinungsverschiedenheiten; *in my ~*: meiner Meinung (Ansicht) nach; meines Erachtens; *~ poll*: Meinungsumfrage *f*
opinion is divided: die Meinungen gehen auseinander (sind geteilt)
to be a matter of opinion: Ansichtssache *f* sein
to be of the opinion that . . .: der Meinung (Ansicht) sein, daß . . .
to form an opinion of someone: sich [*dat.*] eine Meinung über jn. bilden
to have a high opinion of someone: eine hohe Meinung von jm. haben; große Stücke auf jn. halten
to offer an opinion: eine Meinung äußern
to share someone's opinion: js. Meinung *f* teilen
to venture an opinion: es wagen, seine Meinung zu äußern
to voice one's opinion: seine Meinung äußern
what is your opinion of him? was halten Sie von ihm?

opportunity

an opportunity presents itself: eine Gelegenheit bietet sich
at the first opportunity: bei der ersten Gelegenheit
to afford someone an opportunity: jm. eine Gelegenheit bieten

to give someone the opportunity to do something: jm. Gelegenheit geben, etwas zu tun
to jump at the opportunity (chance): die Gelegenheit beim Schopf fassen; sich um die Gelegenheit reißen
to miss (pass up) an opportunity: eine Gelegenheit verpassen (versäumen); sich [*dat.*] eine Gelegenheit entgehen lassen
to take the opportunity: die Gelegenheit ergreifen

oppose
to be opposed to something: gegen etwas sein

opposition
to meet with opposition: auf Widerstand *m* [*acc.*] stoßen

orbit
to be in orbit: in der Umlaufbahn sein; die Erde (den Mond, usw.) umkreisen

orchestra
to conduct an orchestra: ein Orchester dirigieren

order
by ~ of: auf Befehl von; *in alphabetical ~*: in alphabetischer Reihenfolge; alphabetisch geordnet; *in ~*: der Reihe nach; *made to ~* [*clothing*]: nach Maß angefertigt; *of the highest ~*: von erstem Range; erstrangig
to be in working order: gut funktionieren (arbeiten); betriebsfähig sein
to be on order: bestellt sein
to be out of order [*machine*]: außer Betrieb sein
to call to order: zur Ordnung rufen
to give an order: einen Befehl geben
to maintain order: Ordnung halten
to place an order: eine Bestellung auf•geben
to restore order: die Ordnung wiederher•stellen
to take an order [*for a product*]: einen Auftrag erhalten
to order someone to do something: jm. befehlen, etwas zu tun
in order that . . .: damit . . .
in order to learn German: um Deutsch zu lernen

ordinary
to be something out of the ordinary: etwas Außergewöhnliches sein
under ordinary circumstances: unter gewöhnlichen Umständen; normalerweise

other
every ~ day: jeden zweiten Tag; *every ~ year*: alle zwei Jahre; *one after the ~*: einer nach dem anderen; *somehow or ~*: auf irgendeine Weise; irgendwie; *someone or ~*: irgend jemand; *something or ~*: irgend etwas; *sometime or ~*: irgendwann mal; *somewhere or ~*: irgendwo; *the ~ day*: neulich; vor einigen Tagen; *the ~ two*: die beiden anderen
none other than Schmidt: niemand anders (kein anderer) als Schmidt
the other side of the coin: die Kehrseite der Medaille

out

~-and-~: durch und durch; ganz und gar; *~-of-doors*: im Freien; *~ of gratitude*: aus Dankbarkeit; *~ of place* [*remark*]: fehl am Platze; unangebracht; *~-of-the-way* [*location*]: abgelegen

to know the ins and outs: alle Schliche kennen

before the week is out: bevor die Woche zu Ende ist

his book is not out yet: sein Buch ist noch nicht erschienen

the secret is out: das Geheimnis ist verraten

to be out for success: auf Erfolg *m* [*acc.*] aus•sein

to be out of breath: außer Atem sein

to be out of cigarettes: keine Zigaretten mehr haben

to be out of condition: aus der Übung sein

to be out of danger: außer Gefahr sein

to be out of fashion: aus der Mode sein

to be out of sorts: unpäßlich sein

to be out of time: keine Zeit mehr haben

to be out of tune [*lit. and fig.*]: verstimmt sein

to be out of work: arbeitslos sein

to cross out: durch•streichen

to fall out with someone: sich mit jm. überwerfen

to go all-out for something: seine ganze Kraft für etwas ein•setzen

to have it out with someone: sich mit jm. auseinander•setzen

outright

to deny a report outright: einen Bericht rundweg ab•leugnen (dementieren)

over

all ~ the world: überall in (auf) der Welt; in der ganzen Welt; *~ and ~ again*: immer wieder; *~ lunch*: beim Mittagessen

over and above what . . .: außer dem, was . . .

the game is over: das Spiel ist zu Ende (aus)

to get over something: etwas überwinden (verschmerzen); über etwas [*acc.*] hinweg•kommen

to go over well: gut aufgenommen werden; Anklang *m* finden

to last over a year: mehr als ein Jahr dauern

to read something over: etwas durch•lesen

to stop over in Vienna: die Fahrt (Reise) in Wien unterbrechen

to write a paper over: eine Arbeit um•schreiben

overdo

to overdo it: etwas übertreiben; zu weit gehen

overdue

to be overdue: [*train*] Verspätung haben; [*payments*] überfällig sein

overjoyed

to be not exactly overjoyed by something: nicht gerade entzückt sein von etwas

overshadow

to overshadow someone: jn. in den Schatten stellen

oversight

by an oversight: aus Versehen; versehentlich

overstay

to overstay one's welcome: länger bleiben als erwünscht (ist)

overtake

to overtake a car: einen Wagen überholen

overtime

to work overtime: Überstunden machen

overview

to get an overview of something: sich [*dat.*] einen Überblick über etwas [*acc.*] verschaffen

overweight

to be overweight: Übergewicht *n* haben

owe

to owe someone a great deal [*fig.*]: jm. viel zu verdanken haben

to owe someone ten Marks: jm. zehn Mark schulden

own

to be on one's own: unabhängig sein; auf sich [*acc.*] selbst angewiesen (gestellt) sein

to call something one's own: etwas sein eigen nennen

to come into one's own: seine Talente zur Geltung bringen

to do something on one's own: [*responsibility*] etwas auf eigene Verantwortung tun; [*financial means*] etwas mit eigenem Mitteln tun; [*initiative*] etwas aus eigenem Antriebe tun

to hold one's own: sich behaupten; seinen Mann stehen

to own up to something: etwas zu•geben (gestehen)

with one's own eyes: mit eigenen Augen

p

p

to mind one's p's *and* q's: nicht aus der Rolle fallen; umsichtig sein

pace

to keep pace with someone: mit jm. Schritt halten

to keep pace with the times: mit der Zeit gehen

to put someone through the paces: jn. auf Herz und Nieren prüfen

to set the pace [*fig.*]: den Ton an•geben

to pace off a distance: eine Entfernung ab•schreiten

to pace up and down: auf und ab (hin und her) gehen

pack

to be packed in like sardines: wie die Heringe (Sardinen) zusammengepreßt sein (sitzen, stehen)

to pack one's bags [*lit. and fig.*]: die Koffer packen; sein Bündel schnüren

to send someone packing: jn. fort•jagen (hinaus•werfen); jm. die Tür weisen

pain

to be in pain: Schmerzen leiden
to give someone a pain in the neck: jm. ein Greuel *m* (Kreuz *n*) sein
to relieve the pain: den Schmerz lindern
to spare no pains: sich [*dat.*] keine Mühe sparen
to take great pains to do it: sich [*dat.*] große Mühe geben, es zu tun
under pain of death: bei Todesstrafe

paint

wet paint! frisch gestrichen!
to paint the town red: die ganze Stadt auf den Kopf stellen

palm

to grease someone's palm: jn. schmieren (bestechen)
to have someone in the palm of one's hand: jn. in der Tasche haben
to palm something off on someone: jm. etwas an•drehen

pants

to wear the pants in the family: die Hosen an•haben; Herr im Hause sein

paper

~back: Taschenbuch *n*; *writing ~*: Schreibpapier *n*
to exist only on paper: nur auf dem Papier stehen
to get something down on paper: etwas zu Papier bringen
to put pen to paper: die Feder an•setzen
to read (give) a paper [university, professional]: ein Referat halten
to paper a room: ein Zimmer tapezieren

par

to be on a par with someone: mit jm. auf gleichem Fuß (gleicher Stufe) stehen
to feel not up to par: nicht auf der Höhe sein

parallel

to draw a parallel between: eine Parallele ziehen zwischen; einen Vergleich ziehen (an•stellen) zwischen
to run parallel to: parallel laufen mit

park

~ing lot: Parkplatz *m*; *~ing meter*: Parkuhr *f*; *~ing place*: Parkplatz *m* (Parkstelle *f*)
to park a car: einen Wagen parken

part

for the most ~: meistens; zum größten Teil; *in ~*: zum Teil; teilweise; *on the ~ of*: von seiten von; von seiten [*gen.*]
to be part and parcel of something: wesentlicher Bestandteil von etwas sein
to do one's part: seinen Teil bei•tragen (tun); sein Scherflein bei•tragen
to play (act) a part: eine Rolle spielen
to take part in something: an etwas [*dat.*] teil•nehmen
to take someone's part: für jn. Partei ergreifen; sich auf js. Seite [*acc.*] schlagen (stellen)
to try out for a part: Probe spielen; sich um eine Rolle bewerben
to part company: sich trennen; auseinander•gehen

to part friends: als Freunde auseinander•gehen
to part one's hair on the left: sein Haar links scheiteln

partial
to be partial to something: eine Vorliebe für etwas haben

particular
in particular: insbesondere
to go into particulars: auf Einzelheiten ein•gehen
to be particular about something: es genau nehmen mit etwas

party
to be a party to something: an etwas [*dat.*] beteiligt sein
to throw (give) a party: eine Party (eine Gesellschaft) geben

party line
to follow the party line: linientreu sein; der Parteilinie folgen

pass
to make a pass at someone: mit jm. anzubändeln suchen; mit jm. an•bändeln
to bring to pass: zustande•bringen; zuwege•bringen
to come to pass: sich zu•tragen; geschehen; sich ereignen
to pass a bill: einen Gesetzentwurf an•nehmen
to pass an examination: eine Prüfung bestehen
to pass a remark: eine Bemerkung fallen lassen
to pass around: herum•reichen
to pass away: verscheiden; sterben
to pass for forty: sich für vierzig ausgeben können; noch für vierzig gelten können
to pass in review: vorbei•marschieren; gemustert werden
to pass out [faint]: ohnmächtig werden; das Bewußtsein verlieren
to pass out directions: Anweisungen erteilen
to pass over something in silence: etwas mit Stillschweigen übergehen
to pass over the first five pages: die ersten fünf Seiten überspringen
to pass sentence on: ein Urteil fällen über [*acc.*]
to pass someone the salt: jm. das Salz reichen
to pass something on: etwas weiter•geben
to pass the time: sich [*dat.*] die Zeit vertreiben; die Zeit verbringen
to pass up (miss) an opportunity: eine Gelegenheit verpassen (versäumen); sich [*dat.*] eine Gelegenheit entgehen lassen

passage
to book passage for: eine Schiffskarte bestellen (lösen) nach

passing
to mention something in passing: etwas am Rande bemerken; etwas am Rande (flüchtig) erwähnen

passport
to issue a passport: einen Reisepaß aus•stellen

past
in the ~: früher; *woman with a ~*: eine Frau mit Vergangenheit
I wouldn't put anything past him: ihm ist alles zuzutrauen; ich traue ihm alles zu

to be past fifty: über fünfzig sein
to be past five o'clock: (schon) fünf Uhr vorüber sein

pat
to pat oneself on the back: sich selbst loben; sein eigenes Loblied singen; sich auf die Schulter klopfen
to have something down pat: etwas wie am Schnürchen können; etwas weg·haben

patch
to patch up a quarrel: einen Streit bei·legen

path
to cross someone's path: js. Weg *m* kreuzen
to take the path of least resistance: den Weg des geringsten Widerstandes ein·schlagen

patience
I'm losing my patience: mir geht (allmählich) die Geduld aus
to have the patience of Job: eine Engelsgeduld (Lammsgeduld) haben
to lose one's patience: die Geduld verlieren
to try someone's patience: js. Geduld *f* auf die Probe stellen

pave
the road to hell is paved with good intentions: der Weg zur Hölle ist mit guten Vorsätzen gepflastert
to pave the way for someone: jm. den Weg bahnen (ebnen, bereiten); jm. goldene Brücken bauen

pay
he will pay dearly for this insult: diese Beleidigung wird ihm teuer zu stehen kommen
it just doesn't pay: es lohnt sich einfach nicht
to have to pay through the nose: schwer drauf·zahlen; blechen (bluten) müssen
to pay by the month: monatlich (in Monatsraten) zahlen
to pay cash: bar bezahlen
to pay close attention: [*listen*] gespannt (aufmerksam) zu·hören; [*follow advice*] Rat *m* befolgen
to pay for something out of one's own pocket: etwas aus der eigenen Tasche bezahlen
to pay honor to someone: jm. Ehre erweisen
to pay interest: Zinsen zahlen
to pay off a debt: eine Schuld ab·zahlen
to pay one's debts: seine Schulden bezahlen
to pay one's dues: Mitgliedsgebühren bezahlen
to pay one's last respects to someone: jm. die letzte Ehre erweisen
to pay one's own way: für sich selbst bezahlen
to pay someone a compliment: jm. ein Kompliment machen
to pay someone a visit: jm. einen Besuch machen (ab·statten); jn. besuchen
to pay someone back for something [*insult, injury*]: jm. etwas heim·zahlen (vergelten)

peace
peace and quiet: Ruhe *f* und Frieden *m*
to be at peace: in Frieden sein
to disturb the peace: den Frieden stören
to hold one's peace: schweigen
to keep the peace: den Frieden erhalten (aufrecht•erhalten)
to make one's peace with someone: sich mit jm. aus•söhnen
to make peace: Frieden *m* schließen
to sign a peace treaty: einen Friedensvertrag unterzeichnen

pearl
to cast pearls before the swine: Perlen vor die Säue werfen

penny
it didn't cost me a penny: es hat mich keinen Pfennig (Groschen) gekostet
to cost a pretty penny: ein schönes Stück Geld kosten; eine Stange Geld kosten
to cost not a penny: keinen Groschen kosten
to have not a penny to one's name: keinen roten Heller besitzen (haben)

person
in person: in (eigener) Person

pertain
pertaining to the teacher . . . : den Lehrer betreffend . . .

pertinent
to be pertinent to: Bezug *m* haben auf [*acc.*]

Peter
to rob Peter to pay Paul: ein Loch auf•machen (auf•reißen), um ein anderes zuzustopfen

pick
to pick and choose: sorgfältig aus•wählen
to pick flowers: Blumen pflücken
to pick off [*shoot*]*:* ab•schießen
to pick one's teeth: in den Zähnen stochern
to pick on someone: jn. schikanieren
to pick up a station: einen Sender empfangen (bekommen)
to pick up cheaply: billig erstehen

picture
to be in the picture: im Bilde sein
to be the picture of health: von Gesundheit strotzen
to be the picture of his father: das Ebenbild seines Vaters sein
to shoot a picture: einen Film drehen
to take a picture of someone: von jm. eine Aufnahme machen; jn. photographieren
to picture something: sich [*dat.*] etwas vor•stellen (aus•malen)

pie
to have a finger in the pie: die Hand (die Finger) im Spiel haben

piece
to go to pieces: [*objects*] aus den Fugen gehen; [*persons*] die Fassung verlieren
to speak one's piece: frisch (frei) von der Leber weg reden
to tear to pieces: (in Fetzen) zerreißen

pig

to buy a pig in a poke: die Katze im Sack kaufen

to eat like a pig: fressen

pill

a bitter ~: eine bittere Pille; ein harter Schlag; *the* ~: die Pille

pillar

to be a pillar of society: eine Stütze der Gesellschaft sein

to be a pillar of strength: so fest wie ein Turm *m* stehen

to run from pillar to post: von Pontius zu Pilatus laufen

pin

so quiet one could hear a pin drop: so still, daß man eine Nadel fallen hören konnte

to be on pins and needles: wie auf glühenden (heissen) Kohlen sitzen

to pin one's faith on someone: auf jn. bauen; sein Vertrauen setzen auf jn.

to pin someone down to something: jn. auf etwas [*acc.*] fest•legen (fest•nageln)

to pin (put) the blame on someone: jm. die Schuld zu•schieben (zu•schreiben)

pinch

in a ~: zur Not; im Notfall; wenn Not am Mann ist; ~ *of salt*: eine Prise (Idee) Salz

to be in a pinch: in der Klemme (Patsche) sitzen

to pinch pennies: äußerst sparsam sein; jeden Pfennig zweimal um•drehen, ehe man ihn ausgibt

pine

to pine for: sich sehnen nach; schmachten nach

pink

in the pink: in (bei) bester Gesundheit

pitch

to pitch in: mit•helfen; Hand an•legen

pity

to have pity on someone: Mitleid *n* haben mit jm.; jn. bemitleiden

what a pity! wie schade!

place

from ~ *to* ~: von Ort zu Ort; *in* ~ *of*: an Stelle von; *in the first* ~: erstens; *out of* ~ [*remark*]: fehl am Platze; unangebracht

to keep someone in his place: jn. in Schranken halten

to know one's place: wissen, wohin man gehört

to put someone in his place: jm. eins auf den Kopf geben; jn. zurück•weisen (demütigen)

to take place: statt•finden

to take someone's place: jn. ersetzen (vertreten)

plain

in ~ *English*: auf gut deutsch; auf deutsch gesagt; *the* ~ *truth*: die ungeschminkte Wahrheit

to make something plain to someone: jm. etwas klar•machen (deutlich machen)

plan

according to plan: planmäßig

to cancel one's plans: seine Pläne auf•geben

to carry out a plan: einen Plan aus·führen (durch·führen)
to make plans: Pläne machen (schmieden)
to thwart someone's plans: js. Pläne durchkreuzen; jm. einen Strich durch die Rechnung machen
to upset someone's plans: js. Plänen in die Quere kommen; js. Pläne über den Haufen werfen
what do you plan to do now? was haben Sie nun vor?

play
~bill: Programm *n*; Theaterzettel *m*; *~boy*: Playboy *m*; *~ground*: Spielplatz *m*; *~mate*: Spielkamerad *m*
to bring something into play: etwas eine Rolle spielen lassen; etwas mitspielen lassen
to call the plays [*fig.*]: das Wort führen; das Zepter schwingen
to be played out: erschöpft (erledigt) sein
to play a joke (trick) on someone: jm. einen Streich (Schabernack) spielen
to play (act) a part: eine Rolle spielen
to play a record: eine Schallplatte auf·legen
to play cards: Karten spielen
to play fair: [*sport*] fair spielen; [*business, etc.*] ehrlich (fair) handeln
to play for time: Zeit zu gewinnen suchen
to play into someone's hands: jm. in die Hand spielen
to play it safe: auf Nummer Sicher gehen; sicher·gehen
to play one off against the other: einen gegen den anderen aus·spielen
to play on words: mit den Worten spielen; ein Wortspiel machen
to play something up: etwas hoch·spielen
to play the fool: den Narren spielen; sich närrisch verhalten
to play up to someone: jn. schmeichelhaft behandeln
to play with an idea: mit einem Gedanken spielen (um·gehen)

plead
to plead guilty: sich schuldig bekennen

please
I am pleased with the book: das Buch gefällt mir; ich bin mit dem Buch zufrieden
to be hard to please: schwer zufriedenzustellen sein; sehr anspruchsvoll sein
to be as pleased as punch: sich freuen wie ein Schneekönig
to be pleased with something: mit etwas befriedigt sein

pleasure
at one's ~: nach Belieben; *with ~*: mit Vergnügen *n*
to give someone pleasure: jm. Freude *f* bereiten; jm. Vergnügen *n* machen
to take pleasure in something: an etwas [*dat.*] Vergnügen *n* finden

pocket
pick~: Taschendieb *m*; *~book*: Damenhandtasche *f*; Taschenbuch *n*; *~ money*: Taschengeld *n*
money burns a hole in his pocket: das Geld brennt ihm in der Tasche
to pay for something out of one's own pocket: etwas aus der eigenen Tasche bezahlen

point

from this point of view: von diesem Standpunkt (Gesichtspunkt) aus (gesehen)

get to the point! bitte, zur Sache!

there is no point in . . . : es hat keinen Zweck zu . . .

to be at the point of death: in den letzten Zügen liegen; an der Schwelle des Todes sein; im Sterben liegen

to be beside the point: nicht zur Sache gehören; mit der Sache nichts zu tun haben

to come to a point [*lit.*]: spitz zu•laufen

to get to the point: zur Sache kommen; sich kurz fassen

to keep to the point: bei der Sache bleiben

to make a point of doing something: es sich [*dat.*] angelegen sein lassen, etwas zu tun; es sich [*dat.*] zur Aufgabe machen, etwas zu tun

to make one's point: seine Meinung klar•machen

to miss the point: das Hauptargument mißverstehen (falsch auf•fassen)

to score a point: einen Punkt gewinnen

to the point: kurz und bündig; ohne Umschweife

up to a point: bis zu einem gewissen Grade

to point a finger at someone: mit dem Finger auf jn. zeigen (weisen)

to point something out: auf etwas [*acc.*] hin•weisen

point-blank

to ask someone point-blank: jn. geradeheraus fragen

poke

to buy a pig in a poke: die Katze im Sack kaufen

to poke fun at someone: sich über jn. lustig machen

to poke one's nose into something: die Nase in etwas [*acc.*] stecken

policy

domestic ~: Innenpolitik *f*; *foreign* ~: Außenpolitik *f*

as a matter of policy: grundsätzlich

honesty is the best policy: ehrlich währt am längsten

to take out an insurance policy: eine Lebensversicherung ab•schließen

polish

to polish off: [*task*] schnell erledigen; [*food, drink*] auf•essen (aus•trinken)

to polish up [*knowledge, expertise*]: auf•frischen

poll

to take a poll: eine Rundfrage (eine Meinungsumfrage) halten

poor

to be as poor as a church mouse: arm wie eine Kirchenmaus sein

popular

popular music: Schlagermusik *f*

to be popular with: beliebt sein bei

to make oneself popular with: sich beliebt machen bei

position

to be in a position to do something: imstande (in der Lage) sein, etwas zu tun

to take a position with regard to: Stellung nehmen zu

positive
to be positive that . . . : sicher sein, daß . . .

possession
to be in possession of something: etwas besitzen
to take possession of something: etwas in Besitz nehmen

possibility
to be within the realm of possibility: innerhalb der Grenzen des Möglichen sein
to rule out the possibility: die Möglichkeit aus•schließen

post
~card: Postkarte *f*; Ansichtskarte *f*; *~ office:* Postamt *n*; *~war:* Nachkriegs-
to be at one's post: auf seinem Posten sein
to keep someone posted: jn. auf dem laufenden halten

pot
the pot calls the kettle black: ein Esel schimpft den anderen Langohr
to go to pot: auf den Hund kommen
to take pot luck: etwas auf gut Glück (aufs Geratewohl) tun

powder
to keep one's powder dry: das Pulver trocken•halten
to be sitting on a powder keg: wie auf einem Pulverfaß sitzen

power
knowledge is power: Wissen ist Macht
to be in power: an der Macht sein
to be in someone's power: in js. Gewalt *f* [*dat.*] stehen
to come to power: an die Macht kommen
to do everything in one's power: alles tun, was in seiner Macht steht
to have someone in one's power: jn. in der Gewalt haben
to raise to the second power: in die zweite Potenz erheben

practice
in practice: in der Praxis
practice makes perfect: Übung macht den Meister
to be common practice: allgemein üblich sein; gang und gäbe sein
to be out of (in) practice: aus (in) der Übung sein
to make a practice of . . . : es sich [*dat.*] zur Gewohnheit machen zu . . .
to put into practice: in die Praxis um•setzen; [*a plan*] aus•führen

praise
to sing someone's praises: js. Lob *n* singen; jn. rühmen
to praise someone to the sky: jn. in den Himmel heben; jn. über den grünen Klee loben

prayer
to answer a prayer: ein Gebet erhören
to say a prayer: ein Gebet sprechen (verrichten)

precaution
as a precaution: vorsichtshalber
to take precautions against: Vorkehrungen (Vorsichtsmaßregeln) treffen gegen

precedence
to take precedence over: den Vorrang haben vor [*dat.*]

precedent
to create a precedent: einen Präzedenzfall schaffen
without precedent: ohne Beispiel

prefer
to prefer one thing to another: etwas etwas anderem vor•ziehen
to prefer to go to the movies: lieber ins Kino gehen

preference
to have a preference for: eine Vorliebe haben für; bevorzugen

pregnant
to be pregnant: schwanger sein; guter Hoffnung sein; in anderen Umständen sein

prejudice
racial prejudice: Rassenvorurteile
to have a prejudice against: ein Vorurteil haben gegen

premium
to be at a premium: sehr gesucht sein; hoch im Kurse stehen

preparation
to be in preparation: in Vorbereitung sein
to make preparations for: Vorbereitungen (Anstalten) treffen für

prepare
to prepare oneself for: sich vor•bereiten auf [*acc.*]
to prepare one's lessons: seine Aufgaben machen

prescribe
to prescribe a medication for a patient: einem Patienten ein Medikament verschreiben (verordnen)

presence
in my ~: in meiner Gegenwart; ~ *of mind*: Geistesgegenwart *f*

present
at ~: im Augenblick; gegenwärtig; *for the* ~: vorläufig; für jetzt
to be present at the celebration: bei der Feier anwesend (zugegen) sein

press
to go to press: in Druck gehen
to have a good press [*press coverage*]: eine gute Presse haben
to be hard pressed: hart bedrängt sein
to be pressed for time: es eilig haben
to press a button: auf einen Knopf drücken
to press for payment: auf Zahlung drängen
to press one's pants: seine Hose bügeln

pressure
to bring pressure to bear on someone: einen Druck auf jn. aus•üben
to put someone under pressure: jn. unter Druck setzen
to relieve the pressure: den Druck erleichtern
under pressure: unter Druck *m*

pretend

to pretend to be an expert: vor·geben, Fachmann zu sein; sich für einen Fachmann aus·geben

pretense

to make no pretense that . . . : sich [*dat.*] nicht den Anschein geben zu . . . ; nicht so tun, als ob . . .

under false pretenses: unter Vorspiegelung falscher Tatsachen

pretext

under the pretext that . . . : unter dem Vorwand, daß . . .

prevail

to prevail on someone to do something: jn. bewegen (überreden), etwas zu tun

prevent

to prevent someone from doing something: jn. davon ab·halten, etwas zu tun

price

at any ~: um jeden Preis; *at reduced* ~: zu ermäßigten Preisen; ~ *list*: Preisliste *f*; ~ *range*: Preislage *f*; ~ *tag*: Preisschild *n*; Preiszettel *m*

to drive prices down (*up*): die Preise drücken (hoch·treiben)

to lower the price: den Preis herab·setzen

to put a price on someone's head: einen Preis auf js. Kopf *m* [*acc.*] setzen

to quote a price: einen Preis an·geben

to raise the price: den Preis herauf·setzen (erhöhen, steigern)

to set a price: einen Preis fest·setzen

pride

to have no pride: keinen Stolz haben

to swallow one's pride: seinen Stolz in die Tasche stecken

to take pride in something: auf etwas [*acc.*] stolz sein

prime

to be in the prime of life: im besten Alter sein; in der Blüte seiner Jahre stehen

principle

in ~: im Prinzip; im Grunde; *on* ~: aus Prinzip; grundsätzlich

to act according to principle: nach einem Grundsatz handeln

to have principles: Prinzipien haben

print

to appear in print: im Druck erscheinen

to be in print: in Druck sein

to be out of print: vergriffen sein

prisoner

prisoner of war: Kriegsgefangener *m*

to take someone prisoner: jn. gefangen·nehmen

private

~ *life*: Privatleben *n*; ~ *property*: Privatbesitz *m*; Privateigentum *n*; ~ *school*: Privatschule *f*; ~ *secretary*: Privatsekretärin *f*

(*to speak*) *in private*: unter vier Augen; im Vertrauen

prize

to take first prize: den ersten Preis erringen (bekommen)

pro
to weigh the pros and cons: das Für und Wider erwägen

probability
in all probability: aller Wahrscheinlichkeit nach; höchstwahrscheinlich

problem
to be faced with a problem: vor einem Problem stehen
to solve a problem: ein Problem lösen
to tackle a problem: ein Problem an•packen; einem Problem zu Leibe gehen

proceed
to proceed with an activity: eine Tätigkeit fort•setzen

process
to be in the process of doing something: gerade dabei (im Begriff) sein, etwas zu tun

profession
by profession: von Beruf
to choose a profession: einen Beruf ergreifen
to follow a profession: einem Beruf nach•gehen
to practice a profession: einen Beruf aus•üben

profit
gross ~: Bruttoertrag *m*; *net ~:* Nettoertrag *m*; *~ and loss:* Gewinn *m* und Verlust *m*
to make a profit on something: aus etwas einen Gewinn schlagen (ziehen)
to sell at a profit: mit Gewinn *m* verkaufen
to turn over a profit: einen Gewinn ab•werfen

progress
to be in progress: im Gang sein
to make progress: Fortschritte machen in [*dat.*]

prominence
to bring (come) into prominence: in den Vordergrund stellen (treten)

promise
to break a promise: ein Versprechen brechen
to keep a promise: ein Versprechen halten
to make a promise: etwas versprechen; ein Versprechen geben
to show promise: Erfolg *m* versprechen; verheißungsvoll (vielversprechend) sein
to promise someone a gift: jm. ein Geschenk versprechen

promote
to be promoted: [*school*] versetzt werden; [*business*] befördert werden

prone
to be prone to: geneigt sein zu; neigen zu

proof
the proof of the pudding: Probieren geht über Studieren
to show proof that . . . : den Beweis liefern, daß . . . ; beweisen, daß . . .

propaganda
to make propaganda for: Propaganda *f* machen für

proportion

in proportion to: im Verhältnis zu

to be (all) out of proportion to: in keinem Verhältnis stehen zu

to blow something up out of proportion: etwas auf•bauschen; aus einer Mücke einen Elefanten machen

to have a sense of proportion: Sinn für das Angemessene (Passende) haben

propose

man proposes, God disposes: der Mensch denkt, Gott lenkt

to propose a toast to someone: einen Toast auf jn. aus•bringen

to propose that . . . : vor•schlagen, daß . . .

to propose to a girl: einem Mädchen einen Heiratsantrag machen

prospect

to have in prospect: in Aussicht haben

to hold out the prospect of something: etwas in Aussicht stellen

protest

to do something under protest: etwas unter Protest tun

to lodge a protest against: Protest *m* (Einspruch *m*) erheben gegen

proud

to be proud as a peacock: stolz wie ein Pfau *m* (Hahn *m*) sein

to be proud of him: stolz auf ihn sein

to do someone proud: jm. Ehre *f* machen

prove

to prove a claim: eine Behauptung beweisen

to prove equal to the task: sich der Aufgabe gewachsen zeigen

to prove oneself: sich bewähren

to prove to be: sich erweisen als; sich heraus•stellen als

to prove true: sich als wahr erweisen (heraus•stellen)

provide

provided that . . . : vorausgesetzt, daß . . .

to be provided for: versorgt sein

to provide for: sorgen für; versorgen

to provide for someone in one's will: jn. in seinem Testament bedenken

pry

to pry into: sich ein•mischen in [*acc.*]; seine Nase stecken in [*acc.*]

public

in ~: in der Öffentlichkeit; öffentlich; auf offener Straße; *~ library*: Volksbücherei *f*; *~ opinion*: öffentliche Meinung; *~ relations*: Public Relations; *~ school*: staatliche Schule

to be in the public eye: im Rampenlicht der Öffentlichkeit stehen; [*often negative*] im Brennpunkt des öffentlichen Lebens stehen

to make public: bekannt•machen

publicity

to avoid publicity: das Licht der Öffentlichkeit scheuen

to get much publicity: viel von sich reden machen; an die große Glocke kommen

pull

to have pull: Beziehungen haben; Vitamin B haben

to pull oneself together: sich zusammen•nehmen (zusammen•reißen)

to pull one's weight: das Seine tun
to pull someone's leg: jn. auf den Arm nehmen
to pull the rug out from under someone: jm. den Boden unter den Füssen weg·ziehen
to pull the wool over someone's eyes: jn. hinters Licht führen; jn. übers Ohr hauen; jm. Sand in die Augen streuen; jm. ein *x* für ein *u* vor·machen
to pull through [illness]: durch·kommen

pump
to pump someone [for information]: jn. aus·fragen

purpose
for this ~: zu diesem Zweck; *on* ~: absichtlich (vorsätzlich); mit Absicht (Vorsatz)
to all intents and purposes: im Grunde (praktisch) genommen
to be (talk) at cross-purposes: aneinander vorbei·reden
to serve a purpose: einem Zweck dienen; einen Zweck erfüllen
to work at cross-purposes: unbewußt einander [*dat.*] entgegen·handeln (entgegen·arbeiten)

purse strings
to hold the purse strings: über den Geldbeutel verfügen

push
to push one's luck (too far): sein Glück verspielen; den Bogen überspannen
to push one's way through: sich durch·drängen
to push someone around: jn. tyrannisieren
to push something through [a law, etc.]: etwas durch·peitschen
to push something too far: etwas zu weit treiben

put
please don't put yourself to any trouble: machen Sie sich [*dat.*] keine Umstände bitte
to put a question to someone: jm. eine Frage stellen
to put aside: beiseite legen (zurück·legen); [*money*] auf die hohe Kante legen
to put a stop to something: einer Sache ein Ende machen; einer Sache einen Riegel vor·schieben; einer Sache Einhalt gebieten
to put a tax on cigarettes: Zigaretten mit einer Steuer belegen; Zigaretten besteuern
to put in for something: sich für etwas an·melden; sich um etwas bewerben
to put in order: in Ordnung bringen; [*room*] auf·räumen
to put it mildly: gelinde gesagt
to put nothing past someone: jm. alles zu·trauen
to put off [delay]: auf·schieben; auf die lange Bank schieben
to put on a coat: einen Mantel an·ziehen
to put on a hat: einen Hut auf·setzen
to put on airs: vornehm tun; sich auf·spielen
to put on an act: Theater spielen
to put one over on someone: jn. hinters Licht führen; jm. ein *x* für ein *u* vor·machen
to put oneself in someone's shoes: sich in js. Lage *f* [*acc.*] versetzen
to put one's hair up: sich [*dat.*] das Haar auf·stecken (auf·rollen)

to put one's money in stocks: sein Geld in Aktien an•legen
to put out a fire: ein Feuer löschen (aus•treten)
to put out of action [military and fig.]: außer Gefecht setzen
to put someone down for something [appointment, etc.]: jn. für etwas vor•merken
to put someone in his place: jm. eins auf den Kopf geben; jn. zurück•weisen (demütigen)
to put someone to shame: [*disgrace*] jn. beschämen; [*outdo*] jn. in den Schatten stellen; jn. übertreffen
to put someone to trouble: jm. Umstände machen (verursachen)
to put someone up to something: jm. etwas ein•reden
to put something to good use: etwas vorteilhaft (nützlich) verwenden
to put something to music: etwas vertonen (in Musik setzen)
to put something to the test: etwas auf die Probe stellen
to put the light out: das Licht aus•schalten (aus•machen)
to put to death: hin•richten
to put to the test: die Probe aufs Exempel machen
to put two and two together: dahinter•kommen; sich [*dat.*] etwas zusammen•reimen
to put up a building: ein Gebäude errichten
to put up a picture: ein Bild auf•hängen
to put up friends for the night: Freunde beherbergen
to put up peaches: Pfirsiche ein•machen
to put up with something: etwas ertragen (erdulden, aus•halten)
a put-up affair: eine abgekartete Sache
to stay put: da•bleiben; sitzen•bleiben (stehen•bleiben, liegen•bleiben)

q

q.t.
on the q.t.: im geheimen

qualification
without qualification: ohne jede Ein•schränkung

qualify
to be qualified to . . . : befähigt (qualifiziert) sein zu . . .
to qualify a remark: eine Bemerkung (Aussage) einschränken
to qualify for: sich qualifizieren für

quantity
to be an unknown quantity: eine unbekannte Größe sein; ein unbeschriebenes Blatt sein

quarrel
to start a quarrel with someone: mit jm. einen Streit an•fangen; mit jm. einen Streit vom Zaun brechen

quarter

to be confined to quarters: Zimmerarrest *m* haben

question

leading ~: Suggestivfrage *f*; *~ mark*: Fragezeichen *n*; *rhetorical ~*: rhetorische Frage

the question arises whether . . . : es erhebt sich die Frage, ob . . .

the question before us: die vorliegende Frage

to answer a question: eine Frage beantworten; auf eine Frage antworten; [*affirmative*] eine Frage bejahen; [*negative*] eine Frage verneinen

to ask a question: eine Frage stellen (richten)

to be a question of: sich handeln um

to be a question of time: (nur) eine Frage der Zeit sein

to beg the question: der Frage (Hauptfrage) aus•weichen; ausweichend antworten; etwas Umstrittenes als ausgemachte Tatsache hin•stellen; eine petitio principii machen

to be out of the question: nicht in Frage kommen; außer Frage stehen; ausgeschlossen sein

to call into question: in Frage (Zweifel) stellen

to come into question: in Frage kommen

to evade the question: der Frage aus•weichen

to raise the question: die Frage auf•werfen

quick

to cut someone to the quick: jn. tief kränken (verletzen)

to the quick: bis auf die Knochen; bis ins Innerste; bis ins Fleisch

as quick as lightning: blitzschnell

quick as a wink: im Nu; im Handumdrehen

quiet

as quiet as a mouse: mäuschenstill; mucksmäuschenstill

so quiet one could hear a pin drop: so still, daß man eine Nadel fallen hören konnte

to keep quiet: ruhig bleiben; [*keep a secret*] dicht•halten; reinen Mund halten

quote

in quotes: in Anführungsstrichen

to quote a passage from a book: eine Stelle aus einem Buch zitieren

to quote a price: einen Preis an•geben

r

rabbit

to multiply like rabbits: sich wie die Kaninchen vermehren

race

the race for the presidency: der Wahlkampf um die Präsidentschaft

to run a race: um die Wette laufen (rennen); wett•laufen (wett•rennen)

to race an engine: einen Motor auf vollen Touren laufen lassen
to race someone: mit jm. um die Wette laufen

rack
to go to rack and ruin: (völlig) zugrunde gehen
to put someone on the rack: jn. auf die Folter spannen
to rack one's brains over something: sich [*dat.*] den Kopf über etwas [*acc.*] zerbrechen; sich [*dat.*] das Hirn über etwas [*acc.*] zermartern

racket
to make a racket: Krach *m* (Spektakel *n*) machen

radiate
to radiate cheerfulness: Heiterkeit *f* aus•strahlen

radio
to hear something on the radio: etwas im Rundfunk hören
to listen to the radio: Radio *n* hören
to turn the radio off (on): das Radio (den Rundfunkapparat) ab•stellen (an•stellen; aus•schalten, ein•schalten)

radius
within a radius of: in einem Umkreise von

rag
in rags [clothing]: in Fetzen
to go from rags to riches: sich aus der Armut zum Reichtum empor•arbeiten

rage
to be in a rage: wütend sein
to be the rage: der letzte Schrei sein
to fly into a rage: in die Luft gehen; in Wut geraten

rail
to travel by rail: mit der Bahn (Eisenbahn) fahren
to rail against someone: jn. heftig an•fahren; jm. über den Mund fahren

rain
to get caught in the rain: vom Regen überrascht werden; in den Regen geraten
the game was rained out: das Spiel fiel wegen des Regens aus
to rain cats and dogs: in Strömen gießen; Bindfäden regnen
when it rains it pours: ein Unglück kommt selten allein
rain or shine: bei jedem Wetter

rainy
to save for a rainy day: sich [*dat.*] einen Notgroschen zurück•legen

raise
to raise an army: ein Heer auf•stellen
to raise an objection to: einen Einwand erheben gegen; Einspruch *m* erheben gegen
to raise a question: eine Frage auf•werfen
to raise a salary to two hundred dollars: ein Gehalt auf zweihundert Dollar erhöhen
to raise children: Kinder auf•ziehen (erziehen)
to raise flowers: Blumen ziehen (züchten)
to raise money: Geld *n* auf•bringen (auf•treiben)
to raise one's voice: die Stimme erheben; lauter sprechen

to raise someone from the dead: jn. von den Toten erwecken
to raise taxes: die Steuern erhöhen
to raise the price: den Preis herauf·setzen (erhöhen, steigern)
to raise to the second power: in die zweite Potenz erheben

rake

to rake someone over the coals: jm. die Leviten lesen; jm. die Flötentöne bei·bringen; jm. den Kopf waschen

rally

to hold a rally [usually political]: eine Massenversammlung halten
to rally to someone's aid: jm. zu Hilfe kommen

random

at random: aufs Geratewohl; auf gut Glück

range

at close range: auf kurze Entfernung; aus der Nähe
to be in (out of) range: in (außer) Schußweite sein
to find the range: die Entfernung ermitteln
to have a range of two miles [weapon]: eine Reichweite von zwei Meilen haben
to range from ... to ...: zwischen ... und ... schwanken (variieren)

rank

the rank and file: [*military*] gemeine Soldaten; [*general*] die breite Masse
to break ranks: aus dem Glied treten
to join the ranks: zum Militär gehen; Soldat werden
to keep in rank: im Glied bleiben
to reduce to the ranks: (zum gemeinen Soldaten) degradieren
to rise up from the ranks: von der Pike auf dienen
to rank among the best: zu den besten gehören (zählen)
to rank high among: eine hohe Stellung ein·nehmen unter [*dat.*]

ransom

to hold someone for ransom: jn. gegen Lösegeld fest·halten

rapture

to go into raptures over: in Verzückung geraten über [*acc.*]

rat

to smell a rat: Verrat *m* wittern; den Braten riechen; Lunte *f* riechen

rate

at a great ~: sehr schnell; im Eiltempo; *at any ~*: auf jeden Fall; jedenfalls; *birth ~*: Geburtenziffer *f*; *interest ~*: Zinssatz *m*; *mortality ~*: Sterblichkeitsziffer *f*; *~ of exchange*: Wechselkurs *m*
at that rate ...: wenn es so weiter geht ...; unter den Umständen ...
at the rate of: [*price*] zum Preise von; [*speed*] mit einer Geschwindigkeit von

rattle

to rattle something off [names, dates]; etwas herunter·rasseln (herunter·leiern)

reach

out of ~: außer Reichweite; unerreichbar; *within ~*: in Reichweite; erreichbar
to be within easy reach of New York: von New York aus leicht zu erreichen sein

to reach a conclusion: zu einem Schluß kommen
to reach a goal: ein Ziel erreichen
to reach a settlement: ein Übereinkommen treffen
to reach for: greifen nach
to reach its zenith in: den Höhepunkt erreichen in [*dat.*]; gipfeln in [*dat.*]
to reach one's hand out: die Hand aus•strecken

read
this essay reads very well (easily): dieser Aufsatz liest sich sehr leicht
to read aloud: vor•lesen
to read between the lines: zwischen den Zeilen lesen
to read off the names: die Namen verlesen
to read oneself to sleep: sich in den Schlaf lesen
to read someone's mind: js. Gedanken lesen
to read something into a novel: etwas in einen Roman hinein•lesen (hinein•geheimnissen)
to read something over: etwas durch•lesen
to be well read: belesen sein

ready
to be ready for action: einsatzbereit sein
to get ready [to go out]: sich fertig•machen

realization
to come to the realization that . . .: zu der Erkenntnis kommen, daß . . .

rear
from the rear: von hinten
to bring up the rear: [*lit.*] die Nachhut bilden; [*fig.*] das Schlußlicht machen; der letzte sein
to go to the rear: nach hinten gehen

reason
by ~ of: auf Grund von; *for this very ~*: gerade aus diesem Grunde; *within ~*: annehmbar; *without rhyme or ~*: ohne Sinn und Verstand
all the more reason that . . .: um so mehr Grund, daß . . .
there is every reason to believe that . . .: alles spricht dafür, daß . . .
to bring someone to reason: jn. zur Vernunft bringen
to come to reason: zur Vernunft kommen
to have a good reason for doing something: etwas mit gutem Grunde tun
to listen to reason: Vernunft *f* an•nehmen
to stand to reason: auf der Hand liegen; (eindeutig) klar sein
to reason something out: etwas durch•denken

recall
to recall having seen him: sich erinnern, ihn gesehen zu haben

receipt
to acknowledge receipt of something: den Empfang von etwas bestätigen
to make out a receipt: eine Quittung aus•stellen
upon receipt of: nach Empfang von

recognition

beyond recognition: bis zur Unkenntlichkeit
in recognition of his bravery: in Anerkennung *f* seiner Tapferkeit
to gain recognition: Anerkennung *f* finden

recommendation

on the recommendation of: auf Empfehlung von
to ask someone for a letter of recommendation: jn. um einen Empfehlungsbrief (ein Empfehlungsschreiben) bitten
to write a letter of recommendation for someone: für jn. eine Empfehlung (einen Empfehlungsbrief) schreiben

reconcile

to be reconciled with someone: sich mit jm. aus•söhnen
to reconcile oneself to the fact that . . . : sich damit ab•finden, daß . . .

record

to be a matter of record: eine verbürgte (bestätigte) Tatsache sein
to break a record: einen Rekord brechen
to go on record in support of something: sich öffentlich für etwas aus•sprechen
to keep a record of expenses: über die Ausgaben Buch führen
to play a record: eine Schallplatte auf•legen
to put something on record: etwas zu Protokoll geben
to say something off the record: etwas inoffiziell (im Vertrauen) sagen
to set a new record: einen neuen Rekord auf•stellen

recover

to recover from a cold: sich von einer Erkältung erholen
to recover one's losses [damages]: seine Verluste ersetzt bekommen; Schadenersatz *m* bekommen

red

~ *Cross*: Rotes Kreuz; ~*-hot*: glühend heiß; ~ *tape*: Amtsschimmel *m*
to be in the red: (tief) in der Kreide stehen; verschuldet sein
to get out of the red: aus den Verlusten heraus•kommen
to make someone see red: auf jn. wie ein rotes Tuch wirken
to paint the town red: die ganze Stadt auf den Kopf stellen
to see red: aus der Fassung kommen; rot sehen; zornig werden; wütend werden
to catch someone red-handed: jn. auf (bei) frischer Tat ertappen (erwischen)

reduce

to reduce [lose weight]: ab•nehmen
at reduced prices: zu ermäßigten (herabgesetzten) Preisen

reference

cross-~: Kreuzverweis *m*; *in* ~ *to*: in bezug auf [*acc.*]; ~ *book*: Nachschlagewerk *n*
to have reference to something: sich auf etwas [*acc.*] beziehen
to make reference to something: auf etwas [*acc.*] hin•weisen; etwas erwähnen

reflect

to be reflected in: sich spiegeln in [*dat.*]; seinen Niederschlag finden in [*dat.*]
to reflect badly on someone: jn. in ein schlechtes Licht setzen; auf jn. ein schlechtes Licht werfen
to reflect upon the past: über die Vergangenheit nach•denken

refuge

to seek refuge with someone: Zuflucht *f* suchen bei jm.

regard

in this ~: in dieser Hinsicht; *without* ~ *to*: ohne Rücksicht auf [*acc.*]
give my regards to your parents: grüßen Sie Ihre Eltern von mir; empfehlen Sie mich Ihren Eltern
to have a high regard for someone: jn. hoch•achten; eine hohe Meinung von jm. haben
as regards . . . : was . . . angeht (betrifft, anbelangt)
to regard something as: etwas halten für

register

to register a complaint with someone: sich bei jm. beschweren; bei jm. eine Klage ein•reichen
to register a letter: einen Brief einschreiben lassen
to register at a hotel: sich im Hotel an•melden

regret

to my regret: zu meinem Bedauern
I regret to say that . . . : ich bedaure sagen zu müssen, daß . . .

regulation

to be against regulations: vorschriftswidrig sein

rehash

to rehash old ideas: alte Gedanken wieder auf•wärmen

reign

under the reign of Charles: unter der Regierung Karls

rein

to give rein to one's feelings: seinen Gefühlen freien Lauf lassen

rejoice

to rejoice over something: sich über etwas [*acc.*] freuen

relapse

to suffer a relapse: einen Rückfall erleiden

relate

to be able to relate to someone: sich mit jm. gut verstehen können
to be related to someone: mit jm. verwandt sein
to be related to someone by marriage: mit jm. verschwägert sein
to relate a story: eine Geschichte erzählen

relation

friends and ~*s*: Freunde und Verwandte; *in* ~ *to*: in bezug auf [*acc.*]
to bear no relation to: in keiner Beziehung stehen zu

relief

comic relief: komische Entspannung
to be on relief: Arbeitslosenunterstützung beziehen; stempeln gehen

to heave a sigh of relief: erleichtert (erlöst) auf•atmen
to stand out in relief: sich scharf ab•heben; stark hervor•treten

relieve
to be relieved to hear that . . . : zu seiner Erleichterung erfahren, daß . . .
to relieve someone [on duty]: jn. ab•lösen
to relieve someone of a task: jn. von einer Aufgabe befreien
to relieve the pain: den Schmerz lindern
to relieve the pressure: den Druck erleichtern

religious
to do something religiously: etwas gewissenhaft (mit großer Sorgfalt) tun

reluctance
with reluctance: (nur) ungern

rely
to rely on something: sich auf etwas [*acc.*] verlassen

remain
it remains to be seen whether . . . : es bleibt abzuwarten, ob . . .

remember
I can't remember whether . . . : ich kann mich nicht erinnern (entsinnen), ob . . .
if I remember correctly . . . : wenn ich mich recht entsinne . . .
remember me to your father: grüßen Sie Ihren Vater von mir
to remember names: Namen im Gedächtnis behalten
to remember someone in one's will: jn. in seinem Testament bedenken

remembrance
in remembrance of: zum Andenken an [*acc.*]; zur Erinnerung an [*acc.*]

remind
to remind someone that . . . : jn. daran erinnern, daß . . .

remorse
to feel remorse over: Reue *f* empfinden (fühlen) über [*acc.*]

remove
a cousin once removed: ein Vetter zweiten Grades

render
to render an account of (for): Rechenschaft ab•legen über [*acc.*]
to render someone a service: jm. einen Dienst erweisen
to render (lend) someone assistance: jm. Hilfe *f* leisten

rent
~ control: Mietpreisbindung *f*; *~-free*: mietfrei
to pay the rent: die Miete zahlen
room to rent: Zimmer zu vermieten
to rent a house: [*pay rent*] ein Haus mieten; [*receive rent*] ein Haus vermieten

repair
in good repair: in gutem Zustand
to be in need of repair: reparaturbedürftig sein
to be under repair: in Reparatur sein
to keep something in good repair: etwas instand halten
to repair a motor: einen Motor reparieren
to repair the damages: den Schaden ersetzen

repay
to repay a favor: einen Gefallen erwidern
to repay a loan: ein Darlehen zurück·zahlen; [*mortgage*] eine Hypothek zurück·zahlen
to repay a visit: einen Besuch erwidern
to repay someone in kind: jm. mit gleicher Münze heim·zahlen

reply
in reply to: als Antwort auf [*acc.*]
to reply to a question: eine Frage beantworten; auf eine Frage erwidern

report
to turn in a report: einen Bericht ein·reichen
to report for duty: sich zum Dienst melden
to report on an event: über ein Ereignis berichten
to report someone to the police: jn. bei der Polizei an·zeigen

represent
to be represented at a convention: bei einer Tagung vertreten sein
to represent a company: eine Firma vertreten
to represent goodness and truth: Güte und Wahrheit verkörpern
to represent something graphically: etwas graphisch dar·stellen

request
at his request: auf seine Bitte (hin)
to deny a request: eine Bitte ab·schlagen
to grant a request: eine Bitte gewähren (erfüllen)
to make a request to someone for: jn. bitten um; an jn. eine Bitte richten um
to request permission to go: um Erlaubnis bitten zu gehen

requirement
a requirement [*required subject*]: ein Pflichtfach *n*
to fulfill all the requirements for a degree: sämtliche Bedingungen (Voraussetzungen) für den Titel (Grad) erfüllen

resemblance
to bear a close resemblance to someone: große Ähnlichkeit mit jm. haben; jm. sehr ähnlich sehen

reservation
to make reservations: [*theater*] Karten vor·bestellen; [*restaurant*] einen Tisch reservieren; [*hotel*] ein Zimmer reservieren
without reservation [*unconditionally*]: ohne Vorbehalt

reserve
to hold something in reserve: etwas in Reserve halten
to reserve a seat: einen Platz belegen (reservieren)
to reserve the right to remain: sich [*dat.*] das Recht vor·behalten zu bleiben
to reserve tickets: Karten vor·bestellen

resign
to be resigned to one's fate: sich in sein Schicksal ergeben (fügen)
to resign from office: sein Amt nieder·legen
to resign oneself to something: sich mit etwas ab·finden

resignation
to submit one's resignation: sein Entlassungsgesuch (Rücktrittsgesuch) ein·reichen

resist
to resist the temptation: der Versuchung [*dat.*] widerstehen

resistance
to meet with resistance: auf Widerstand *m* [*acc.*] stoßen
to offer resistance to a plan: einem Plan Widerstand *m* leisten
to take the path of least resistance: den Weg des geringsten Widerstandes ein·schlagen

resolve
to resolve a doubt: einen Zweifel beheben
to resolve a problem: ein Problem lösen
to resolve that . . .: beschließen, daß . . .
to resolve to go: sich entschließen zu gehen

resort
as a last resort: als letzter Ausweg; wenn alle Stränge (Stricke) reißen
to resort to violence: zur Gewalt greifen

resource
natural resources: Naturschätze; Bodenschätze
to be left to one's own resources: auf sich [*acc.*] selbst gestellt (angewiesen) sein

respect
in ~ to: in bezug auf [*acc.*]; *in this ~*: in dieser Hinsicht (Beziehung)
in some (all) respects: in gewisser (jeder) Hinsicht (Beziehung)
out of respect for: aus Ehrerbietung vor [*dat.*]
to command respect: Achtung *f* gebieten
to have great respect for someone: jn. hoch·achten (schätzen)
to pay one's last respects to someone: jm. die letzte Ehre erweisen

responsibility
to assume the responsibility: die Verantwortung übernehmen
to bear the responsibility: die Verantwortung tragen
to meet one's responsibilities: seinen Verpflichtungen nach·kommen
to refuse all responsibility: jede Verantwortung ab·lehnen

responsible
parents are responsible for their children [*in case of damaged property, etc.*]: Eltern haften für ihre Kinder
to be responsible to someone for something: jm. für etwas verantwortlich sein

rest
to lay someone to rest: jn. bestatten
to take a rest: sich aus·ruhen; eine Pause machen (ein·legen)

restitution
to make restitution for something: für etwas Ersatz *m* leisten

restrain
to restrain someone from doing something: jn. daran hindern (davon zurück·halten), etwas zu tun

restraint

to exercise restraint: Zurückhaltung *f* üben

restrict

to be restricted to [remarks]: sich beschränken auf [*acc.*]

result

the result was that . . . : die Folge war die, daß . . .

to result from something: sich ergeben aus etwas; folgen aus etwas

to result in defeat: in einer Niederlage enden; eine Niederlage zur Folge haben

retail

to sell retail: im Kleinhandel sein (verkaufen); Kleinhändler sein

retirement

to go into retirement: in den Ruhestand treten; sich pensionieren lassen

retreat

to beat a retreat: zum Rückzug blasen (trommeln); [*fig.*] sich aus dem Staube machen

to go on a retreat [religious]: an Exerzitien teil•nehmen

to sound the retreat: zum Rückzug blasen

return

in return for: als Gegenleistung für

to return a profit: einen Gewinn ab•werfen

to return a verdict: ein Urteil aus•sprechen

to return a visit (a compliment): einen Besuch (ein Kompliment) erwidern

to return good for evil: Böses mit Gutem vergelten

to return home: nach Hause zurück•kehren

to return in kind: Gleiches mit Gleichem vergelten

reversal

to suffer a reversal: einen Rückschlag (eine Niederlage) erleiden

reverse

in ~ order: in umgekehrter Reihenfolge; *on the ~ side:* auf der Rückseite

to put the car in reverse: den Rückwärtsgang ein•schalten

to reverse a decision [law]: ein Urteil um•stoßen; eine Entscheidung ab•ändern

review

to be under review: untersucht werden

to pass in review: vorbei•marschieren; gemustert werden

to receive a good review: eine gute Kritik bekommen; [*film*] das Prädikat "gut" bekommen

to review a book: ein Buch rezensieren

to review the situation: die Situation überprüfen

to review the troops: die Soldaten (Truppe) mustern (inspizieren)

revise

to revise a text: einen Text revidieren (neu bearbeiten)

to revise one's opinion: seine Meinung ändern

revolve

to revolve around the question whether . . . : sich drehen um die Frage, ob . . .

rid

to be rid of something: etwas los•sein

to get rid of something: etwas los•werden

riddle

to talk in riddles: in Rätseln sprechen

ride

to go for a ride: eine Spazierfahrt machen; aus•fahren

ridicule

to hold someone up to ridicule: jn. lächerlich machen

right

all ~! schon gut! in Ordnung! *by ~s*: von Rechts wegen; *civil ~s*: Bürgerrechte; *on my* ~: mir zur Rechten; rechts von mir; ~ *away*: sofort; *~-handed*: rechtshändig; ~ *of way*: Vorfahrt *f*; ~ *to vote*: Stimmrecht *n*

to be in the right: im Recht sein

to keep to the right: sich rechts halten

to make a right at the light: an der Ampel (Verkehrsampel) rechts ein•biegen (ab•biegen)

to stand on one's rights: auf seinem Recht bestehen

to turn to the right (left): nach rechts (links) ein•biegen (ab•biegen)

it will be all right: es geht schon in Ordnung

that's right: das stimmt

to be on the right track: auf der rechten Bahn sein

to be right: recht haben

to get on the right side of someone: sich [*dat.*] js. Gunst *f* gewinnen; sich bei jm. ein•schmeicheln

to put someone on the right track: jn. auf die richtige Fährte (auf die rechte Bahn) bringen

to serve someone right: jm. recht geschehen

ring

engagement ~: Verlobungsring *m*; *wedding* ~: Trauring *m*

to be able to run rings around someone: jm. haushoch überlegen sein

to give someone a ring [telephone]: jn. an•rufen

does that ring a bell with you? fällt Ihnen dabei etwas ein? erinnert Sie das an etwas [*acc.*]?

to ring (toll) a bell: eine Glocke läuten

to ring for someone: nach jm. klingeln

to ring in someone's ears: jm. in den Ohren klingen

to ring out the old year: vom alten Jahr feierlichen Abschied nehmen

to ring true: echt klingen

riot

to run riot: toben; sich aus•toben; [*plants*] wuchern

to read someone the riot act: [*censure*] jn. scharf tadeln; [*warn*] jn. verwarnen

rise

to give rise to something: zu etwas Anlaß *m* geben; etwas verursachen (hervor•rufen)

the prices rise: die Preise steigen

the sun (curtain, dough) rises: die Sonne (der Vorhang, der Teig) geht auf
to rise above something: über etwas [*acc.*] erhaben sein
to rise from the dead: von den Toten auf·erstehen
to rise to the occasion: sich der Lage gewachsen zeigen
to rise up from the ranks: von der Pike auf dienen
to rise up in arms: zu den Waffen greifen; [*fig.*] sich sträuben (auf·lehnen)

risk
at one's own risk: auf eigene Gefahr
at the risk of losing the game: auf die Gefahr hin, das Spiel zu verlieren
to run the risk of being late: Gefahr laufen, zu spät zu kommen
to take the risk: das Risiko ein·gehen
to risk one's life: sein Leben riskieren (aufs Spiel setzen)
to risk one's neck: Kopf und Kragen (den Hals) riskieren

road
connecting ~: Verbindungsstraße *f*; *courtesy of the* ~: Höflichkeit *f* im Verkehr (Verkehrsdisziplin *f*); *main* ~: Hauptstraße *f*; ~ *block*: Straßensperre *f*; ~ *building*: Straßenbau *m*; ~ *map*: Autokarte *f*; ~ *narrows*! Engpaß! ~ *sign*: Wegweiser *m*; ~ *test*: Probefahrt *f*; ~ *under construction*: Straße im Bau; *rules of the* ~: Verkehrsregeln; Verkehrsordnung *f*; *secondary* ~: Nebenstraße *f*
the road to hell is paved with good intentions: der Weg zur Hölle ist mit guten Vorsätzen gepflastert
to be on the road: unterwegs sein
to go on the road [*theater*]: auf Tournee gehen
to have one for the road: eins noch zum Abschied trinken
to hold the road well: eine gute Straßenlage haben
to observe the rules of the road: sich an die Verkehrsregeln (Verkehrsordnung) halten
to take to the road: sich auf eine Fahrt machen

rob
to rob Peter to pay Paul: ein Loch auf·machen (auf·reißen), um ein anderes zuzustopfen

rod
spare the rod and spoil the child: die Rute macht aus bösen Kindern gute

role
to play an important role: eine große (wichtige) Rolle spielen
to play the role of Hamlet: die Rolle Hamlets spielen

roll
to call the roll: die Namen verlesen
to strike from the rolls: von der Liste streichen
all rolled into one: alles in einem
to be rolling in money: in Geld schwimmen; Geld wie Heu haben; steinreich sein
to roll one's eyes: die Augen rollen
to roll up one's sleeves: die Hemdsärmel hoch·krempeln (auf·krempeln)

Rome

Rome wasn't built in a day: Rom wurde nicht an einem Tage erbaut
to do in Rome as the Romans do: mit den Wölfen heulen; in einem fremden Ort sich an·passen

roof

to have a roof over one's head: ein Dach überm Kopf haben
to live under the same roof with someone: mit jm. unter einem Dach wohnen

room

~ *and board*: Verpflegung *f* und Unterkunft *f*; ~*mate*: Zimmerkamerad *m*; Zimmermitbewohner *m*; ~ *service*: Zimmerbedienung *f*
to make room for someone: jm. Platz machen
to make room for something: für etwas Raum schaffen
to take up too much room: zuviel Platz ein·nehmen
to room with someone: mit jm. ein Zimmer teilen

root

the root of all evil: die Wurzel allen Übels
to destroy something root and branch: etwas mit Stumpf und Stiel aus·rotten
to get at the root of the matter: der Sache auf den Grund gehen
to take root: [*lit. and fig.*] Wurzeln schlagen; [*fig.*] sich ein·leben
to be rooted firmly in the law: in dem Gesetz fest verankert sein
to root for a team: Anhänger *m* einer Mannschaft sein; eine Mannschaft an·spornen

rope

to be at the end of one's rope: nicht mehr aus noch ein wissen; mit seinem Latein am Ende sein
to know the ropes: den Rummel kennen (verstehen); sich aus·kennen; alle Schliche kennen

rose

to see the world through rose-colored glasses: alles durch eine rosige Brille sehen

rough

to be a diamond in the rough: ein ungeschliffener Diamant sein; [*fig.*] ungeschliffen, aber begabt sein
to rough it: primitiv im Freien leben
to make a rough copy: ein Konzept (einen ersten Entwurf) aus·arbeiten

roughshod

to ride roughshod over someone: mit jm. schlitten·fahren; jn. grob behandeln

round

~ *number*: abgerundete Zahl; ~ *trip*: Hin- und Rückfahrt *f*
to buy a round of drinks: eine Runde aus·geben (spenden)
to go (make) the rounds: die Runde machen
to round off a number: eine Zahl ab·runden
to round up cattle: Vieh *n* zusammen·treiben

roundabout

a roundabout way of doing something: eine umständliche Methode (ein umständliches Verfahren), etwas zu tun

rub

there's the rub: das ist der Haken dabei
to rub elbows with someone: mit jm. in Berührung kommen; mit jm. verkehren
to rub someone the wrong way: jn. kränken (reizen); jm. auf die Nerven gehen
to rub something in [*fig.*]: jm. etwas unter die Nase reiben

rug

to cut a rug [*fig.*]: das Tanzbein schwingen; schwofen
to pull the rug out from under someone: jm. den Boden unter den Füßen weg•ziehen

rule

as a ~: in der Regel; ~ *of thumb*: Faustregel *f*; ~*s of the road*: Verkehrsregeln; Verkehrsordnung *f*
the exception proves the rule: die Ausnahme bestätigt die Regel
to break a rule: gegen eine Regel verstoßen
to go by rule of thumb: etwas über den Daumen peilen
to go by the rules: sich an die Regeln halten
to make an exception to the rule: eine Ausnahme von der Regel machen
to make it a rule to . . . : es sich [*dat.*] zur Regel machen zu . . .
to observe the rules: die Regeln befolgen (ein•halten); sich an die Regeln halten
to rule out the possibility: die Möglichkeit aus•schließen

rummage

to rummage through something: in etwas [*dat.*] herum•wühlen

rumor

rumor has it that . . . : es geht das Gerücht (die Rede), daß . . .
to start (spread) a rumor: ein Gerücht in Umlauf bringen (verbreiten)

run

hit-and-~: Fahrerflucht *f*; *in the long* ~: auf die Dauer; auf lange Sicht; ~ *on the bank*: ein Ansturm *m* auf die Bank
to be on the run: [*pursued*] verfolgt werden; auf der Flucht sein; [*busy*] auf Trab sein
to have the run of the place [*facilities, etc.*]: etwas uneingeschränkt zur Verfügung haben
to make a run for it: Reißaus nehmen
he ran out of money: ihm ging das Geld aus
the colors ran: die Farben liefen ineinander
to be able to run rings around someone: jm. haushoch überlegen sein
to be running a temperature: Fieber *n* haben
to be running low [*supply*]: auf die Neige gehen
to run across someone: jm. zufällig begegnen; jn. zufällig treffen
to run after someone: hinter jm. her•laufen
to run aground: auf•laufen; fest•fahren; stranden
to run an errand: einen Gang tun
to run a race: um die Wette laufen (rennen); wett•laufen (wett•rennen)
to run away: weg•laufen; sich aus dem Staube machen
to run away (off) with [*abscond, elope*]: durch•brennen mit; durch•gehen mit

to run counter to one's plans: js. Plänen zuwider•laufen
to run down [clock]: ab•laufen
to run for five weeks [theater]: fünf Wochen lang gegeben werden (spielen)
to run for office: kandidieren; sich um ein Amt bewerben; für ein Amt kandidieren
to run for one's life: um sein Leben rennen; aus•reißen
to run from pillar to post: von Pontius zu Pilatus laufen
to run from . . . to . . . : [*time*] von . . . bis zu . . . dauern; [*place*] sich erstrecken von . . . bis zu . . .
to run in the family: in der Familie liegen
to run into a friend: einen Freund zufällig treffen
to run into difficulties: auf Schwierigkeiten [*acc.*] stoßen
to run into money: ins Geld gehen (laufen)
to run into someone [collide]: jm. in den Weg laufen
to run off ten copies: zehn Kopien ab•ziehen
to run off (away) with: [*abscond, elope*] durch•brennen mit; durch•gehen mit
to run on [chatter]: quasseln; schwatzen; unaufhörlich reden
to run oneself ragged: sich [*dat.*] die Füße ab•laufen
to run out [time]: ab•laufen
to run out of money: kein Geld mehr haben
to run out on someone: jn. im Stich lassen; jm. durch•brennen
to run over: [*cup*] über•laufen; [*a pedestrian*] überfahren
to run parallel to: parallel laufen mit
to run riot: toben; sich aus•toben; [*plants*] wuchern
to run someone down [disparage]: jn. in den Dreck ziehen; jn. schlecht•machen
to run the risk of being seen: Gefahr laufen, gesehen zu werden
to run things (the show): das Regiment führen
to run through a fortune: ein Vermögen durch•bringen
to run through an exercise: eine Übung schnell durch•nehmen
to run through one's mind: jm. im Kopf herum•gehen
to run up a bill: eine Rechnung auflaufen (anwachsen) lassen
we have run out of bread: wir haben kein Brot mehr; unser Brot ist alle
to be run-of-the-mill: von Durchschnittsqualität sein

run-around
to give someone the run-around: jn. von Pontius zu Pilatus schicken

run-down
to feel run-down: abgespannt (ermüdet) sein

runner-up
to be a runner-up: zweiter Preisträger sein

running
to be in the running: im Rennen liegen
to be out of the running: keine Aussichten mehr haben; aus dem Rennen ausgeschieden sein
three days running: drei Tage nacheinander

rush
to make a rush for: sich stürzen nach

S

sacrifice
to make a sacrifice: [*lit.*] ein Opfer dar•bringen; [*fig.*] ein Opfer bringen
to sacrifice one's life for: sich opfern für

safe
~ and sound: gesund und munter; *~ conduct*: freies Geleit; *~ landing*: glatte Landung
it is safe to say that . . . : man kann ruhig sagen, daß . . .
to play it safe: auf Nummer Sicher gehen; sicher•gehen

sail
to set sail: in See stechen
to take the wind out of someone's sails: jm. den Wind aus den Segeln nehmen

saint
to be no saint: kein Heiliger sein

sake
for the sake of . . . : *um* . . . [*gen.*] . . . willen

sale
advance ~: Vorverkauf *m*; *house for ~*: Haus zu verkaufen; *~ price*: Ausverkaufspreis *m* (Schlußverkaufspreis); *~s tax*: Mehrwertsteuer *f*; Umsatzsteuer *f*
to put up for sale: zum Verkauf an•bieten

salt
an old ~: ein alter Seebär; *~ shaker*: Salzstreuer *m*; *~ water*: Salzwasser *n*
to be not worth one's salt: keinen Schuß Pulver wert sein
to take something with a grain of salt: etwas cum grano salis nehmen; etwas nicht zu ernst nehmen; etwas nicht so genau nehmen

same
at the ~ time: zur selben (gleichen) Zeit; gleichzeitig; *one and the ~*: ein und dasselbe
the same to you: gleichfalls
to be all the same to someone: jm. einerlei (egal, gleich) sein
to come down to the same thing: auf dasselbe hinaus•kommen

sample
a sample of her layer cake: eine Kostprobe ihrer Torte
to give a sample of: eine Kostprobe geben von
to sample a drink: ein Getränk kosten

sand
to be built on sand: auf Sand gebaut sein
to bury one's head in the sand: den Kopf in den Sand stecken; Vogelstraußpolitik betreiben

sandwich
to be sandwiched in between: eingepfercht sein (sitzen, stehen) zwischen

sardines
to be packed in like sardines: wie die Heringe (Sardinen) zusammengepreßt sein (sitzen, stehen)

satisfy

to satisfy oneself that . . . : sich überzeugen, daß . . .
to satisfy one's hunger: seinen Hunger stillen
to satisfy someone's desire: js. Wunsch *m* befriedigen

save

save your breath! schonen Sie Ihre Lunge!
to save for a car: auf (für) ein Auto sparen
to save for a rainy day: sich [*dat.*] einen Notgroschen zurück·legen
to save money: Geld sparen; sich [*dat.*] Geld zurück·legen
to save one's skin: mit heiler Haut davon·kommen
to save someone's life: jm. das Leben retten
to save someone the trouble: jm. die Mühe ersparen
to save time: Zeit *f* sparen

saving

~s account: Sparkonto *n*; *~s bank:* Sparkasse *f*
his saving grace is his politeness: das, was ihn rettet, ist seine Höflichkeit

say

to have a say in something: bei etwas eine Stimme haben
to have no say about something: in einer Sache kein Wort mitzureden haben
to have one's say: sich aus·sprechen
easier said than done: leichter gesagt als getan
no sooner said than done: gesagt, getan
that is to say (i.e.): das heißt (d.h.)
to be said to be: sollen
to go without saying: sich von selbst verstehen
to say nothing of: ganz zu schweigen von
when all is said and done: letzten Endes

saying

as the saying goes . . . : wie das Sprichwort lautet . . . ; wie man sagt . . .

scale

according to ~: maßstabgerecht; *on a large ~:* in großem Masse; mit großem Umfang
to tip the scales at a hundred fifty pounds: hundertfünfzig Pfund wiegen

scarce

to make oneself scarce: [*depart*] sich aus dem Staube machen; [*avoid contact*] sich nicht sehen lassen

scare

to scare someone to death: jn. zu Tode erschrecken

scene

to appear on the scene: auf der Bildfläche erscheinen
to go on behind the scenes: sich hinter der Bühne (den Kulissen) ab·spielen
to make a scene [make difficulties]: eine Szene machen

schedule

to arrive on schedule [train, etc.]: fahrplanmäßig an·kommen
to be behind schedule: Verspätung haben
to have a full schedule: voll beschäftigt sein
to be scheduled for July first: auf den ersten Juli festgesetzt sein

school

at ~: in (auf) der Schule; *~boy*: Schüler *m*; *~mate*: Klassenkamerad *m*; Mitschüler *m*

school is out: die Schule ist aus

to be from the old school: aus der alten Schule stammen

to go to school: zur Schule gehen

to leave school: von der Schule ab·gehen

score

to even (settle) a score with someone: eine alte Rechnung mit jm. begleichen

to know the score [fig.]: alle Schliche kennen; den Rummel kennen (verstehen)

what's the score? wie steht das Spiel?

to score a point: einen Punkt gewinnen

scorn

to hold someone in scorn: jn. verachten

scrap

to scrap an old car: ein altes Auto verschrotten

to scrap something: [*fig.*] etwas zum alten Eisen werfen; [*plans*] auf·geben

scrape

to be in a scrape: in der Klemme sitzen

to scrape money together: Geld *n* zusammen·kratzen

scratch

to start from scratch: ganz von vorne an·fangen

screw

to put the screws to someone: jm. die Daumenschrauben an·setzen; jn. in den Schraubstock nehmen; jn. unter Druck setzen

sea

at ~: auf See; auf dem Meer; *by ~*: zu Wasser; *by the ~*: an der See; am Meer; *on the high ~s*: auf hoher See (Fahrt)

between the devil and the deep blue sea: zwischen Scylla und Charybdis

to be at sea [confused]: perplex (ratlos, verwirrt) sein

to go to sea: Seemann *m* werden

to put out to sea: in See stechen

to get one's sea legs: seefest werden

seal

to seal someone's fate: js. Schicksal *n* besiegeln

seam

to burst at the seams: aus den Nähten platzen

to come apart at the seams [lit. and fig.]: aus den Fugen gehen (geraten)

search

to be in search of something: nach etwas suchen; nach etwas auf der Suche sein

to search (look) high and low for something: überall nach etwas suchen; etwas in allen Ecken und Winkeln suchen

season

rainy ~: Regenzeit *f*; *theater ~*: Theatersaison *f*

strawberries are in season now: jetzt ist Erdbeerzeit

seat

back ~: Rücksitz *m*; *front* ~: Vordersitz *m*; ~ *belt*: Sicherheitsgurt *m*
to keep one's seat: sitzen•bleiben
to take a seat: Platz nehmen; sich setzen
the auditorium seats four hundred: der Saal hat vierhundert Sitzplätze
fasten your seat belts! bitte anschnallen!

second

on ~ *thought*: bei näherer (reiflicher) Überlegung; ~*-class*: zweite Klasse; zweitklassig; ~ *hand* [*clock, watch*]: Sekundenzeiger *m*; ~*-rate*: zweitrangig
to be second to no one in: keinem nach•stehen an (in) [*dat.*]
to have second thoughts: sich [*dat.*] eines Besseren besinnen

second-hand

to buy a car second-hand: einen Gebrauchtwagen kaufen
to learn (about) something second-hand: etwas aus zweiter Hand erfahren

secret

to let someone in on a secret: jn. in ein Geheimnis ein•weihen
to make no secret of: keinen Hehl machen aus
to keep something secret: etwas geheim•halten

see

do you see? verstehen Sie?
I'll see about (tend to) it: ich werde es schon besorgen (regeln)
let me see, when was that? warten Sie mal, wann war das noch?
that remains to be seen: das bleibt abzuwarten
to go and see if . . . : nach•sehen, ob . . .
to have not seen someone for ages: jn. seit einer Ewigkeit nicht mehr gesehen haben
to have seen better days: bessere Tage gesehen haben
to see a doctor: einen Arzt konsultieren (besuchen)
to see eye to eye with someone: mit jm. derselben Meinung sein; mit jm. völlig überein•stimmen
to see fit to do something: es für richtig (angebracht) halten, etwas zu tun
to see red: aus der Fassung kommen; rot sehen; zornig werden; wütend werden
to see someone for (at) lunch: jn. zum Mittagessen treffen
to see someone home: jn. nach Hause begleiten
to see someone off: jn. zum Flughafen (Bahnhof, usw.) bringen
to see someone through college: js. Studienkosten bezahlen; jm. durch sein Studium helfen
to see someone to the door: jn. hinaus•begleiten
to see something through: etwas durch•halten; etwas zu Ende führen
to see (be seeing) things: Gespenster sehen
to see to it that . . . : zu•sehen, daß . . . ; dafür sorgen, daß . . .

sell

to be sold a bill of goods: angeschmiert werden; sich beschwindeln lassen
to be sold out: [*consumer goods*] nicht mehr auf Lager (vorrätig) sein; [*tickets*] ausverkauft sein; [*bet:ayed*] verraten und verkauft sein

to sell at a loss: mit Verlust *m* verkaufen
to sell at a profit: mit Gewinn *m* verkaufen
to sell like hotcakes: wie warme Semmeln gehen (ab•gehen)
to sell retail: im Kleinhandel sein (verkaufen); Kleinhändler sein
to sell wholesale: im Großhandel verkaufen; Großhändler sein

send
to send for someone: jn. kommen (holen) lassen
to send someone on his way: jn. seiner Wege schicken; jm. die Tür weisen
to send someone packing: jn. fort•jagen (hinaus•werfen); jm. die Tür weisen
to send word to someone: jn. benachrichtigen (verständigen)

sense
common ~: gesunder Menschenverstand; *in a ~*: in gewisser Hinsicht; *~ of duty*: Pflichtgefühl *n*; *~ of humor*: Sinn *m* für Humor; *sixth ~*: sechster Sinn
to be out of one's senses: nicht bei Sinnen sein
to bring someone to his senses: jn. zur Besinnung (Vernunft) bringen
to have a sense of proportion: Sinn für das Angemessene (Passende) haben
to have enough sense to . . .: gescheit genug sein zu . . .
to make no sense: [*ideas*] keinen Sinn geben (haben); [*persons*] Unsinn *m* (dummes Zeug) reden
to sense danger: Gefahr *f* wittern

sensitive
to be sensitive [easily offended]: empfindlich (leicht verletzbar) sein
to be sensitive to new ideas: für neue Ideen empfänglich sein; neuen Ideen gegenüber aufgeschlossen sein

sentence
to pass sentence on: ein Urteil fällen über [*acc.*]
to be sentenced to death: zum Tode verurteilt werden

serious
are you serious? ist das Ihr Ernst?
to be serious about: es ernst meinen mit

sermon
to deliver a sermon: eine Predigt halten

serve
to serve dinner: das Abendessen servieren
to serve in the army: beim Heer dienen; den Militärdienst ab•leisten
to serve someone hand and foot: jm. unterwürfig dienen
to serve someone right: jm. recht geschehen
to serve the purpose: dem Zweck dienen
to serve time [in prison]: eine Gefängnisstrafe ab•sitzen

service
to be in the service: beim Militär sein
to put oneself at someone's service: jm. zu Diensten stehen
to render someone a service: jm. einen Dienst erweisen

session
to be in session: tagen

set

rainy weather set in: Regenwetter *n* setzte ein
to be set in one's ways: feste Gewohnheiten haben
to be set on doing something: darauf versessen (erpicht) sein, etwas zu tun
to set about (out to do) something: sich an•schicken, etwas zu tun
to set a new record: einen neuen Rekord auf•stellen
to set a price: einen Preis fest•setzen
to set a watch: eine Uhr stellen
to set eyes on someone: jn. zu Gesicht bekommen
to set in action: in Gang bringen; in die Tat um•setzen
to set one's hair: sich [*dat.*] das Haar machen; [*in curlers*] das Haar ein•drehen (auf•rollen)
to set out on a journey: eine Reise an•treten
to set someone free: jn. auf freien Fuß setzen; jn. befreien
to set the clock back (forward): eine Uhr zurück•stellen (vor•stellen)
to set the pace [*fig.*]: den Ton an•geben
to set the table: den Tisch decken
to set up a company: eine Firma gründen (etablieren)

settle

to settle an argument: [*disagreement*] einen Streit schlichten; [*point in question*] eine Streitfrage entscheiden
to settle an old account [*fig.*]: eine alte Rechnung begleichen
to settle down: [*regain composure*] sich beruhigen; [*in a place*] sich nieder•lassen; [*after marriage*] einen Hausstand gründen
to settle for something: sich mit etwas begnügen

settlement

to reach a settlement: ein Übereinkommen treffen

shade

shades of meaning: feine Bedeutungsunterschiede; Nuancen (in der Bedeutung)

shadow

to be a mere shadow of himself: nur noch ein Schatten *m* seiner selbst sein
to be beyond the shadow of a doubt: außer Zweifel sein; ohne jeden Zweifel sein; über allen Zweifel erhaben sein
to cast a shadow over something [*fig.*]: etwas trüben
to cast a shadow upon [*lit. and fig.*]: einen Schatten werfen auf [*acc.*]
to stand in someone's shadow [*lit. and fig.*]: in js. Schatten *m* [*dat.*] stehen
to shadow someone: jn. beschatten

shake

to shake hands with someone: jm. die Hand geben
to shake like a leaf: wie Espenlaub zittern
to shake one's head over: den Kopf schütteln über [*acc.*]

shame

it's a crying shame: es ist eine Sünde und Schande (eine himmelschreiende Ungerechtigkeit)
it's a shame that . . . : schade, daß . . .

to put someone to shame: [*disgrace*] jn. beschämen; [*outdo*] jn. in den Schatten stellen; jn. übertreffen

shape

in the shape of: in Gestalt von

to take shape: eine feste Form an•nehmen

to be L-*shaped*: *L*-förmig sein

share

to do one's share: das Seine (seinen Teil) tun; sein Scherflein bei•tragen

they shared it between them: sie teilten es untereinander

to share and share alike: brüderlich teilen

we share the same interests: wir haben gemeinsame Interessen; unsere Interessen laufen parallel (berühren sich)

shave

to have a close shave [*fig.*]: mit knapper Not davon•kommen

to have a shave: sich rasieren lassen

sheep

a wolf in sheep's clothing: ein Wolf *m* im Schafspelz

the black sheep of the family: das schwarze Schaf der Familie

to separate the sheep from the goats: die Böcke von den Schafen sondern

shell

to come out of one's shell: aus sich heraus•kommen

shelter

to seek shelter from the rain: Schutz *m* gegen den Regen suchen

shift

to shift for oneself: für sich selbst sorgen; sich [*dat.*] selbst helfen

to shift into first gear: in den ersten Gang schalten

to shift the blame to someone else: einem anderen die Schuld zu•schieben

shine

rain or shine: bei jedem Wetter

to make hay while the sun shines: das Eisen schmieden, solange es heiß ist

shirt

he would give you the shirt off his back: er würde für dich sein Letztes her•geben

to lose one's shirt: alles bis aufs Hemd verlieren

to not have a shirt on one's back: kein Hemd mehr am Leib haben

shoe

if the shoe fits, wear it: wen's juckt, der kratze sich

now the shoe is on the other foot: jetzt paßt es ihm nicht mehr

to fill someone's shoes: js. Amt *n* (Stellung *f*, usw.) übernehmen

to not want to be in someone's shoes: in js. Haut *f* [*dat.*] nicht stecken wollen

to put oneself in someone's shoes: sich in js. Lage *f* [*acc.*] versetzen

shop

to set up shop: ein Geschäft eröffnen; sich etablieren

to talk shop: fachsimpeln; ein Fachgespräch führen

to go shopping: einkaufen gehen; Einkäufe (Besorgungen) machen

to window-shop: sich [*dat.*] Schaufenster an•sehen

short

everything ~ of: alles bis auf [*acc.*]; *in ~*: kurzum; mit kurzen Worten; *~ and sweet*: kurz und klar; schmerzlos; *~ circuit*: Kurzschluß *m*; *~hand*: Kurzschrift *f*; *~-lived*: kurzlebig; *~-sighted*: kurzsichtig; *~ story*: Kurzgeschichte *f*; Novelle *f*; *~-tempered*: reizbar; heftig; *~wave*: Kurzwelle *f*; *~-winded*: kurzatmig

to be in short supply: knapp sein

to be short of money: knapp bei Kasse sein; wenig Geld haben

to cut short one's vacation: seine Ferien verkürzen

to cut someone short: jn. unterbrechen; jm. ins Wort fallen

to fall short of expectation: hinter den Erwartungen zurück•bleiben

to make short work of something: kurzen Prozeß mit etwas machen

to sell someone short: jn. unterschätzen

to stop short [*while speaking*]: inne•halten

"TV" is short for "television": "TV" ist eine Abkürzung für "television"

shortcut

to take a shortcut: den Weg ab•schneiden

shot

a ~ in the dark: ein Sprung *m* ins Ungewisse; *not by a long ~*: noch lange nicht; bei weitem nicht

to call the shots: das große Wort führen

to have a shot at: [*try something*] sich versuchen in [*dat.*]; [*chance of victory, success*] Chancen haben auf [*acc.*]

shoulder

~ to ~: Schulter an Schulter; *straight from the ~*: geradeheraus; frank und frei

to give someone the cold shoulder: jm. die kalte Schulter zeigen

to shrug one's shoulders: mit den Achseln zucken

shout

to shout something from the rooftops [*fig.*]: etwas an die große Glocke hängen

show

to run the show: das Regiment führen

to steal the show from someone: jm. die Schau stehlen

to stop the show [*fig.*]: stürmischen Beifall aus•lösen (hervor•rufen)

to show off: auf•schneiden; an•geben; sich zur Schau stellen

to show one's face: sich sehen lassen

to show one's good side: sich von seiner besten Seite zeigen

to show one's hand: seine Karten auf•decken

to show one's true colors: sein wahres Gesicht zeigen; Farbe bekennen

to show promise: Erfolg *m* versprechen; verheißungsvoll (vielversprechend) sein

to show someone around: jn. herum•führen

to show someone the door: jm. die Tür weisen; jn. vor die Tür setzen; jn. hinaus•werfen

to show someone the way to Berlin: jm. den Weg nach Berlin zeigen

to show someone up: [*expose*] jn. bloß•stellen; [*outdo*] jn. in den Schatten stellen

to show something off: etwas zur Schau tragen
to show up [appear in public]: erscheinen

sick
to be sick of it: es satt haben

side
on the ~ [in addition]: nebenbei; *~burns*: Koteletten; *~ by ~*: nebeneinander; Seite an Seite; *~ dish*: Nebengericht *n*; *~ effect*: Nebenwirkung *f*; *~walk*: Bürgersteig *m*; Fußweg *m*
on his mother's (father's) side: mütterlicherseits (väterlicherseits)
the other side of the coin: die Kehrseite der Medaille
there are two sides to every coin: alles hat seine zwei Seiten
to be on the safe side . . .: vorsichtshalber . . .
to be on the wrong side: auf der falschen Seite stehen; bei der falschen Partei sein
to get up on the wrong side of the bed: mit dem linken Fuß zuerst auf•stehen
to split one's sides laughing: sich tot•lachen; sich [*dat.*] den Bauch halten vor Lachen
to stand by someone's side [fig.]: jm. (mit Rat und Tat) bei•stehen
to take sides with someone: Partei *f* für jn. ergreifen; sich auf js. Seite *f* [*acc.*] stellen

sigh
to heave a sigh: auf•atmen; einen Seufzer aus•stoßen
to heave a sigh of relief: erleichtert (erlöst) auf•atmen

sight
at first sight: beim ersten Blick; auf den ersten Blick
in (out of) sight: in (außer) Sicht; sichtbar (unsichtbar)
out of sight, out of mind: aus den Augen, aus dem Sinn
to catch sight of someone: jn. zu Gesicht bekommen; jn. erblicken
to know someone by sight: jn. vom Ansehen her kennen
to hate the sight of someone: jn. in den Tod hassen; jn. nicht ausstehen (leiden) können
to lose one's sight: blind werden
to lose sight of something [lit. and fig.]: etwas aus den Augen verlieren
to not let someone out of one's sight: jn. nicht aus den Augen lassen
to see (take in) the sights: die Sehenswürdigkeiten besichtigen
to buy something sight unseen: die Katze im Sack kaufen

silence
to break the silence: das Schweigen brechen
to maintain silence: Ruhe halten
to pass over something in silence: etwas mit Stillschweigen übergehen
to shroud something in silence: etwas in Stillschweigen hüllen

sing
to sing in (out of) tune: rein (unrein) singen
to sing someone's praises: js. Lob *n* singen; jn. rühmen
to sing the blues [fig.]: Trübsal blasen

sink

sink or swim: entweder—oder; friß, Vogel, oder stirb!
to sink in [fig.]: sich ein•prägen

sit

to be sitting on a powder keg: wie auf einem Pulverfaß sitzen
to sit down: sich setzen (nieder•setzen); Platz nehmen
to sit out a dance: einen Tanz aus•setzen (aus•lassen)
to sit through a lecture: eine Vorlesung bis zu Ende an•hören
to sit tight: ab•warten
to sit up: sich auf•richten; [*stay up late*] auf•sitzen

six

to be six of one, half dozen of the other: dasselbe in Grün sein; Jacke wie Hose sein; ganz einerlei sein; auf dasselbe heraus•kommen

size

which size do you take? welche Größe haben Sie?
to size someone up: jn. (abschätzend) mustern

skin

by the skin of one's teeth: mit knapper Not; mit Hängen und Würgen
soaked to the skin: bis auf die Haut durchnäßt; klitschnaß
to be nothing but skin and bones: nur noch Haut und Knochen sein
to get under one's skin [irritate]: jm. auf die Nerven gehen (fallen)
to save one's skin: mit heiler Haut davon•kommen

sky

to praise someone to the skies: jn. in den Himmel heben; jn. über den grünen Klee loben

slam

to slam the door closed: die Tür zu•knallen (zu•schlagen)

slate

to have a clean slate: eine reine Weste haben

sleep

he didn't get a wink of sleep: er hat (die ganze Nacht) kein Auge zugetan
in a deep sleep: in tiefem Schlaf; in Schlaf versunken
my foot went to sleep: mein Fuß ist eingeschlafen
to be able to do something in one's sleep: etwas im Schlaf tun können
to go to sleep: [*fall asleep*] ein•schlafen; [*retire*] schlafen gehen
to put to sleep: ein•schläfern
to walk in one's sleep: nachtwandeln
to sleep like a log: wie ein Murmeltier (Bär) schlafen
to sleep off a hangover: einen Rausch aus•schlafen

sleeve

to have something up one's sleeve: noch einen Trumpf in der Hand haben; etwas in petto haben
to laugh up one's sleeve: sich [*dat.*] ins Fäustchen lachen
to roll up one's sleeves: die Hemdsärmel hoch•krempeln (auf•krempeln)
to wear one's heart on one's sleeve: das Herz auf der Zunge tragen

slip

to give someone the slip: jm. durch die Lappen gehen
to make a slip of the tongue: sich versprechen
to let an opportunity slip by: sich [*dat.*] eine Gelegenheit entgehen lassen
to slip one's mind: jm. entfallen
to slip up: einen Fehler (Fehltritt) machen; sich vertun

slow

to slow down [*driving*]: langsamer fahren
slowly but surely: langsam aber sicher
to be slow [*clock*]: nach•gehen
to be slow (*on the uptake*): eine lange Leitung haben

sly

on the sly: im geheimen; verstohlen

smash

to smash something to pieces: etwas kurz und klein (in Trümmer) schlagen

smoke

to go up in smoke [*lit. and fig.*]: in Rauch und Flammen auf•gehen
where there's smoke, there's fire: wo Rauch ist, da ist auch Feuer; nichts ohne Ursache
to smoke like a chimney: wie ein Schlot rauchen

snack

to have a snack: einen Imbiß ein•nehmen; einen Happen essen
snack bar: Erfrischungsraum *m*; Imbißstube *f*

snail

at a snail's pace: im Schneckentempo

snake

a snake in the grass: ein Wolf im Schafspelz; ein geheimer Feind

snap

it was a snap: es war ein Kinderspiel *n* (spielend leicht)
to snap out of it: die gute Laune wieder•gewinnen; eine schlechte Laune überwinden

sneeze

not to be sneezed at: nicht zu verachten

so

and ~ forth (etc.): und so weiter (usw.); und so fort (usf.); *a week or ~*: etwa eine Woche; *~ far* [*until now*]: bis jetzt; bisher; *~ far, ~ good*: so weit, gut; *~ much for that*: (also) Schluß damit; (also) erledigt; *~ much the better*: um so besser; *~ to speak*: sozusagen
not so much as a word of thanks: nicht einmal ein Wort *n* des Dankes
without so much as a word of thanks: ohne auch nur ein Wort *n* des Dankes

society

to belong to high society: zu den oberen Zehntausend (zur High Society) gehören

soft-soap

to soft-soap someone: jn. ein•salben; jm. Honig um den Mund schmieren

somebody
to be somebody: jemand sein; wer (bedeutend) sein

somehow
somehow or other: auf irgendeine Weise; irgendwie

someone
someone or other: irgend jemand

something
something or other: irgend etwas
to be something else again: eine Sache für sich sein

sometime
sometime or other: irgendwann mal

somewhere
somewhere or other: irgendwo

song
for a song [inexpensively]: für einen Pappenstiel; spottbillig
to strike up a song: ein Lied an•stimmen

soon
no sooner said than done: gesagt, getan
sooner or later: früher oder später; über kurz oder lang

sorry
I feel sorry for him: er tut mir leid
I'm sorry: [*apology*] Entschuldigung! Verzeihung! [*regret*] es tut mir leid
to be sorry about something: etwas bedauern
to feel sorry for oneself: sich bemitleiden

sort
he is a teacher of sorts: er ist so etwas wie ein Lehrer
to be out of sorts: [*ill*] unpäßlich sein; [*depressed*] niedergeschlagen sein

soul
a good ~: eine gute (treue) Seele; *not a* ~: keine Menschenseele (Seele); kein Mensch; *with heart and* ~: mit Leib und Seele; von ganzer Seele

sound
to sound someone out: jm. auf den Zahn fühlen
to sound the alert: Alarm schlagen
to sound the retreat: zum Rückzug blasen
safe and sound: gesund und munter

spade
to call a spade a spade: das Kind beim Namen nennen

spare
~ *parts*: Ersatzteile; ~ *room*: Gästezimmer *n*; ~ *time*: Freizeit *f*; ~ *tire*: Reservereifen *m*
spare the rod and spoil the child: die Rute macht aus bösen Kindern gute
there is no time to spare (lose): es ist keine Zeit zu verlieren
to spare no pains: sich [*dat.*] keine Mühe sparen

speak
so to ~: sozusagen; *strictly* ~*ing*: strenggenommen; genaugenommen
. . . speaking: . . . am Apparat

to speak for itself: für sich sprechen
to speak loud and clear: laut und deutlich sprechen
to speak one's piece: frisch (frei) von der Leber weg reden
to speak the same (another) language: dieselbe (eine andere) Sprache sprechen
to speak up: [*louder*] lauter sprechen; [*express an opinion*] sich offen aus·sprechen; den Mund auf·tun; seine Meinungen offen äußern
to speak well for someone: für jn. sprechen

speech
to deliver a speech: eine Rede halten

speed
at full speed: [*work, machinery*] auf vollen Touren; [*vehicle*] mit höchster Geschwindigkeit

spell
how do you spell it? wie schreibt sich das? wie buchstabiert man das?

spick-and-span
spick-and-span: blitzblank; geschniegelt und gebügelt

spirit
the spirit is willing but the flesh is weak: der Geist ist willig, aber das Fleisch ist schwach
to be in good spirits: guter Dinge sein; gut gelaunt (aufgelegt) sein
to be there in spirit: im Geiste mit dabei sein

spite
out of spite: aus Bosheit
to cut off one's nose to spite one's face: sich [*dat.*] ins eigene Fleisch schneiden

split
to split hairs: Haare spalten; Haarspalterei treiben
to split one's sides laughing: sich tot·lachen; sich [*dat.*] den Bauch halten vor Lachen
to split the difference: sich [*dat.*] den Differenzbetrag teilen; den Preisunterschied teilen

spoil
spare the rod and spoil the child: die Rute macht aus bösen Kindern gute
to be spoiling for a fight: streitlustig (herausfordernd) sein
to spoil children: Kinder verwöhnen
to spoil one's appetite: sich [*dat.*] den Appetit verderben
to spoil someone's fun: jm. den Spaß verderben (versalzen)

spoon
to be born with a silver spoon in one's mouth: aus reichem Hause sein; von Kindheit an auf Federn gebettet sein

spoon-feed
to spoon-feed someone [*fig.*]: jm. etwas vor·kauen

sport
to go in for sports: Sport treiben
to play a sport: einen Sport betreiben

spot
on the ~ [*at once*]: auf der Stelle; an Ort und Stelle; ~ *check*: Stichprobe *f*; ~ *light*: Rampenlicht *n*; Scheinwerfer *m*

spread

to spread like wildfire: sich wie ein Lauffeuer *n* verbreiten
to spread oneself thin: sich oberflächlich mit vielerlei befassen (beschäftigen)

spur

on the spur of the moment: ohne Überlegung; unüberlegt
to win one's spurs: sich [*dat.*] die Sporen verdienen

stage

at this ~: in diesem Stadium; ~ *fright*: Lampenfieber *n*; ~*hand*: Bühnenarbeiter *m*
in (by) stages: etappenweise; stufenweise
to be on the stage [professionally]: auf der Bühne stehen; am Theater sein
to be stage-struck: fürs Theater schwärmen

stake

to be at stake: auf dem Spiele stehen
to have a stake in: interessiert (beteiligt) sein an [*dat.*]
to stake everything: alles aufs Spiel setzen

stalemate

to reach a stalemate: an einen toten Punkt gelangen

stand

to take a stand for (against) something: sich für (gegen) etwas ein·setzen
to take the stand [trial]: als Zeuge *m* vernommen werden
as things stand . . . : wie die Dinge jetzt liegen . . .
to be unable to stand someone: jn. nicht ausstehen (ertragen, leiden) können
to stand a chance of: Chancen haben auf [*acc.*]
to stand and fall with: stehen und fallen mit
to stand at attention: stramm·stehen
to stand by one's word: zu seinem Wort stehen; sein Wort halten
to stand by someone: jm. (mit Rat und Tat) bei·stehen
to stand corrected: seinen Fehler (Irrtum, usw.) zu·geben (ein·gestehen)
to stand for something: [*tolerate*] sich [*dat.*] etwas gefallen lassen; etwas ertragen (erdulden); [*represent*] etwas verkörpern (symbolisieren)
to stand in for someone: jn. vertreten
to stand one's ground: seinen Mann stehen; sich behaupten; stand·halten; nicht nach·geben
to stand on one's head: auf dem Kopf stehen
to stand on one's own two feet: auf eigenen Füßen (Beinen) stehen; unabhängig sein
to stand out: [*excel*] sich aus·zeichnen; [*project, protrude*] sich ab·heben (von); stark hervor·treten
to stand the test: die Probe bestehen; sich bewähren
to stand to reason: auf der Hand liegen; (eindeutig) klar sein
to stand trial: vor Gericht gestellt werden
to stand up to someone: jm. Widerstand *m* entgegen·setzen; jm. die Stirn bieten
to stand watch: Wache *f* halten

standard

gold ~: Goldwährung *f*; ~ *bearer*: Fahnenträger *m*; ~ *of living*: Lebensstandard *m*; ~ *time*: Normalzeit *f*

to apply a double standard: mit zweierlei Maß messen
to set the standard for something: den Maßstab für etwas ab•geben

standstill

to come to a standstill: zum Stillstand kommen; [*discussion, etc.*] stocken; an einen toten Punkt gelangen

stare

to stare into space: ins Leere blicken; ins Blaue starren

start

from start to finish: von Anfang bis (zu) Ende
to get an early start: früh auf•brechen
to take a running start: einen Anlauf nehmen
to start a business: ein Geschäft eröffnen (gründen)
to start a fire: Feuer *n* machen (an•machen, an•zünden)
to start from scratch: ganz von vorne an•fangen
to start the ball rolling [*fig.*]: die Sache in Gang (ins Rollen) bringen
to start the car: den Motor an•lassen
to start things off: den Reigen eröffnen
to start up [*motor*]: an•springen

stay

to stay at home: zu Hause bleiben
to stay away from someone: jm. vom Leibe bleiben
to stay in Berlin for two weeks: sich für zwei Wochen in Berlin auf•halten
to stay put: da•bleiben; sitzen (stehen•bleiben, liegen•bleiben)
to stay up all night: die ganze Nacht auf•bleiben (auf•sitzen)
to stay up till all hours: bis in die Puppen (bis tief in die Nacht) auf•bleiben

steam

to get up steam [*fig.*]: in Fahrt kommen
to let off steam: [*lit.*] Dampf *m* ab•lassen; [*fig.*] sich [*dat.*] Luft machen

steer

to steer clear of someone: jn. meiden

step

a ~ forward: ein Schritt *m* nach vorn; *~ by ~*: Schritt für Schritt
a step on the way to . . . : ein Schritt *m* auf dem Wege zu
to be out of step [*military*]: falschen Tritt haben
to go one step further: einen Schritt weiter•gehen
to keep in step: [*military*] Tritt *m* halten; [*fig.*] nicht aus der Reihe fallen
to take steps: Schritte unternehmen; Maßnahmen ergreifen
watch your step! vorsicht, Stufe!
to step in [*become involved*]: ein•greifen
to step on someone's toes [*fig.*]: jm. auf die Hühneraugen treten

stew

to let someone stew in his own juice: jn. (im eigenen Saft) schmoren lassen

stick

to stick in one's throat: jm. im Hals stecken
to stick it out: es aus•halten
to stick one's neck out for someone: für jn. die Hand ins Feuer legen; für jn. den Kopf hin•halten

to stick one's tongue out at someone: jm. die Zunge heraus·strecken
to stick out one's tongue [for a doctor]: die Zunge zeigen
to stick together: [*lit.*] zusammen·kleben; [*fig.*] (wie Pech und Schwefel) zusammen·halten
to stick to it [a task, etc.]: am Ball bleiben; bei der Stange bleiben
to stick up for someone: sich an js. Seite *f* [*acc.*] stellen; für jn. eine Lanze brechen; für jn. ein·treten

sting

to take the sting out of something: einer Sache den Stachel nehmen

stir

to cause a stir: Staub *m* auf·wirbeln; Aufsehen *n* erregen
to stir one's coffee: den Kaffee um·rühren
to stir up trouble: Unruhe *f* stiften; Zwietracht *f* säen

stock

common ~: Stammaktie *f*; *preferred ~*: Vorzugsaktie *f*; *~ exchange*: Börse *f*; *~s and bonds*: Wertpapiere
to be out of stock: nicht vorrätig sein; ausverkauft sein
to have in stock: auf Lager (vorrätig) haben
to invest in stocks: sein Geld in Aktien an·legen
to keep in stock: auf Lager halten; führen
to not put much stock in something: von etwas nicht viel halten
to take stock [inventory]: Inventur *f* machen
to take stock of something: etwas nach seinem Wert ab·schätzen

stomach

on an empty stomach: auf nüchternen Magen
to have a cast-iron stomach: einen eisernen Magen haben
to lie heavy in one's stomach: jm. schwer im Magen liegen
to turn one's stomach: jn. an·ekeln
to upset one's stomach: jm. schlecht bekommen

stone

to be a stone's throw away: nur ein Katzensprung sein
to have a heart of stone: ein steinernes Herz haben; ein Herz von Stein haben
to leave no stone unturned: nichts unversucht lassen

stop

to bring (come) to a stop: zum Halten (Stehen) bringen (kommen)
to put a stop to something: einer Sache ein Ende machen; einer Sache einen Riegel vor·schieben; einer Sache Einhalt gebieten
the clock stopped: die Uhr blieb stehen
there's no stopping now: es gibt kein Halten mehr
the train stopped: der Zug hielt an
to stop at nothing: vor nichts zurück·schrecken
to stop by [brief visit]: eine Stippvisite machen
to stop over in Vienna: die Fahrt (Reise) in Wien unterbrechen
to stop singing: auf·hören zu singen
to stop someone from doing it: jn. davon ab·halten, es zu tun
to stop the show [fig.]: stürmischen Beifall aus·lösen (hervor·rufen)

to stop traffic: den Verkehr an·halten
to stop up a hole: ein Loch zu·stopfen
to stop work: die Arbeit ein·stellen

store
department ~: Kaufhaus *n*; *grocery* ~: Lebensmittelgeschäft *n*; *men's* ~: Herrengeschäft *n*; *shoe* ~: Schuhgeschäft *n*; ~ *keeper*: Ladeninhaber *m*; ~*room*: Lagerraum *m*
to be in store for someone: jm. bevor·stehen
to set store by something: einer Sache großen Wert bei·messen

storm
a storm is brewing: ein Gewitter *n* zieht auf
the calm before the storm: die Stille vor dem Sturm
to take by storm [*lit. and fig.*]: im Sturm nehmen
to weather the storm: die Krise überstehen

story
as the story goes . . . : wie verlautet . . .
the story goes that . . . : es wird erzählt, daß . . . : man erzählt, daß . . .
to be the same old story: immer die alte Leier (die gleiche Walze) sein
to make a long story short . . . : um es kurz zu machen . . .

straight
to follow (stay on) the straight and narrow: den geraden Weg gehen
as straight as an arrow: kerzengerade
straight ahead: geradeaus
to get something straight: etwas richtig verstehen
to set someone straight about something: jn. eines Besseren belehren über etwas [*acc.*]
to think straight: logisch denken
to walk straight: gerade gehen

straighten
to straighten a matter out: etwas wieder in Ordnung (ins reine, ins Lot) bringen
to straighten up a room: ein Zimmer auf·räumen

straw
that's the last straw! nun schlägts dreizehn!
the straw that broke the camel's back: noch einen Tropfen, und das Maß fließt über
to grasp at straws: nach einem Strohhalm greifen

street
to take to the streets [*demonstrate*]: auf die Straßen gehen

strength
on the strength of: auf Grund [*gen.*]

strict
strictly speaking: strenggenommen; genaugenommen

stride
to come into stride: in Fahrt (Schwung) kommen
to take something in stride: etwas ohne Schwierigkeiten bewältigen; etwas gelassen hin·nehmen

strike

to go on strike: in den Streik treten; streiken
the clock strikes one: die Uhr schlägt eins
to strike from the rolls: von der Liste streichen
to strike out against something: gegen etwas zu Felde ziehen; gegen etwas Front machen
to strike terror into someone's heart: jm. Schrecken *m* ein•flößen
to strike up a song: ein Lied an•stimmen

stroke

to have a stroke: einen Schlaganfall erleiden

stump

to be out on the stump [political campaign]: Wahlreden halten

subject

to change the subject: zu einem anderen Thema über•gehen; von etwas anderem reden
to study three subjects: drei Fächer studieren

subscribe

to subscribe to a magazine: eine Zeitschrift beziehen; [*take out a subscription*] eine Zeitschrift abonnieren

substance

to agree with someone in substance: mit jm. im wesentlichen überein•stimmen

succeed

he succeeded in learning German: es gelang ihm, Deutsch zu lernen
nothing succeeds like success: das Erfolgreichste ist der Erfolg

sudden

all of a sudden: plötzlich; auf einmal

suggestion

to act on a suggestion: einen Vorschlag befolgen
to be agreeable to a suggestion: mit einem Vorschlag einverstanden sein
to follow someone's suggestion: js. Vorschlag *m* an•nehmen; auf js. Vorschlag *m* [*acc.*] ein•gehen
to make a suggestion: einen Vorschlag machen
to turn down someone's suggestion: js. Vorschlag *m* ab•lehnen

suit

to be suited for something: sich zu etwas eignen
to suit someone to a T: jm. ausgezeichnet passen; jm. gerade das Richtige sein

sun

a place in the ~: ein Platz *m* an der Sonne; *~burn*: Sonnenbrand *m*; *~glasses*: Sonnenbrille *f*; *~shine*: Sonnenschein *m*; *~tan*: Sonnenbräune *f*
the sun rises (sets): die Sonne geht auf (unter)
to make hay while the sun shines: das Eisen schmieden, solange es heiß ist

Sunday

to take a month of Sundays: eine Ewigkeit dauern

supply

supply and demand: Angebot *n* und Nachfrage *f*
to be in short supply: knapp sein

to supply a need: einen Bedarf decken
to supply the city with power: die Stadt mit Strom versorgen

support
to support one's family: seine Familie unterhalten (ernähren)

sure
for sure: ganz gewiß
to be sure of something: von etwas überzeugt sein; einer Sache sicher sein
to make sure that . . . : sich vergewissern, daß . . .

surpass
to surpass someone in strength: jn. an Körperkraft übertreffen

surprise
to be in for a surprise [unpleasant]: sein blaues Wunder erleben
to be taken by surprise: überrascht werden
to come as a surprise: (jm.) unerwartet kommen

survival
the survival of the fittest: das Überleben der Kräftigsten (Lebenskräftigsten)

suspense
to keep someone in suspense: jn. in Spannung halten

suspicion
to arouse suspicion: Verdacht *m* erregen
to be under suspicion: im Verdacht stehen

swallow
one swallow does not make a summer: eine Schwalbe macht keinen Sommer
to swallow one's anger: seinen Ärger verbeißen (herunter•schlucken)
to swallow one's pride: seinen Stolz in die Tasche stecken
to swallow the bait [lit. and fig.]: an•beißen

swamp
to be swamped with: überschwemmt (überschüttet) sein mit

swear
to swear at someone: jn. beschimpfen
to swear by God: bei Gott schwören
to swear by something [rely on it]: felsenfest auf etwas [*acc.*] schwören
to swear off drinking: dem Trunk ab•schwören
to swear someone in: jn. vereidigen

sweat
by the sweat of one's brow: im Schweiße seines Angesichts

swim
to go for a swim: schwimmen gehen
his head is swimming: ihm schwindelt der Kopf
sink or swim: entweder—oder; friß, Vogel, oder stirb!

swing
to be in full swing: in vollem Gange sein
to get into the swing of things: in Schwung kommen

sword
to cross swords [lit. and fig.]: die Klingen kreuzen
to put to the sword: über die Klinge springen lassen; töten; ermorden

t

t

to a T: bis aufs i-Tüpfelchen
to suit someone to a T: jm. ausgezeichnet passen; jm. gerade das Richtige sein

table

the tables have turned: das Blatt hat sich gewendet
to clear the table: den Tisch ab·decken
to drink someone under the table: jn. unter den Tisch trinken
to set the table: den Tisch decken
to turn the tables on someone: den Spieß um·drehen gegen jn.; den Ausschlag geben gegen jn.; das Zünglein an der Waage sein gegen jn.
to wait on table: bei Tisch auf·warten; bedienen
to table a motion: einen Antrag vertagen

tack

to be on the wrong tack: auf falscher Fährte sein; auf dem Holzweg sein

tackle

to tackle a problem: ein Problem an·packen; einem Problem zu Leibe gehen

tail

to be unable to make heads or tails of something: aus etwas nicht klug werden; aus etwas keinen Deut machen können
to turn tail [and run]: Fersengeld *n* geben; das Hasenpanier ergreifen
with one's tail between one's legs: mit eingezogenem Schwanz

take

take it easy! nur mit der Ruhe!
that takes the cake! das ist doch die Höhe! nun schlägts dreizehn! das schlägt dem Faß den Boden aus!
to be able to take a joke: einen Spaß verstehen
to take a bath: ein Bad nehmen; sich baden
to take action against someone: gegen jn. Schritte unternehmen (ein·schreiten)
to take a book out: ein Buch entleihen
to take after someone: jm. ähneln; jm. nach·schlagen
to take a hint: einen Wink verstehen
to take a motor apart: einen Motor auseinander·nehmen
to take an argument apart: ein Argument entkräften (widerlegen)
to take an oath: einen Eid ab·legen (schwören)
to take a patent out on something: etwas zum Patent an·melden
to take a picture of someone: von jm. eine Aufnahme machen; jn. photographieren
to take a stain out: einen Fleck entfernen
to take a train: einen Zug nehmen
to take (go on) a trip: eine Reise machen

to take care of someone: jn. betreuen; für jn. sorgen
to take care of something: für etwas Sorge tragen; acht•geben auf etwas [*acc.*]; [*finish*] etwas erledigen
to take cover: Deckung suchen (nehmen)
to take first prize: den ersten Preis gewinnen
to take into account: in Betracht ziehen
to take it easy: es sich [*dat.*] bequem machen; sich nicht überan•strengen
to take off [*airplane*]: starten; ab•fliegen
to take offense at something: an etwas [*dat.*] Anstoß *m* nehmen
to take off one's coat: den Mantel aus•ziehen
to take one's anger out on someone: seinen Ärger an jm. aus•lassen
to take one's breath away: jm. den Atem benehmen
to take one's life: sich [*dat.*] das Leben nehmen; Selbstmord *m* begehen
to take one's life in one's hands: sein Leben aufs Spiel setzen
to take one's time: sich [*dat.*] Zeit lassen
to take over: ans Ruder kommen; die Führung übernehmen
to take part in something: an etwas [*dat.*] teil•nehmen
to take place: statt•finden
to take possession of something: etwas in Besitz nehmen
to take someone by surprise: jn. überraschen
to take someone by the hand: jn. bei der Hand nehmen
to take someone for a drive: jn. auf eine Spazierfahrt mit•nehmen
to take someone for an American: jn. für einen Amerikaner halten
to take someone into one's confidence: jn. ins Vertrauen ziehen
to take someone out: jn. aus•führen
to take someone prisoner: jn. gefangen•nehmen
to take (*follow*) *someone's advice*: js. Rat *m* befolgen
to take someone's temperature: js. Temperatur *f* messen
to take something along: etwas mit•nehmen
to take something down: etwas nieder•schreiben
to take something for granted: etwas als selbstverständlich betrachten (an•nehmen)
to take something into consideration: etwas in Betracht (Erwägung) ziehen; etwas erwägen (berücksichtigen)
to take something lying down: sich [*dat.*] etwas gefallen lassen; etwas ein•stecken; etwas auf sich [*dat.*] sitzen lassen
to take something the wrong way: etwas falsch verstehen (auf•fassen); etwas in den falschen Hals bekommen; etwas übel•nehmen
to take something to heart: sich [*dat.*] etwas zu Herzen nehmen
to take something upon oneself [*a task*]: etwas auf sich [*acc.*] nehmen
to take steps: Schritte unternehmen; Maßnahmen ergreifen
to take the consequences: die Folgen tragen (auf sich [*acc.*] nehmen); die Konsequenzen ziehen
to take the minutes: das Protokoll auf•nehmen (führen)
to take the trouble to help someone: sich [*dat.*] die Mühe machen (geben), jm. zu helfen
to take up a great deal of time: viel Zeit in Anspruch nehmen

to take up law: ein juristisches Studium an·fangen
to take up space: Raum *m* ein·nehmen

talk
to be the talk of the town: das Stadtgespräch *n* sein
to have a talk with someone: mit jm. sprechen (reden); mit jm. eine Unterredung haben; [*reprimand*] jn. zur Rede stellen
to talk (be) at cross-purposes: aneinander vorbei·reden
to talk away the hours: die Stunden verplaudern
to talk back: frech antworten
to talk big: auf·schneiden; prahlen; sich dicke tun; an·geben; den Mund voll·nehmen
to talk down to someone: herablassend (geringschätzig) mit jm. reden
to talk over someone's head: jm. über den Kopf hinweg·reden
to talk someone into (out of) something: jm. etwas ein·reden (aus·reden)
to talk shop: fachsimpeln; ein Fachgespräch führen
to talk something over: etwas besprechen
to talk through one's hat: Unsinn *m* reden
to talk to oneself: Selbstgespräche führen
to talk with one's hands: mit den Händen reden

tangent
to go off on a tangent: vom Thema ab·schweifen

tantamount
to be tantamount to a defeat: einer Niederlage gleich·kommen

tape
to tape (record) a song: ein Lied auf Tonband auf·nehmen

task
to take someone to task: jn. zur Rede stellen; jn. ins Gebet nehmen

taste
in bad ~: geschmacklos; *in good ~*: geschmackvoll
to acquire a taste for something: allmählich an etwas [*dat.*] Geschmack *m* finden; auf den Geschmack von etwas kommen
to be a matter of taste: Geschmacksache *f* sein
to be to someone's taste: nach js. Geschmack *m* sein
to have good taste: guten Geschmack haben
to leave a bad taste in one's mouth: einen üblen Nachgeschmack hinterlassen
to taste like: schmecken nach

tax
income ~: Lohnsteuer *f*; Einkommensteuer *f*; *income ~ return*: Einkommensteuererklärung *f*; *inheritance ~*: Erbschaftssteuer *f*; *luxury ~*: Luxussteuer *f*; *property ~*: Vermögenssteuer *f*; *sales ~*: Mehrwertsteuer *f*; Umsatzsteuer *f*; *~ consultant*: Steuerberater *m*; *~ evasion*: Steuerhinterziehung *f*; *~-exempt*: steuerfrei; *~ rate*: Steuersatz *m*
higher taxes were imposed upon the industry: der Industrie [*dat.*] wurden höhere Steuern auferlegt
to collect taxes: Steuern ein·ziehen (ein·treiben)

to impose a tax on something: etwas besteuern; etwas mit einer Steuer belegen
to lower (raise) taxes: die Steuern herab•setzen (erhöhen)
to tax oneself: sich überan•strengen

taxi
~: Taxi *n*; ~ *driver*: Taxifahrer *m*; ~ *stand*: Taxistand *m*
to call a taxi: ein Taxi bestellen
to go by taxi: mit dem Taxi fahren
to hail a taxi: ein Taxi heran•winken

tea
that's not my cup of tea: ich mache mir nichts daraus; das ist nicht mein Fall *m* (meine Kragenweite)

tear
to be drowned in tears: in Tränen gebadet sein
to be moved to tears: zu Tränen gerührt sein
to break into tears: in Tränen aus•brechen
to dry one's tears: sich [*dat.*] die Tränen ab•wischen (trocknen)
to move someone to tears: jn. zu Tränen rühren
to shed tears: Tränen vergießen
to wipe away one's tears: die Tränen ab•wischen

tear
wear and tear: Abnutzung *f*
to tear limb from limb: in Stücke zerreißen
to tear one's hair out: sich [*dat.*] die Haare aus•raufen (aus•reißen)
to tear to pieces: (in Fetzen) zerreißen

teeth
by the skin of one's teeth: mit knapper Not; mit Hängen und Würgen
to be armed to the teeth: bis an die Zähne bewaffnet sein
to brush one's teeth: sich [*dat.*] die Zähne putzen
to cut teeth: zahnen
to get one's teeth into something: eine Sache fest an•packen
to lie through one's teeth: das Blaue vom Himmel herunter•lügen; lügen, bis sich die Balken biegen
to pick one's teeth: in den Zähnen stochern
to show one's teeth [*fig.*]: die Zähne (Hörner) zeigen

telephone
over the ~: durch das Telephon; telephonisch; ~ *book*: Telephonbuch *n*; Fernsprechbuch *n*; ~ *booth*: Telephonzelle *f*; ~ *call*: Anruf *m* (Telephonanruf *m*); ~ *conversation*: Telephongespräch *n*; ~ *number*: Telephonnummer *f*; ~ *operator*: Telephonistin *f*
to answer the telephone: den Hörer ab•nehmen
to be on the telephone: am Telephon sein
to be wanted on the telephone: am Telephon verlangt werden

television
color ~ *set*: Farbfernsehapparat *m*; ~ *set*: Fernsehapparat *m*
to watch television: fern•sehen

tell

all told: insgesamt; im ganzen
one can never tell: man kann nie wissen
the great strain is beginning to tell on him: die große Anstrengung macht sich bei ihm bemerkbar
there is no telling: man kann nicht wissen (voraus•sehen)
to be able to tell time: die Uhr lesen können
to be unable to tell two people apart: zwei Leute nicht unterscheiden (auseinanderhalten) können
to tell a story: eine Geschichte erzählen
to tell lies: lügen
to tell on someone: jn. verpetzen
to tell someone off: jm. gehörig die Meinung sagen; jn. ab•kanzeln
to tell someone's fortune: jm. wahr•sagen
to tell someone something to his face: jm. etwas ins Gesicht sagen
to tell the truth: die Wahrheit sagen
to tell the truth . . . : offen gesagt . . .

temper

to keep one's temper: die Fassung (Ruhe) bewahren; sich beherrschen
to lose one's temper: zornig (wütend) werden; die Fassung verlieren

temperature

to be running a temperature: Fieber *n* haben
to take someone's temperature: js. Temperatur *f* messen

tempest

a tempest in a teapot: ein Sturm *m* im Wasserglas

tempt

to be tempted to do something: versucht (geneigt) sein, etwas zu tun

tend

to tend to [have a tendency to]: die Tendenz zeigen zu; neigen zu

tent

to pitch a tent: ein Zelt auf•schlagen

term

in no uncertain ~s: frank und frei; unverblümt; *technical ~*: Fachausdruck *m*; *~ of office*: Amtsdauer *f*
according to the terms of the contract: nach Wortlaut des Vertrages; nach den Vertragsbedingungen
to agree on the terms: sich über die Bedingungen einigen
to be on good terms with someone: mit jm. auf gutem Fuße stehen
to bring someone to terms: jn. zwingen, die Bedingungen anzunehmen
to buy on easy terms: günstig (zu günstigen Bedingungen) kaufen; unter günstigen Bedingungen kaufen
to come to terms with someone: sich mit jm. einigen; mit jm. ins reine kommen

terror

to strike terror into someone's heart: jm. Schrecken *m* ein•flößen

test

the acid test: die Feuerprobe
to fail a test: in einer Prüfung durch•fallen

to pass a test: eine Prüfung bestehen
to put something to the test: etwas auf die Probe stellen
to put to the test: die Probe aufs Exempel machen
to stand the test: die Probe bestehen; sich bewähren
to take a test: eine Prüfung machen (ab·legen)

testify
to testify to something: Zeugnis *n* von etwas ab·legen; etwas bezeugen

thank
~ goodness! Gott sei Dank! *~ you very much:* vielen Dank
not so much as a word of thanks: nicht einmal ein Wort *n* des Dankes
to express one's thanks: seinen Dank aus·sprechen
without so much as a word of thanks: ohne auch nur ein Wort *n* des Dankes

theater
to go to the theater: ins Theater gehen

then
by ~: bis dahin; inzwischen; *from ~ on:* von da an; *now and ~:* ab und zu; dann und wann; hin und wieder; *~ and there:* auf der Stelle; an Ort und Stelle; *until ~:* bis dahin

theory
to advance a theory: eine Theorie auf·stellen
to put a theory into practice: eine Theorie in die Praxis um·setzen

there
down ~: da (dort) unten; *here and ~:* da und dort; hier und da; *up ~:* da (dort) oben

thick
to be in the thick of things: mittendrin sein
through thick and thin: durch dick und dünn
to lay it on thick: dick auf·tragen

thin
to spread oneself thin: sich oberflächlich mit vielerlei befassen (beschäftigen)

thing
to be the latest thing: der letzte Schrei sein

think
he thinks nothing of deceiving his friends: er betrügt seine Freunde ohne jedes Bedenken
I think so: ich glaube ja (wohl)
I thought so (as much): das habe ich mir gedacht
to give someone something to think about: jm. einen Denkzettel geben
to think aloud: mit seinen Gedanken heraus·platzen; unüberlegt reden
to think highly of someone: viel von jm. halten; eine hohe Meinung von jm. haben; große Stücke auf jn. halten
to think it best to go: es für das beste halten, zu gehen
to think of someone: an jn. denken
to think something over: sich [*dat.*] etwas durch den Kopf gehen lassen; sich [*dat.*] etwas überlegen
to think something up: etwas erfinden (aus·denken)
to think straight: logisch denken

to think twice about something [and change one's mind]: sich eines Besseren besinnen

thirst

to die of thirst: verdursten

to quench one's thirst: den Durst stillen (löschen)

thirsty

to be thirsty: Durst *m* haben; durstig sein

thorn

to be a thorn in someone's side: jm. ein Dorn *m* im Auge sein

thought

a thought came to me: mir kam der Gedanke

on second thought: bei näherer (reiflicher) Überlegung

to be lost in thought: in Gedanken versunken (vertieft) sein

to have second thoughts: sich [*dat.*] eines Besseren besinnen

thread

to be hanging by a thread: an einem Faden hängen

threshold

to be on the threshold of death: an der Schwelle des Todes stehen; am Rande des Grabes stehen

throat

he had a lump in his throat: ihm war die Kehle wie zugeschnürt; ihm saß ein Kloß in der Kehle

to clear one's throat: sich räuspern

to cut someone's throat: jm. den Hals ab•schneiden

to have a sore throat: Halsschmerzen haben

to jump down someone's throat: jm. über den Mund fahren

to stick in one's throat: jm. im Hals stecken

through

I am through with my work: ich bin mit der Arbeit fertig

through and through: durch und durch; ganz und gar

to be through with someone: mit jm. fertig sein

to see something through: etwas durch•halten; etwas zu Ende führen

to see through someone: jn. durchschauen

to see through something: [*lit.*] etwas durch•sehen; [*fig.*] etwas durchschauen

throw

to be a stone's throw away: nur ein Katzensprung sein

to throw (give) a party: eine Party (eine Gesellschaft) geben

to throw away an opportunity: eine Gelegenheit verpassen

to throw cold water on a plan: einem Vorhaben einen Dämpfer auf•setzen

to throw dice: würfeln

to throw in the towel: die Flinte ins Korn werfen; sich geschlagen geben

to throw one's money around: mit dem Geld um sich werfen; sein Geld unter die Leute bringen

to throw one's weight around: auf seinen Einfluß pochen; den dicken Wilhelm spielen

to throw something away: etwas weg•werfen (weg•schmeißen)

to throw stones at someone: jn. mit Steinen bewerfen
to throw up: sich erbrechen; sich übergeben

thumb
rule of thumb: Faustregel *f*
to be all thumbs: zwei linke Hände haben
to be under someone's thumb: in js. Gewalt *f* [*dat.*] stehen; unter js. Fuchtel *f* [*dat.*] stehen
to go by rule of thumb: etwas über den Daumen peilen
to twiddle one's thumbs: die Daumen drehen
to thumb a ride: per Anhalter fahren; trampen
to thumb one's nose: eine lange Nase machen

tide
the tide has turned [*fig.*]: das Blatt hat sich gewendet
to stem the tide: die Flut ein·dämmen
to turn the tide [*fig.*]: den Wendepunkt herbei·führen

tie
to end in a tie: unentschieden enden
my hands are tied: mir sind die Hände gebunden
to be tied down [*fig.*]: angebunden sein
to tie a bow: eine Schleife binden
to tie a knot: einen Knoten machen
to tie a necktie: einen Schlips (eine Krawatte) binden
to tie someone up: jn. fest·binden
to tie the knot [*marry*]: den Bund fürs Leben schließen; heiraten

till
to put one's hand into the till: einen Griff in die Kasse tun

tilt
to tilt at windmills: offene Türen ein·rennen

time
ahead of ~: frühzeitig; vor der angesetzten Zeit; *at all* ~*s*: zu jeder Zeit; *at one* ~ [*past*]: einst; *at the appointed* ~: zur festgesetzten Zeit; *at the proper* ~: zur passenden Zeit; *at the same* ~: zur selben (gleichen) Zeit; gleichzeitig; *at* ~*s*: von Zeit zu Zeit; bisweilen; *by that* ~: bis dahin; *closing* ~: Ladenschluß *m*; *every* ~: jedesmal; *for the* ~ *being*: vorläufig; vorerst; *for the umpteenth* ~: zum x-ten Mal; *from* ~ *to* ~: von Zeit zu Zeit; ab und zu; *in due* ~: zur rechten Zeit; *in no* ~ *at all*: im Nu; im Handumdrehen; *in the course of* ~: im Laufe der Zeit; *many a* ~: viele Male; oftmals; *one at a* ~: einzeln; einer nach dem anderen; *spirit of the* ~*s*: der Zeitgeist; ~ *after* ~: immer wieder; ~ *of day*: die Tageszeit
his time has come: seine Zeit ist gekommen
his time has run out [*near death*]: seine Uhr ist abgelaufen
it is high time that . . . : es ist höchste Zeit, daß . . .
there is no time to lose (*spare*): es ist keine Zeit zu verlieren
there is still time: das hat noch Zeit; damit hat es noch Zeit
the time is up: die Zeit ist um (abgelaufen)

time is money: Zeit ist Geld
time is on his side: die Zeit arbeitet für ihn
time will tell: die Zeit wird es lehren
to be able to tell time: die Uhr lesen können
to be abreast of the times: auf dem laufenden sein
to be ahead of one's time: seiner Zeit voraus sein
to be a question of time: (nur) eine Frage der Zeit sein
to be behind the times: rückständig sein; hinter der Zeit zurück sein
to be on time: pünktlich sein
to be out of time: keine Zeit mehr haben
to bide one's time: seine Zeit ab•warten; eine Gelegenheit ruhig ab•warten
to find time for: Zeit *f* erübrigen für
to find time to do it: die Zeit finden, es zu tun
to gain time: Zeit *f* gewinnen
to go with the times: mit der Zeit gehen
to have a good time: sich gut amüsieren
to keep abreast of the times: mit der Zeit gehen
to keep good time [clock]: richtig gehen
to keep time [music]: Takt *m* schlagen
to kill time: die Zeit tot•schlagen
to make up for lost time: verlorene Zeit nach•holen
to mark time: auf der Stelle treten; [*fig.*] eine Gelegenheit ab•warten
to pass the time: sich [*dat.*] die Zeit vertreiben; die Zeit verbringen
to save time: Zeit *f* sparen
to serve time [in prison]: eine Gefängnisstrafe ab•sitzen
to take a lot of time: viel Zeit brauchen (in Anspruch nehmen); lange dauern
to take one's time: sich [*dat.*] Zeit lassen
to take up someone's time: js. Zeit *f* in Anspruch nehmen; jm. die Zeit stehlen
to waste time: die Zeit verschwenden (vertrödeln)
what time is it? wieviel Uhr ist es? wie spät ist es?
to time a race: einen Wettlauf stoppen

tip

to give a waiter a tip: einem Kellner ein Trinkgeld geben
to give someone a tip [advice]: jm. einen Tip (Rat) geben
to tip the scales at a hundred fifty pounds: hundertfünfzig Pfund wiegen

tiptoe

on one's tiptoes: auf den Zehenspitzen

toast

to propose a toast to someone: einen Toast auf jn. aus•bringen

to-do

to make a big to-do about something: viel Wind (Aufhebens) um etwas machen; etwas auf•bauschen; großes Getue um etwas machen

toe

to be on one's toes: auf Draht sein
to step on someone's toes [fig.]: jm. auf die Hühneraugen treten

to toe the line: [*lit.*] sich zum Wettlauf am Start auf·stellen; [*conform*] sich ein·fügen (ein·ordnen); [*meet responsibilities*] seine Aufgaben (Verpflichtungen) erfüllen

token

as a ~ *of*: zum (als) Zeichen von; *by the same* ~ [*moreover*]: ferner; überdies

Tom

every Tom, Dick, and Harry: Hinz und Kunz

tone

to set the tone: den Ton an·geben

to tone down one's demands: seine Forderungen mildern (mäßigen)

tongue

alcohol loosens the tongue: Alkohol löst die Zunge

to be on the tip of one's tongue: jm. auf der Zunge liegen (schweben)

to bite one's tongue [*to keep from laughing*]: sich [*dat.*] das Lachen verbeißen

to hold one's tongue: den Mund halten; schweigen

to make a slip of the tongue: sich versprechen

to say something tongue in cheek: etwas ironisch meinen

to stick one's tongue out at someone: jm. die Zunge heraus·strecken

to stick out one's tongue [*for a doctor*]: die Zunge zeigen

tooth

to have a sweet tooth: ein Leckermaul *n* sein

to fight tooth and nail: mit aller Kraft kämpfen; mit Händen und Füßen kämpfen

toothache

to have a toothache: Zahnschmerzen haben

top

at the top of his lungs: aus voller Kehle

from top to bottom: von oben bis unten; vom Scheitel bis zur Sohle

to be on top: obenauf (obendrauf) sein

to come out on top: als Sieger hervor·gehen

to feel on top of the world: sich obenauf fühlen; auf der Höhe sein

to stay on top: sich oben halten

topsy-turvy

to turn everything topsy-turvy: alles auf den Kopf stellen

torn

to be torn between: hin- und hergerissen sein zwischen

toss

to win the toss: beim Losen gewinnen

to toss (flip) a coin: eine Münze (beim Losen) hoch·werfen

to toss and turn: sich unruhig im Bett herum·werfen

touch

to be out of touch with someone: mit jm. nicht mehr in Verbindung (Fühlung) stehen

to get in touch with someone: sich mit jm. in Verbindung setzen

to keep in touch with someone: mit jm. in Verbindung (Kontakt) bleiben

to put the finishing touches on something: die letzte Hand an etwas [*acc.*] legen; etwas [*dat.*] (einer Sache) den letzten Schliff geben
with a touch of irony: mit einem Anflug von Ironie
to be touched by something [*emotionally*]: von etwas gerührt sein
to touch upon a topic: ein Thema berühren
to be touch and go as to whether . . . : auf des Messers Schneide stehen, ob . . .

tour
to take a tour: [*of a city*] eine Stadtrundfahrt machen; [*long trip*] eine Rundreise machen

tow
to take someone in tow: jn. ins Schlepptau nehmen

towel
to throw in the towel: die Flinte ins Korn werfen; sich geschlagen geben

tower
to live in an ivory tower: weltfremd sein; in einem elfenbeinernen Turm leben
to tower over something [*lit. and fig.*]: über etwas [*acc.*] hinaus•ragen; etwas überragen

town
to be out of town: verreist sein
to be the talk of the town: das Stadtgespräch *n* sein

toy
to toy with an idea: mit einem Gedanken spielen (um•gehen); sich mit einem Gedanken tragen

track
the beaten track: das alte Gleis; der ausgetretene Weg
to be off the beaten track: abgelegen liegen; schwer zugänglich sein
to be on the right track: auf der rechten Bahn sein
to be on the wrong track: auf der falschen Spur sein; auf dem Holzweg sein; auf falscher Fährte sein
to cover up one's tracks: seine Spuren verwischen
to jump the track: entgleisen
to keep track of something: den Verlauf von etwas verfolgen; dem Lauf (der Entwicklung) einer Sache folgen
to lose track of someone: [*lit.*] js. Spur *f* verlieren; [*fig.*] jn. aus den Augen verlieren
to put someone on the right track: jn. auf die richtige Fährte (auf die rechte Bahn) bringen
to have a one-track mind: nur einen Gedanken im Kopf haben

trade
by trade: von Beruf
to ply one's trade: sein Geschäft betreiben
to trade a car in: ein Auto in Zahlung geben

traffic
~ *jam*: Verkehrsstockung *f*; ~ *light*: Verkehrsampel *f*; ~ *officer*: Verkehrspolizist *m*; ~ *regulations*: Verkehrsvorschriften; ~ *sign*: Verkehrsschild *n*; ~ *violation*: Verkehrsdelikt *n*

to direct traffic: den Straßenverkehr regeln
to stop traffic: den Verkehr an•halten
to get caught in a traffic jam: in einer Verkehrsstockung aufgehalten werden

trail
to be on someone's trail: jm. auf der Spur sein
to blaze a trail: einen Weg bahnen; [*fig.*] Pionierarbeit *f* leisten

train
to go by train: mit dem Zug (mit der Eisenbahn) fahren; den Zug nehmen

transfer
to be transferred to New York: nach New York versetzt werden
to transfer from Harvard to Duke: von Harvard (University) nach Duke (University) wechseln
to transfer in Hamburg for Kiel [*change trains*]: in Hamburg nach Kiel um•steigen

transition
to be in a period of transition: sich in einem Übergangsstadium befinden
to make the transition from . . . to . . . : über•gehen (den Übergang machen) von . . . zu . . .

translate
to translate from English to German: vom Englischen ins Deutsche übersetzen

trap
to fall into a trap: in die Falle gehen
to set a trap for someone: jm. eine Falle stellen

treat
to treat a topic: ein Thema behandeln
to treat oneself to something: sich [*dat.*] etwas erlauben (genehmigen)
to treat someone to something: jm. etwas spendieren

tree
to bark up the wrong tree: auf falscher Fährte (auf dem Holzweg) sein; an die falsche Adresse gekommen sein
to miss the forest for the trees: den Wald vor lauter Bäumen nicht sehen

tremble
to tremble all over: am ganzen Körper zittern

trial
to be on trial for murder: unter Anklage stehen wegen Mordes
to have something on trial [*conditional purchase*]: etwas zur Ansicht haben
to put someone on trial: jn. vor Gericht stellen
to stand trial: vor Gericht gestellt werden

trick
to know all the tricks: alle Schliche (Kniffe) kennen
to play a trick (joke) on someone: jm. einen Streich (Schabernack) spielen

trigger
to pull the trigger: das Gewehr ab•drücken
to trigger an incident: einen Zwischenfall aus•lösen

trim
to be in trim: gut in Form sein
to trim someone's beard: jm. den Bart stutzen
to trim the sails: die Segeln reffen

trimmings
with all the trimmings: mit allem Drum und Dran

trip
to go on (take) a trip: eine Reise machen
to trip someone up: [*lit.*] jm. ein Bein stellen; [*fig.*] jn. zu einem Fehltritt verleiten

trooper
to curse like a trooper: fluchen wie ein Landsknecht *m*

trouble
he is having trouble with his eyes: seine Augen machen ihm viel zu schaffen; er hat es mit den Augen (zu tun)
please don't put yourself to any trouble: machen Sie sich [*dat.*] keine Umstände bitte
the trouble is that . . . : die Schwierigkeit (der Haken) dabei ist, daß . . .
to ask for trouble: das Unglück heraus•fordern
to be in trouble: in einer schwierigen Lage sein
to be worth the trouble: der Mühe [*gen.*] wert sein
to get oneself into trouble: sich ins Unglück stürzen
to give someone trouble: jm. Schwierigkeiten machen (bereiten); jm. viel zu schaffen machen
to save someone the trouble: jm. die Mühe ersparen
to stir up trouble: Unruhe *f* stiften; Zwietracht *f* säen
to take the trouble to help someone: sich [*dat.*] die Mühe machen (geben), jm. zu helfen

truant
to play truant: die Schule schwänzen

true
that's true: das stimmt; das schon
to be true of someone: auf jn. zu•treffen
to be true-to-life: lebensnah sein; aus dem Leben gegriffen sein
to be true to one's friend: seinem Freund treu sein
to come true: sich erfüllen; sich bewahrheiten; wahr werden; sich verwirklichen
to prove true: sich als wahr erweisen (heraus•stellen)
to ring true: echt klingen

trump
to play one's trump card: seinen höchsten Trumpf aus•spielen

trust
to hold something in trust: etwas verwahren
to place one's trust in someone: sein Vertrauen setzen auf jn.

truth
there is no truth to it: es ist nichts Wahres daran
to tell the truth: die Wahrheit sagen

to tell the truth . . . : offen gesagt . . .
truth is stranger than fiction: die Wirklichkeit kann seltsamer sein als ein Roman

try

to be worth a try: einem Versuch wert sein
to try clothes on: Kleider an·probieren
to try hard: sein Bestes tun
to try one's luck (hand) at: sich versuchen in [*dat.*]; sein Glück versuchen bei
to try out for a part: Probe spielen; sich um eine Rolle bewerben
to try someone's patience: js. Geduld *f* auf die Probe stellen
to try something out: etwas aus·probieren

tune

to be in tune: richtig gestimmt sein
to be in tune with [fig.]: in Einklang stehen mit
to be out of tune [lit. and fig.]: verstimmt sein
to change one's tune [fig.]: andere Saiten auf·ziehen; einen anderen Ton an·schlagen
to sing in (out of) tune: rein (unrein) singen
to tune in a station: einen Sender ein·stellen

turn

it's my turn: ich bin an der Reihe (dran)
one good turn deserves another: eine Liebe ist der anderen wert
to speak out of turn: außer der Reihe sprechen
to take turns doing something: abwechselnd etwas tun
to wait one's turn: warten, bis man an der Reihe ist
before you can turn around . . . : ehe man sich's versieht . . .
he turned out to be a good teacher: aus ihm wurde ein guter Lehrer
the tide has turned [fig.]: das Blatt hat sich gewendet
to know not where to turn: nicht wissen, was man machen soll (wo man sich hinwenden soll)
to toss and turn: sich unruhig im Bett herum·werfen
to turn around: sich um·drehen
to turn back: um·kehren
to turn cold: kalt werden
to turn down an offer: ein Angebot ab·lehnen
to turn down the record player: den Plattenspieler leiser stellen
to turn in: zu Bett gehen; schlafen gehen
to turn in one's grave: sich im Grabe um·drehen
to turn inside out: das Innerste nach außen kehren
to turn one's back on someone: jm. den Rücken kehren (zu·wenden)
to turn one's stomach: jn. an·ekeln
to turn out munitions: Munition her·stellen
to turn out to be: sich erweisen (entpuppen) als
to turn over [motor]: durch·drehen
to turn over a new leaf: ein neues Leben beginnen; sich bessern; den alten Adam aus·ziehen
to turn over the page: die Seite um·blättern (um·wenden)
to turn something to one's advantage: sich [*dat.*] etwas zunutze machen

to turn something upside down [lit. and fig.]: etwas auf den Kopf stellen
to turn the light off (on): das Licht aus•machen (an•machen; aus•schalten, an•schalten)
to turn the radio off (on): das Radio (den Rundfunkapparat) ab•stellen (an•stellen; aus•schalten, ein•schalten)
to turn the tables on someone: den Spieß um•drehen gegen jn.
to turn the tide [fig.]: den Wendepunkt herbei•führen
to turn to ice: zu Eis werden
to turn to someone for help: sich an jn. um Hilfe wenden
to turn to the left (right): nach links (rechts) ein•biegen (ab•biegen)
to turn twenty: zwanzig werden
to turn up [appear suddenly]: auf der Bildfläche erscheinen; auf•tauchen
to turn up one's nose up at something: die Nase über etwas [*acc.*] rümpfen
to turn water to wine: Wasser in Wein verwandeln

tutor
to tutor a student: einem Studenten Privatstunden (Nachhilfestunden) geben

two
to put two and two together: sich [*dat.*] etwas zusammen•reimen; dahinter•kommen

type
to not be someone's type: nicht js. Typ *m* sein

typical
that's typical of Hans: das ist echt Hans

u

ugly
as ugly as sin: häßlich wie die Nacht

ultimatum
to issue someone an ultimatum: jm. ein Ultimatum stellen

unanimous
to be unanimous on: sich [*dat.*] einig sein über [*acc.*]

unaware
to be unaware of something: etwas nicht wissen (ahnen)

uncalled-for
his remarks were uncalled-for: seine Bemerkungen waren unangebracht
that remark was uncalled-for: das war eine unnötige (unpassende) Bemerkung

uncomfortable
to make things uncomfortable for someone: jm. die Hölle heiß machen

uncover
to uncover a plot: ein Komplott auf•decken

underage
to be underage: minderjährig (unmündig) sein

underdeveloped
underdeveloped countries: unterentwickelte Länder

understand
to give someone to understand that . . . : jm. zu verstehen geben, daß . . .
to make oneself understood: sich verständlich machen

understanding
to come to an understanding with someone: sich mit jm. einigen (verständigen)
with the understanding that . . . : unter der Voraussetzung (Bedingung), daß . . . ; vorausgesetzt, daß . . .

underweight
to be underweight: Untergewicht *n* haben

unfit
to be unfit for military service: wehrdienstuntauglich sein
to be unfit to hold office: ungeeignet sein, ein Amt auszuüben

unlike
unlike his father, he is . . . : er ist im Gegensatz zu seinem Vater . . .

up
the ups and downs of life: das Auf und Ab des Lebens; die Wechselfälle des Lebens
the game is up: das Spiel ist aus; der Bart ist ab
the time is up: die Zeit ist um (abgelaufen)
to be up [time]: um (abgelaufen) sein
to be up against something: gegen etwas zu kämpfen haben
to be up and around: wieder auf den Beinen sein
to be up for discussion: zur Diskussion stehen
to be up in the air [undecided]: in der Schwebe sein; unsicher (unentschieden) sein; in der Luft hängen
to be up on the latest happenings: auf dem laufenden sein über die neuesten Ereignisse
to be up to date: [*persons*] mit der Zeit gehen; [*ideas, styles*] up to date sein; zeitgemäß sein
to be up to no good: nichts Gutes (Böses) im Schilde führen
to come up: [*and force a change in plans*] dazwischen·kommen; [*problems, possibilities*] auf·tauchen; vor·kommen; [*questions*] sich auf·werfen
to keep someone up to date: jn. auf dem laufenden halten
to move up in the world: in der Welt voran·kommen
to speak up: [*louder*] lauter sprechen; [*express an opinion*] sich offen aus·sprechen; den Mund auf·tun; seine Meinungen offen äußern
to stay up all night: die ganze Nacht auf·bleiben (auf·sitzen)
to stay up till all hours: bis in die Puppen (bis tief in die Nacht) auf·bleiben
to turn up [appear suddenly]: auf der Bildfläche erscheinen; auf·tauchen
up to and including page 10: bis Seite 10 einschließlich
what's up? was gibt's? was ist los?

upset
to upset one's stomach: jm. schlecht bekommen
to upset someone's plans: js. Plänen in die Quere kommen; js. Pläne über den Haufen werfen

use
there is no use in going: es hat keinen Zweck zu gehen
to be in (out of) use: im (außer) Gebrauch sein
to be of no use: [*in vain*] nutzlos sein; [*unserviceable*] unbrauchbar sein
to have little use for someone: für jn. nichts übrig haben
to make use of something: Gebrauch *m* machen von etwas
to put something to good use: etwas nützlich verwenden
to be used to something: etwas [*acc.*] gewohnt sein
to get used to something: sich an etwas [*acc.*] gewöhnen
to use something up: etwas auf•brauchen (verbrauchen)

utmost
to do one's utmost: sein Möglichstes tun; sein Letztes her•geben

V

vain
to do something in vain: etwas vergebens (umsonst) tun
to take God's name in vain: den Namen Gottes mißbrauchen

value
to be of value to someone: jm. nützlich (wertvoll) sein
to place a great value on something: großen Wert (großes Gewicht) auf etwas [*acc.*] legen
to take something at face value: etwas für bare Münze nehmen

vanish
to vanish from the scene: von der Bildfläche verschwinden

variance
to be at variance [people]: sich [*dat.*] nicht einig sein; verschiedener Meinung sein
to be at variance with the facts: mit den Tatsachen nicht überein•stimmen

variety
for a variety of reasons: aus verschiedenen Gründen
for the sake of variety: zur Abwechslung

vengeance
to take vengeance on someone: sich rächen an jm.; Rache *f* nehmen an jm.
with a vengeance: tüchtig; ordentlich; [*by force*] mit Gewalt

vent
to give vent to one's feelings: seinen Gefühlen freien Lauf lassen
to vent one's anger on someone: seinen Zorn an jm. aus•lassen

venture

nothing ventured, nothing gained: nichts gewagt, nichts gewonnen
to venture an opinion: es wagen, seine Meinung zu äußern

verdict

to bring in a verdict of guilty: ein Urteil auf schuldig fällen

verge

to be on the verge of doing it: nahe daran sein, es zu tun
to be on the verge of ruin: am Rande des Verderbens sein

verse

to be well-versed in poetry: in der Dichtung gut bewandert sein

very

for one's ~ own: ganz für sich selbst; *from the ~ beginning*: gleich am Anfang; von Anfang an; *on that ~ day*: gerade an dem Tag; *the ~ best*: das Allerbeste; *the ~ thought*: schon der Gedanke

victim

to be a victim of circumstances: ein Opfer *n* der Verhältnisse sein
to fall victim to someone: jm. zum Opfer fallen

view

in my ~: meiner Meinung (Ansicht) nach; *in ~ of*: im Hinblick auf [*acc.*]; angesichts [*gen.*]
from this point of view: von diesem Gesichtspunkt (Standpunkt) aus (gesehen)
to come into view: in Sicht *f* kommen; sichtbar werden
to hold the view that . . .: den Standpunkt vertreten, daß . . . ; der Meinung sein, daß . . .
to take a dim view of something: etwas geringschätzig beurteilen
with a view toward helping him: in der Absicht, ihm zu helfen

virtue

by virtue of: kraft (vermöge) [*gen.*]
to make a virtue out of necessity: aus der Not eine Tugend machen

visit

to pay someone a visit: jm. einen Besuch machen (ab•statten); jn. besuchen
to return someone's visit: js. Besuch *m* erwidern
to be visiting someone: bei jm. zu Besuch sein

voice

in a loud voice: mit lauter Stimme
to be in good voice: gut bei Stimme sein
to have a voice in the decision: bei der Entscheidung ein Wort mitzureden haben
to lower one's voice: die Stimme senken
to raise one's voice: die Stimme erheben; lauter sprechen
to voice doubts (an opinion): Zweifel (eine Meinung) äußern
to voice one's opinion: seine Meinung äußern

void

to fill a void (need, gap): eine Lücke aus•füllen
null and void: null und nichtig

vote

to cast a vote: eine Stimme ab•geben
to give someone the (right to) vote: jm. das Stimmrecht geben
to put to a vote: zur Abstimmung bringen
to take a vote: ab•stimmen
to vote for someone: für jn. stimmen

vow

to take (break, fulfill) a vow: ein Gelübde ab•legen (brechen, erfüllen)

W

wage

minimum ~: Mindestlohn *m*; ~ *earner*: Lohnempfänger *m*
to earn a living wage: ein ausreichendes (auskömmliches) Gehalt haben

wait

to lie in wait for someone: jm. auf•lauern
it can wait: es hat keine Eile damit
to have to wait for ages: eine Ewigkeit warten müssen
to keep someone waiting: jn. warten lassen
to wait and see: ab•warten
to wait for someone: auf jn. warten
to wait (stand) in line: Schlange *f* stehen; sich an•stellen
to wait one's turn: warten, bis man an der Reihe ist
to wait on someone: jm. auf•warten; jn. bedienen
to wait on table: bei Tisch auf•warten; bedienen
to wait up for someone: auf•bleiben, bis jd. kommt

waiting list

to be on the waiting list: auf der Warteliste stehen; vorgemerkt sein

wake

in the wake of the investigation: der Untersuchung [*gen. or dat.*] zufolge
to bring in its wake: mit sich bringen; nach sich ziehen; zur Folge haben

walk

he has a strange walk: er hat einen eigenartigen Gang
in all walks of life: in allen Lebensstellungen
it is a ten-minute walk from here: zu Fuß kommt man in zehn Minuten hin
to go for a walk: einen Spaziergang machen; spazieren•gehen
to be walking on air: im siebten Himmel sein
to walk a dog: einen Hund aus•führen
to walk in one's sleep: nachtwandeln
to walk off with the money: mit dem Geld durch•gehen
to walk out on someone: jn. unvermittelt verlassen; jn. im Stich lassen
to walk straight: gerade gehen
to walk the streets [prostitute]: auf den Strich gehen

walking papers

to give someone his walking papers: [*employees*] jm. den blauen Brief geben; [*general*] jm. den Laufpaß geben

walkout

to stage a walkout: die Arbeit nieder•legen; in den Streik treten

wane

to be on the wane: im Schwinden begriffen sein; ab•nehmen

want

for want of: aus Mangel an [*dat.*]

to be found wanting: mangelhaft befunden werden

to be found wanting in: fehlen (mangeln) an [*dat.*]

to be wanted by the police: von der Polizei gesucht werden

war

civil ~: Bürgerkrieg *m*; *Cold* ~: kalter Krieg *m*; *declaration of* ~: Kriegserklärung *f*; *Second World* ~: Zweiter Weltkrieg; ~ *crime*: Kriegsverbrechen *n*; ~ *debts*: Kriegsschulden; ~ *monger*: Kriegshetzer *m*; ~ *of Independence*: Unabhängigkeitskrieg *m*

to declare war on someone: jm. den Krieg erklären

to go to war: [*nation*] Krieg *m* beginnen; [*individual*] in den Krieg ziehen; zur Front gehen

to wage war with: Krieg *m* führen mit

warm

to warm up to an idea: sich für eine Idee erwärmen

I am warm: mir ist warm

nice and warm: schön warm

warning

to give someone fair warning: jn. frühzeitig (früh genug) warnen

without warning: unerwartet; unvermittelt

warpath

to be on the warpath: auf dem Kriegspfad sein

wash

to do the wash: die Wäsche waschen

to hang the wash out: die Wäsche zum Trocknen aus•hängen

to send the wash out: Kleider in die Wäsche geben

to wash one's hands: [*lit.*] sich [*dat.*] die Hände waschen; [*disclaim responsibility*] seine Hände in Unschuld waschen; die Verantwortung ab•lehnen (für)

waste

haste makes waste: Eile mit Weile

to go to waste: vergeudet werden

to lay waste to something: etwas verwüsten

to waste time: die Zeit verschwenden (vertrödeln)

watch

to set one's watch: seine Uhr stellen

to stand watch: Wache *f* halten

to watch out for oneself: sich vor•sehen

to watch out for something: auf etwas [*acc.*] auf·passen; acht·haben auf etwas [*acc.*]
to watch over something: etwas beaufsichtigen (bewachen)
to watch television: fern·sehen
watch out! vorsicht! aufpassen!
watch your step! vorsicht, Stufe!

water

a lot of water has gone under the bridge: viel Wasser ist den Fluß hinabgeflossen (hinabgelaufen)
by water: zu Wasser; auf dem Wasserwege
to get oneself into hot water: sich in die Nesseln setzen; ins Fettnäpfchen treten
to hold water: [*lit.*] wasserdicht sein; [*fig.*] stichhaltig sein
to keep one's head above water: sich (den Kopf) über Wasser halten
to throw cold water on a plan: einem Vorhaben einen Dämpfer auf·setzen
his eyes watered: seine Augen tränten
his mouth waters: ihm läuft das Wasser im Munde zusammen
to make one's eyes water: jm. die Tränen in die Augen treiben
to make one's mouth water: jm. den Mund wässerig machen
to water a plant: eine Pflanze begießen
to water down the wine: den Wein verdünnen (verwässern)
to water the horses: die Pferde tränken

way

in some ~s: in mancher Beziehung (Hinsicht); *on the ~ back*: auf dem Rückweg; *on the ~ home*: auf dem Heimweg; *~s and means*: Mittel und Wege
across the way from the house: dem Haus gegenüber
a step on the way to . . . : ein Schritt *m* auf dem Wege zu
by the way . . . : übrigens . . .
one way or the other: so oder so
on the way to recovery: auf dem Wege zur Besserung
some way or other: auf irgendeine Weise; irgendwie
to ask someone the way: jn. nach dem Weg(e) fragen
to be a long way off: [*time*] noch lange hin sein; [*place*] sehr weit entfernt sein
to be at the parting of the ways: am Scheideweg stehen
to be in someone's way: jm. im Wege stehen
to be on one's way [*about to leave*]: sich auf den Weg machen
to be out of the way [*remote*]: abgelegen sein (liegen)
to be the only way: die einzige Möglichkeit sein
to be under way: unterwegs sein
to be well on the way to . . . : auf dem besten Wege sein zu . . .
to find a way out: einen Ausweg finden
to find one's way: sich zurecht·finden
to give way to the enemy: vor dem Feinde weichen
to go a long way toward . . . : viel dazu bei·tragen zu . . .
to go down the wrong way [*food, drink*]: (jm.) in die falsche Kehle geraten (kommen)

to go one's own way: seine eigenen Wege gehen
to go out of one's way to do something: sich [*dat.*] besondere Mühe geben, etwas zu tun
to go the way of all flesh: den Weg allen Fleisches gehen
to have one's own way: seinen eigenen Willen haben; seinen Kopf durch·setzen
to have the right of way: Vorfahrt *f* haben
to lead the way: voran·gehen
to lose one's way: sich verirren; [*on foot*] sich verlaufen; [*by car*] sich verfahren
to make way for someone: jm. Platz *m* machen; vor jm. zurück·treten
to pave the way for someone: jm. den Weg bahnen (ebnen, bereiten); jm. goldene Brücken bauen
to rub someone the wrong way: jn. kränken (reizen); jm. auf die Nerven gehen
to send someone on his way: jn. seiner Wege schicken; jm. die Tür weisen
to show someone the way to Berlin: jm. den Weg nach Berlin zeigen
to take something the wrong way: etwas falsch verstehen (auf·fassen); etwas in den falschen Hals bekommen; etwas übel·nehmen
to travel by way of Hamburg: über Hamburg fahren
where there's a will, there's a way: wo ein Wille ist, da ist auch ein Weg
you can't have it both ways: man muß entweder das eine oder das andere wählen

wayside
to fall by the wayside: auf der Strecke bleiben

weakness
in a moment of weakness: in einer schwachen Stunde
to admit one's weakness: seine Schwäche zu·geben (gestehen)
to have a weakness for something: eine Schwäche haben für etwas

wear
wear and tear: Abnutzung *f*
if the shoe fits, wear it: wen's juckt, der kratze sich
to wear one's clothes out: seine Kleider ab·tragen
to wear one's hair short: das Haar kurz tragen
to wear one's heart on one's sleeve: das Herz auf der Zunge tragen
to wear the pants in the family: die Hosen an·haben; Herr in Hause sein

weather
~ bureau: Wetteramt *n*; *~ forecast*: Wettervorhersage *f*; Wetterbericht *m*
to be under the weather: unpäßlich sein; nicht ganz auf der Höhe sein
to weather the storm: die Krise überstehen

week
a ~ ago today: heute vor acht Tagen; *a ~ or so*: etwa eine Woche; *by the ~*: wochenweise; *for ~s*: wochenlang; *twice a ~*: zweimal die Woche; jede Woche zweimal; *~ by ~*: Woche für Woche; *~day*: Wochentag *m*; *~end*: Wochenende *n*

weigh
to weigh heavily on someone: auf jm. schwer lasten
to weigh in: sich wiegen lassen

to weigh one's words: seine Worte wägen (ab•messen)
to weigh the pros and cons: das Für und Wider erwägen
to weigh two pounds: zwei Pfund wiegen

weight
by weight: nach Gewicht
to attach great weight (importance) to an event: einem Ereignis große Bedeutung bei•messen
to carry weight [*opinion*]: sehr ins Gewicht fallen
to carry weight with someone: schwer wiegen bei jm.
to lend weight to an argument: einem Argument Gewicht *n* verleihen
to lose (gain) weight: ab•nehmen (zu•nehmen)
to pull one's weight: das Seine tun
to throw one's weight around: auf seinen Einfluß pochen; den dicken Wilhelm spielen

welcome
to bid someone welcome: jn. willkommen heißen
you're welcome! bitte schön! gern geschehen!

welfare
to be on welfare: Arbeitslosenunterstützung *f* (Fürsorgegelder) beziehen; stempeln gehen

well
to leave well-enough alone: fünf gerade sein lassen; an etwas [*dat.*] nicht rühren
all's well that ends well: Ende gut, alles gut
that is all well and good, but . . . : das ist alles gut und schön, aber . . .
to be well on in years: bei Jahren sein; hoch an Jahren sein
to feel well: sich wohl fühlen
to wish someone well: jm. Gutes (Erfolg *m*) wünschen; jm. wohlgesinnt sein
well into the night: bis tief in die Nacht

well-off
to be well-off: [*financially*] wohlhabend (gut gestellt, gut situiert) sein; [*in general*] gut dran•sein

wet
wet behind the ears: noch nicht trocken hinter den Ohren
wet paint! frisch gestrichen!

what
what a . . . : was für ein . . .
what about . . . ? wie steht es mit . . . ?

wheel
to be a big wheel: ein großes (hohes) Tier sein; eine große Kanone sein
to get behind the wheel of a car: sich ans Steuer setzen
wheels within wheels: allerlei Verwicklungen

whisper
to whisper sweet nothings: Süßholz raspeln

whole
on the whole: im (großen und) ganzen; im allgemeinen
to go whole hog: aufs Ganze gehen

wholesale

to sell wholesale: im Großhandel verkaufen; Großhändler sein

why

the whys and wherefores: das Wie und Warum

wildfire

to spread like wildfire: sich wie ein Lauffeuer *n* verbreiten

will

against his ~: gegen seinen Willen; *at ~*: nach Belieben; *good ~*: [*business*] Good Will *m*; [*general*] freundliche Gesinnung; *~power*: Willenskraft *f*

to do something of one's own free will: etwas aus freiem Willen (freiwillig, unaufgefordert) tun

to have the will to do something: den Willen haben, etwas zu tun

to make out one's will: sein Testament machen

to remember someone in one's will: jn. in seinem Testament bedenken

where there's a will, there's a way: wo ein Wille ist, da ist auch ein Weg

to will something to someone: jm. etwas vermachen

win

to win by a length: mit einer Länge gewinnen

to win hands down: spielend leicht gewinnen (siegen)

to win one's spurs: sich [*dat.*] die Sporen verdienen

to win someone over: jn. auf seine Seite bringen; jn. für sich gewinnen

to win something from someone: jm. etwas ab·gewinnen

to win (carry) the day: den Sieg davon·tragen; das Feld behaupten

wind

to be out of wind: außer Atem sein

to break wind: Blähungen haben

to get one's wind back: wieder zu Atem kommen

to get wind of something: von etwas Wind bekommen

to take the wind out of someone's sails: jm. den Wind aus den Segeln nehmen

to throw caution to the winds: kühn vor·gehen (handeln); es darauf ankommen lassen

wind

to wind a clock up: eine Uhr auf·ziehen

to wind someone around one's little finger: jn. um den kleinen Finger wickeln

to wind up: [*transaction*] ab·schließen; [*meeting, etc.*] beenden

wing

on the wing: im Fluge

to clip someone's wings: jm. die Flügel beschneiden (stutzen)

to take someone under one's wing: jn. unter seine Fittiche nehmen

to take wing: auf·fliegen

wink

he didn't get a wink of sleep: er hat (die ganze Nacht) kein Auge zugetan

quick as a wink: im Nu; im Handumdrehen

to wink at someone: jm. zu·blinzeln

to wink at something [*ignore it*]: ein Auge zu·drücken bei etwas

wise

a word to the wise is sufficient: laß dir raten, wenn du klug bist

wishful

to indulge in wishful thinking: Wunschträume haben; Luftschlösser bauen

wishful thinking: ein frommer Wunsch

wit

to be at one's wits' end: mit seinem Latein (Verstand) am Ende sein; weder ein noch aus wissen

to have (keep) one's wits about one: seine fünf Sinne beisammen haben

witness

to bear witness to something: Zeugnis *n* von etwas ab•legen

wolf

a wolf in sheep's clothing: ein Wolf *m* im Schafspelz

to cry wolf: blinden Alarm schlagen

to keep the wolf from the door: sich vorm Verhungern bewahren

wonder

no wonder that . . . : kein Wunder, daß . . .

to work wonders: Wunder wirken (tun)

wood

to be out of the woods: außer Gefahr sein; über den Berg sein; aus dem Gröbsten heraus sein

wool

dyed-in-the-wool [*fig.*]: waschecht; ausgekocht

to pull the wool over someone's eyes: jn. hinters Licht führen; jn. übers Ohr hauen; jm. Sand in die Augen streuen; jm. ein *x* für ein *u* vor•machen

word

a man of few ~s: ein Mann von wenigen Worten; *a man of his ~*: ein Mann von Wort; *in a ~*: mit einem Wort; kurz und gut; *in other ~s*: mit anderen Worten; *in so many ~s*: in so vielen Worten; ausdrücklich

a word to the wise is sufficient: laß dir raten, wenn du klug bist

by word of mouth: mündlich

in the words of Schiller: mit Schillers Worten

not to mince words: kein Blatt vor den Mund nehmen

one word leads to another: ein Wort gibt das andere

there's not a word of truth in it: es ist kein wahres Wort daran

to be as good as one's word: zu seinem Wort stehen; sein Wort halten

to break (keep) one's word: sein Wort brechen (halten)

to breathe not a word about something: von etwas kein Sterbenswörtchen sagen

to bring word: Nachricht *f* bringen

to coin a word: ein Wort prägen

to eat one's words: seine Worte zurücknehmen (widerrufen) müssen

to get not a word in edgewise: nicht zu Worte kommen können; nicht ein Wort an•bringen

to give one's word: sein Ehrenwort geben

to have a word with someone [*warning, reproach*]: ein ernstes Wort mit jm. sprechen

to have the last word: das letzte Wort haben (behalten)
to leave word: Bescheid hinterlassen
to look up a word: ein Wort im Lexikon nach•schlagen
to play on words: mit den Worten spielen; ein Wortspiel machen
to put in a good word for someone: ein gutes Wort für jn. ein•legen
to put into words: in Worte kleiden
to put words into someone's mouth: jm. Worte in den Mund legen
to receive (send) word: Nachricht *f* bekommen (senden)
to send word to someone: jn. benachrichtigen (verständigen)
to swallow one's words: Wörter verschlucken
to take someone at his word: jn. beim Wort nehmen; jm. aufs Wort glauben
to take words out of someone's mouth: jm. das Wort aus dem Munde nehmen
to twist someone's words: jm. das Wort im Munde um•drehen
to weigh one's words: seine Worte wägen (ab•messen)
word for word: Wort für Wort; Wort wörtlich

work

to be at work: [*working*] bei der Arbeit sein; [*place of work*] im Büro sein; [*machine*] in Betrieb sein
to be at work on a book: an einem Buch arbeiten
to be out of work: arbeitslos sein
to get to work: sich an die Arbeit machen; an die Arbeit gehen
to have one's work cut out for one: ein gutes Stück Arbeit vor sich haben
to make short work of something: kurzen Prozeß mit etwas machen
to stop work: die Arbeit ein•stellen
to work: [*equipment*] funktionieren; gehen; [*medicine*] wirken; [*plans*] gelingen; klappen
to work against time: gegen die Zeit arbeiten
to work a machine: eine Maschine bedienen
to work at cross-purposes: unbewusst einander [*dat.*] entgegen•handeln (entgegen•arbeiten)
to work both ways: für beide Parteien (Fälle) gelten
to work (itself) loose: sich lösen
to work off a debt: eine Schuld ab•arbeiten
to work oneself to death: sich zu Tode arbeiten
to work one's passage: die Überfahrt ab•arbeiten
to work one's way up: sich hoch•arbeiten
to work out a problem: ein Problem lösen
to work out well: gut aus•gehen
to work up a lesson: eine Lektion vor•bereiten
to work up an appetite: den Appetit durch Arbeit (Sport, usw.) erregen
to work wonders: Wunder wirken (tun)
to get worked up over something: sich über etwas [*acc.*] auf•regen

world

all over the ~: überall in (auf) der Welt; in der ganzen Welt; ~ *without end*: in Ewigkeit
from all over the world: aus aller Herren Ländern
there is no reason in the world to . . .: es besteht überhaupt kein Grund zu . . .

the whole world knows . . . : alle Welt weiß . . .
they are worlds apart: es liegen Welten zwischen den beiden
to bring a child into the world: ein Kind zur Welt bringen
to come into the world: auf die (zur) Welt kommen
to go around the world: eine Reise um die Welt machen
to feel on top of the world: sich obenauf fühlen; auf der Höhe sein
to see the world: in der Welt herum·kommen
to think the world of someone: große Stücke auf jn. halten
who (where, etc.) in the world . . . ? wer (wo, usw.) in aller Welt . . . ?

worry
to worry oneself to death: sich zu Tode ängstigen

worse
a change for the worse: eine Wendung zum Schlimmeren; eine Verschlimmerung
for better or for worse: wohl oder übel; auf Gedeih und Verderb; auf Glück und Unglück
to be the worse for something: Schaden *m* erleiden durch etwas
to be worse off: schlechter daran sein
to go from bad to worse: vom Regen in die Traufe kommen (geraten)

worst
at worst: schlimmstenfalls
if worse comes to worst: schlimmstenfalls; wenn alle Stränge reißen
the worst is yet to come: das dicke Ende kommt nach
to be prepared for the worst: auf das Schlimmste gefaßt sein
to get the worst of it: den kürzeren ziehen
to want something in the worst way: etwas unbedingt haben wollen

worth
for all one is worth: mit ganzer Kraft
to be not worth one's salt: keinen Schuß Pulver wert sein
to be worth a try: einen Versuch wert sein
to be worth it [effort, undertaking]: sich lohnen
to be worth the trouble: der Mühe [*gen.*] wert sein
to be worth two hundred dollars: zweihundert Dollar wert sein; einen Wert von zweihundert Dollar haben
to get one's money's worth [fig.]: auf seine Kosten kommen
to put in one's two cents' worth: seinen Senf dazu geben
two dollars' worth of stamps: Briefmarken für zwei Dollar

would-be
he is a would-be philosopher: er möchte gern als Philosoph gelten; er gibt sich gern als Philosoph aus

wrap
to be wrapped up in a book: in ein Buch vertieft (versunken) sein
to be wrapped up in one's work: in seiner Arbeit völlig auf·gehen

write
to write for information: Informationen an·fordern
to write off a debt: eine Schuld ab·schreiben
to write out a check: einen Scheck aus·stellen (schreiben)

to write something down: etwas nieder·schreiben (auf·schreiben)
to write up a report: einen Bericht schreiben

writing

to have something in writing: etwas schwarz auf weiß haben
to put something in writing [guarantee]: (jm.) etwas schwarz auf weiß geben

wrong

to do something wrong: jm. Unrecht *n* tun
to be in wrong with someone [disfavor]: bei jm. schlecht angeschrieben sein; bei jm. drunter durch sein
to be on the wrong side: auf der falschen Seite stehen; bei der falschen Partei sein
to be wrong: unrecht haben; sich irren
to get up on the wrong side of bed: mit dem linken Fuß zuerst auf·stehen
to go down the wrong way: (jm.) in die falsche Kehle geraten (kommen)
to go wrong: [*plans*] fehl·gehen; schief·gehen; [*become delinquent*] auf Abwege geraten; auf die schiefe Bahn geraten; [*get lost*] falsch fahren; sich verfahren
to have come to the wrong person: bei jm. an die falsche Adresse gekommen sein
to say the wrong thing: etwas Unpassendes sagen
to take something the wrong way: etwas falsch verstehen (auf·fassen); etwas in den falschen Hals bekommen; etwas übel·nehmen
what's wrong with you? was fehlt Ihnen?

Y

yarn

to spin a yarn: ein Garn spinnen

year

a ~ ago today: vor einem Jahr; *every other ~*: alle zwei Jahre; *from ~ to ~*: von Jahr zu Jahr; *the ~ after*: im folgenden Jahre; *the ~ round*: das ganze Jahr hindurch; *~ after ~*: Jahr für Jahr; *~ in, ~ out*: jahraus, jahrein
at the close of the year: am Jahresschluß
. . . a year: . . . jährlich; . . . das Jahr
in the year of our Lord: im Jahre des Herrn
to be advanced in years: in vorgerücktem (vorgeschrittenem) Alter sein

Z

zenith

to be at its zenith: auf dem Höhepunkt sein
to reach its zenith in: den Höhepunkt erreichen in [*dat.*]; gipfeln in [*dat.*]

zest

to add zest to something: einer Sache Würze verleihen

A B C D E F G H I J
3 4 5 6 7 8 9 0 1